Linneweh · Stresskompetenz

Über die Reihe »Management und Karriere«

In der Reihe »Management und Karriere« werden relevante Fragestellungen der Führung, der Zusammenarbeit und des Personalmanagements von renommierten Hochschulprofessoren und -professorinnen sowie von erfahrenen Praktikern anwendungsorientiert dargestellt. Diese Reihe will einen Beitrag zur Verbesserung der Führung und Zusammenarbeit in Unternehmen leisten. Ihr Kennzeichen ist die Verbindung von Praxis und Wissenschaft: Wissenschaftlich fundierte Ergebnisse werden anwendungsorientiert dargestellt und mit Hinweisen für die Umsetzung in der Unternehmenspraxis verbunden. Die komprimierte und anschauliche Darstellung erlaubt es, einen schnellen Überblick über das Thema und die damit verbundenen Fragestellungen zu gewinnen.
Die einzelnen Beiträge richten sich an Praktiker ebenso wie an Wissenschaftler, die sich mit Fragen der Veränderung und Umsetzung in Organisationen beschäftigen, und an Studenten der entsprechenden Fachrichtungen.

Die Herausgeber

Prof. Dr. *Friedemann W. Nerdinger,* Jg. 1950. Seit 1993 Professor für Wirtschafts- und Organisationspsychologie an der Universität Rostock.
Prof. Dr. *Erika Regnet,* Jg. 1962. Seit 1997 Professorin für Personalwirtschaft und Allgemeine BWL an der FH Würzburg-Schweinfurt-Aschaffenburg.
Prof. Dr. *Lutz von Rosenstiel,* Jg. 1938. Seit 1977 Professor für Wirtschafts- und Organisationspsychologie an der Universität München und Leiter des Institutsbereiches für Organisations- und Wirtschaftspsychologie. Seit 1992 Prorektor der Universität München.

Klaus Linneweh

Stresskompetenz

Der erfolgreiche Umgang mit
Belastungssituationen in Beruf und Alltag

Beltz Verlag · Weinheim und Basel

Klaus Linneweh, Jg. 1942, Prof. Dr., Wirtschafts-
und Sozialpsychologe, ist Professor für Angewandte
Sozialpsychologie und Leiter des Instituts für
systematische Innovation in Hannover. Er hat
umfangreiche Trainings- und Beratungspraxis
in unterschiedlichen Wirtschaftsbranchen.

Gesetzt nach den neuen Rechtschreibregeln
Lektorat: Ingeborg Sachsenmeier

© 2002 Beltz Verlag · Weinheim und Basel
www.beltz.de
Herstellung: Lore Amann
Satz: Mediapartner Satz und Repro GmbH, Hemsbach
Druck: Druckhaus Beltz, Hemsbach
Umschlaggestaltung: Federico Luci, Köln
Umschlagfoto: Mauritius, Mittenwald
Printed in Germany

ISBN 3-407-36024-X

Inhaltsverzeichnis

Einstimmung

Stresskompetenz ist die Fähigkeit mit Spannungen und Belastungssituationen im Beruf und Alltagsleben erfolgreich umzugehen. Stress entsteht, weil die notwendige Distanz zu Aufgaben, zu Menschen und zu sich selbst verloren geht. Muße war früher ein Statussymbol. Wer etwas galt, hatte Zeit zum Nachdenken. Heute ist Muße fast ein Makel geworden. Wer etwas gelten will, hat keine Zeit. Muße, Maß und Meditation gehören zu einer Wortfamilie und meinen den Zeitraum, den man sich nimmt, um nachzudenken – nachzudenken über das, was wir tun, ob es Sinn, Spaß und zufrieden macht. Selbstbesinnung und das Zurückfinden zu sich selbst sind notwendige Voraussetzungen zur Stresskompetenz.

Es ist nicht das Ziel dieses Buches, Sie spannungslos zu machen, sondern Ihnen Wege aufzuzeigen, wie Sie negative fremdbestimmte Spannungen in positive Herausforderungen umwandeln können. Zu wenig Druck ist genauso schädlich wie zu viel. Nicht der Druck – die Spannung an sich – ist schädlich, sondern die Spannung ohne Entspannung. Der Sinn des Buches ist es daher, die notwendige Dialektik zwischen selbstbestimmter Aktivität und verinnerlichter Sammlung als Grundlage einer erfolgreichen Lebensgestaltung aufzuzeigen.

Es geht um die Führung der eigenen Person. Das erfolgreiche »Selbstmanagement« ist die häufig vernachlässigte Basis allen Führungsverhaltens. Denn nur wer sich selbst erfolgreich führen kann, kann auch andere verantwortungsbewusst führen. Das Umgehen mit sich selbst ist sowohl ein physiologisches, psychisches und auch geistiges Anliegen. Die Leser sollen in die Lage versetzt werden, ihr individuelles Stress- und Konfliktpotenzial zu erkennen und Problemlösungen zur Vermeidung und Überwindung möglicher Stressursachen auf drei Ebenen zu erarbeiten:

- Im körperlichen Bereich geht es um das Erkennen physischer Stressreaktionen, um das bewusste Umgehen mit dem eigenen Körper und um einen ökonomischen Einsatz der zur Verfügung stehenden Kräfte.

- Im psychischen Bereich stehen das subjektive Stresserleben, die »richtige« Einstellung, Stresstoleranz und Gelassenheit im Mittelpunkt.

- Im geistigen Bereich geht es darum, Stressursachen zu erkennen und Möglichkeiten zu finden, Selbstbestimmung und Identität auch unter fremdbestimmten Rahmenbedingungen zu leben.

Stresskompetenz heißt, sich im Umgang mit sich selbst, seiner Umwelt und seinen Mitmenschen so zu organisieren, dass die Wirkung von Stressoren minimiert, Stresstoleranz und Stressabwehr maximiert werden. Dies setzt zunächst voraus, dass jeder selbst bereit ist, sich zu verändern. Für Ihre körperliche und seelische Gesundheit sind Sie verantwortlich. Es sind nicht die anderen, die negative Spannungen auslösen, sondern Sie selbst.

Es geht um das Spannungsverhältnis zwischen Ihnen und Ihrer Umwelt, zwischen Ansprüchen und Realisierungsmöglichkeiten, um Persönlichkeitsentwicklung unter fremdbestimmten Rahmenbedingungen. Wir haben viele Jahre versucht, Menschen »Systemen« anzupassen. Anpassungsintelligenz galt als Tugend. Herausgekommen sind Menschen ohne Profil, zu jedem Kompromiss bereit, »Jasager«, »Quallen«. Was wir aber in allen Teilen des Lebens brauchen, sind Menschen, die wieder nach ihrer Überzeugung handeln, die auch unbequem »Nein« sagen, die eins sind mit sich selbst, die Kreativität und heitere Gelassenheit vorleben: Wir brauchen »Schwertfische«. Unter Schwertfischen verstehe ich Persönlichkeiten mit Profil, nicht angepasst, sondern auf der Suche nach Identität und deutlich sichtbaren Charaktereigenschaften. Voraussetzung dafür ist die in diesem Buch beschriebene Stresskompetenz. Das Ziel ist die in sich ruhende Persönlichkeit, der in sich gefestigte im Leben stehende Mensch, für den bewusste Lebensführung und Selbstentfaltung eine ständig herausfordernde Aufgabe ist.

Klaus Linneweh

Teil I:
Das Phänomen Stress

Kapitel 1
Stress, ein Thema nicht nur für Führungskräfte

Stress, die Volkskrankheit

»*Stress bestimmt unser Leben.*« Als der bekannte österreichisch-kanadische Mediziner Hans Selye (1957) in den 50er-Jahren diese These formulierte, ahnte er sicher noch nicht, wie treffend er damit das Lebensgefühl einer zunehmend größer werdenden Anzahl von Menschen in der gegenwärtigen Leistungsgesellschaft charakterisierte. Damals war die von ihm als »Stress« beschriebene Symptomatik noch weitgehend unbekannt. Hätte man zum Beispiel einen Manager oder einen Lehrer gefragt, ob er sich in seinem Beruf gestresst fühle oder gar unter Stress leide, man wäre vermutlich auf Unverständnis gestoßen. Gesundheitliche Probleme und Krankheitssymptome, die mit hoher beruflicher Belastung einhergehen, waren allenfalls als »Managerkrankheit« bekannt und schienen auch auf diese Berufsgruppe beschränkt zu sein.

Inzwischen hat sich der von Selye geprägte Begriff längst aus seinem Nischendasein in der psychosomatischen Medizin gelöst und ist international zu einem populären Schlagwort geworden, ein Sammelbegriff primär für alle negativen Folgen von Hektik und Überforderungen. Stress scheint mittlerweile alle Bevölkerungsschichten und alle Lebensbereiche zu durchdringen. »Ganz gleich ob man Handlungsfelder wie Arbeit, Schule, Familie, Freizeit oder Sport in den Blick nimmt, überall erscheint Stress als ein allgegenwärtiges Phänomen.« (Allmer 1996, S. 70)

Und zunehmend mehr sind es vor allem die kleinen, ganz alltäglichen, sich häufig wiederholenden Ereignisse unseres Alltagslebens, Querelen mit Arbeitskollegen, familiäre Streitigkeiten, der abendliche Verkehrsstau, finanzielle Probleme, Auseinandersetzungen mit unseren Kindern, »abstürzende« Computerprogramme, ein neues Handy, dessen Funktionsweise uns unnötig kompliziert vorkommt, Gewichtsprobleme und Ähnliches, die uns stressen, uns den Nerv rauben, uns auf den Geist gehen, uns »krank machen«. Jahr für Jahr erscheinen unzählige Publikationen und Ratgeber zu diesem Problem. Firmen, Volkshochschulen und Krankenkassen führen »Stressbewältigungsseminare« und »Antistress-Trainings« durch, um die Teilnehmer fit zu machen und fit zu halten für die vielfältigen Belastungen ihres beruflichen und privaten Alltags. Stress im Alltag, Stress am Arbeitsplatz, im Straßenverkehr, im Kindergarten, in der Schule, in der Familie und neuerdings auch Stress in der Freizeit oder im Urlaub sind nur einige der immer wieder thematisierten Schlagwörter. Die durch Leistungs- und Zeitdruck »gehetzte Gesellschaft« ist längst zu einem populären Medienthema avanciert. »Stress« – ein Phänomen, über das sich heute bereits Schulkinder miteinander unterhalten; nicht nur für sie ein Synonym für alles, was unserer Gesundheit schlecht bekommt, was uns überfordert, auslaugt, erschöpft und krank werden lässt.

Für Selye selbst war der Begriff allerdings keineswegs so negativ besetzt wie für unser Alltagsverständnis. Für ihn als Mediziner waren ein leidenschaftlicher Kuss, ein unerwarteter Aktiengewinn ebenso Stressereignisse wie ein unvorhergesehener Stau auf der Autobahn, ein wichtiger Prüfungstermin oder ein Verlust an der Aktienbörse.

Umfangreiche medizinische und arbeitspsychologische Untersuchungen der letzten Jahre haben eindrucksvoll bestätigt:

- Stress ist mehr als nur ein Modewort.
- Stress kann langfristig Leistungsfähigkeit und Gesundheit ruinieren.

Allerdings ist dieser Zusammenhang zwischen Stress und Krankheit nicht monokausal, auch wenn die Kurzformel »Stress macht krank« längst fest im öffentlichen Bewusstsein verankert ist. Nicht jeder, der über längere Zeit hinweg starkem Stress ausgesetzt ist, erkrankt und nicht jeder erkrankt auf die gleiche Weise.

**Stress –
individuelles Leiden mit hohen gesellschaftlichen Kosten**

Nach allem, was wir heute wissen, ist die Beziehung zwischen Stress und Krankheit ein interaktives Geschehen, an dem sowohl persönliche Eigenschaften und Verhaltensweisen als auch Umweltfaktoren beteiligt sind. Unbestritten ist: Stress begünstigt das Entstehen bestimmter Krankheiten und hat indirekten Einfluss auf die individuelle Krankheitsanfälligkeit, da er nicht nur das Immunsystem schwächt, sondern auch gesundheitsabträgliche Verhaltensweisen (Bewegungsmangel, hoher Kaffee-, Nikotin-, Alkohol- und Tablettenkonsum, unzureichende Erholungs- und Ruhepausen) begünstigt. Stress kann also nicht nur individuelles Leiden bedeuten, er verursacht auch erhebliche volkswirtschaftliche Kosten: In den Industriestaaten der westlichen Welt hat sich der Arbeitsstress mittlerweile zu einer Volkskrankheit entwickelt, lautet das Fazit einer repräsentativen Studie der Internationalen Arbeitsorganisation der UNO. Er ist trotz aller Aufklärung immer noch ein weitgehend unbewältigtes Risikophänomen unserer Lebensweise.

Dabei ist Stress mit Sicherheit kein Spezifikum moderner Industriegesellschaften. Als Herausforderung hat es ihn immer gegeben, im Kampf ums tägliche Überleben, bei Kriegen, Hungersnöten, Seuchen. Richtig dosiert, kann Stress sogar positive Seiten haben: Er spornt an zu körperlichen und geistigen Höchstleistungen. Wenn Menschen sich nicht immer wieder den Herausforderungen ihrer Umwelt gestellt und mit allen ihnen zur Verfügung stehenden körperlichen und geistigen Fähigkeiten versucht hätten, immer wirksamere Schutzvorrichtungen gegen die Bedrohungen ihrer Existenz zu entwickeln, befänden wir uns sicher noch immer auf der Zivilisationsstufe des Höhlenmenschen. Manche Wissenschaftler sind sogar der Ansicht, Stress sei der unverzichtbare Motor aller Evolution; ohne ihn gäbe es keinen genetischen und keinen soziokulturellen Fortschritt.

In der modernen Industriegesellschaft ist der allgemeine Stresspegel allerdings unvergleichlich höher als je zuvor in der Geschichte der Menschheit. Und damit ist auch das mit ihm immer verbundene gesundheitliche Gefährdungspotenzial deutlich größer als in früheren Epochen. Folgendes belastet uns:

• die Dichte des Zusammenlebens in unseren Großstädten mit ihrer Umweltproblematik, ihrem Lärm, ihrer Reizüberflutung, ihrem Massenverkehr,
• die in immer kürzeren Zeitspannen ablaufenden technologischen, ökonomischen und gesellschaftlichen Veränderungen,
• die oft miteinander nur schwer zu vereinbarenden unterschiedlichen Anforderungen, die das Alltagsleben, den Beruf und das Familienleben in einer Leistungsgesellschaft bestimmen,
• der Kampf um einen Arbeitsplatz, hohe berufliche Anforderungen,
• die nervlichen Belastungen in Form von Hektik, Leistungs- und Zeitdruck, die bis in den Freizeitbereich hineinreichen,
• eine ständig steigende Informationsflut und Angebotsüberhäufung.

Dies sind aber nur einige der Stressoren, die bei immer mehr Menschen zu einem Raubbau an den natürlichen Kraftreserven führen.

Nach amerikanischen Untersuchungen (Posen 1995) ist Stress in den USA inzwischen sogar die häufigste Ursache für Krankheiten. 43 Prozent aller Erwachsenen haben gesundheitliche Probleme auf Grund von Stress; schätzungsweise 75–90 Prozent aller Arztbesuche haben mit stressbedingten Gesundheitsproblemen zu tun. Der Anteil der Arbeitnehmer, die sich »highly stressed« fühlen, hat sich in der Zeit von 1975–1990 mehr als verdoppelt. Fast 50 Prozent der arbeitenden Bevölkerung leiden an Überforderungs- und Erschöpfungssymptomen. Hohe Produktionsausfälle auf Grund von Krankheit, eine steigende Rate von Arbeitsunfällen und vorzeitige Arbeitsunfähigkeit bei immer mehr Beschäftigten sind die zwangsläufige Folge. Stress am Arbeitsplatz kostet die amerikanische Industrie bereits heute zirka 300 Milliarden Dollar im Jahr.

In der Bundesrepublik ist die Situation durchaus vergleichbar: Eine Studie im Auftrag der »Bremer Angestelltenkammer« (Marstedt u.a. 1993) an 6.331 Bürgern der Hansestadt fand eine deutliche Zunahme von Überforderungssyndromen im Vergleich mit Daten vor zehn Jahren. 68 Prozent klagten über gewachsenes Arbeitstempo, 53 Prozent nannten steigenden Leistungsdruck als Belastung und 55 Prozent litten unter starken psychischen Belastungen bei der Einführung neuer Technologien. Eine Langzeitstudie des Münchener Max-Planck-Instituts für Psychiatrie kam zu dem Ergebnis, dass gegenwärtig nur noch eine Minderheit der Bevölkerung der Bundesrepublik der Meinung ist, den Alltagsstress aus eigener Kraft erfolgreich bewältigen zu können. Die Mehrheit nimmt ihn als eine unabänderliche Begleiterscheinung des modernen Lebens in Kauf bzw. versucht, die Beeinträchtigungen von Wohlbefinden und Gesundheit mit Medikamenten zu überdecken.

Auch bei uns machen die volkswirtschaftlichen Kosten für stressbedingte Gesundheitsschäden inzwischen mindestens zehn Prozent des erwirtschafteten Bruttosozialproduktes aus, mit steigender Tendenz. Dies entspricht einer Summe von 60 Milliarden DM (Huber 1995).

Die Liste der mit Stress in Zusammenhang gebrachten Krankheiten und Beeinträchtigungen ist lang: Konzentrationsstörungen, Leistungsminderung, Nervosität, Depressivität, Angst, Schlafstörungen, Migräne, Muskelverspannungen, Allergien, Gefäßerkrankungen, Bluthochdruck, Herz-Kreislauf-Störungen bis hin zum Infarkt, Magen-Darm-Erkrankungen, Asthma, Störungen im Immunsystem, Suchtkrankheiten wie Alkohol- und Medikamentenmissbrauch. In letzter Zeit wird diese Liste immer häufiger ergänzt durch das so genannte»Chronische Erschöpfungssyndrom« (Chronique Fatique Syndrome [CFS]), bei dem vielfältige körperliche Beschwerden mit massiven Konzentrationsstörungen, allgemeiner Leistungs- und Antriebsschwäche und einer ständigen starken Müdigkeit einhergehen. Nach Schätzungen von Arbeitsmedizinern sollen bereits etwa fünf Prozent der 25- bis 40-jährigen Angestellten in Deutschland an akuter chronischer Erschöpfung leiden, in leichterer Form zeigen sogar mehr als 30 Prozent der Deutschen Symptome der CFS (Geschuhn 1995).

Eine Untersuchung an abhängig Beschäftigten in der Bundesrepublik Deutschland kam bereits Mitte der 80er-Jahre zu dem Ergebnis, dass ein Drittel der Angestellten und mehr als 50 Prozent

der gewerblichen Arbeitnehmer aus gesundheitlichen Gründen vorzeitig aus dem Erwerbsleben ausscheiden und somit ihren Ruhestand nur noch unter erheblichen gesundheitlichen Einschränkungen erleben können (Mohr 1990).
Wie fügen sich nun Führungskräfte in dieses Bild? Wie gesund, wie leistungsfähig, wie stressanfällig sind sie?

Das Karlsruher Institut für Arbeits- und Sozialhygiene ist dieser Frage in einer Langzeitstudie an 6.000 Managern in Wirtschaft und öffentlichem Leben nachgegangen (Stankiewitz 1995; Huber 1995). Die Untersuchten waren zu 92,4 Prozent Männer; das Durchschnittsalter lag bei 47,9 Jahren; die mittlere wöchentliche Arbeitszeit betrug 55 Stunden; 37,5 Prozent gehörten der Geschäftsführung an, 26,6 Prozent einer Bereichsleitung. Umfangreiche medizinische Check-Ups, Interviews und ein während geistiger Anspannung aufgenommenes EKG erbrachten folgende Ergebnisse:
Organische Erkrankungen sind bei den meist im mittleren Lebensalter stehenden Führungskräften noch relativ selten; bei 85 Prozent ließen sich aber eindeutig psychovegetative Störungen nachweisen. Sie reagieren auf Stress mit Kopfschmerzen, Schweißausbrüchen und Schlafstörungen. Etwa drei Viertel litten unter Fettstoffwechselstörungen und/oder Wirbelsäulen- und Gelenkbeschwerden, 24 Prozent unter Bluthochdruck, 38 Prozent waren übergewichtig, bei 22 Prozent lag Nikotinmissbrauch vor, bei zwei Prozent bestand Verdacht auf Herzkranzgefäßverengung, weniger als ein Prozent waren an Krebs erkrankt. Vor allem die psychovegetativen Störungen, Bluthochdruck und erhöhte Blutfettwerte korrelierten deutlich mit Leistungseinschränkungen und stressbedingten Ausfalltagen.

Das deprimierende Fazit: Jede dritte Führungskraft kommt mit dem Stress in ihrem Leben nicht zurecht, ein weiteres Drittel hat damit mehr oder minder deutliche Schwierigkeiten und nur knapp 30 Prozent führten »ein gesundes und kontrolliertes Leben«.

Belastungen aus der Sicht von Führungskräften

Beruflicher Erfolg und Karriere haben für die meisten Führungskräfte einen hohen Preis, den sie in erster Linie zwar selbst bezahlen
müssen, mit ihrer Gesundheit, mit ihrem Wohlbefinden und oft
auch mit ihrer Lebenskraft, in zweiter Linie tragen die Kosten aber
auch das private und das berufliche Umfeld:

- So sind 12–14 Arbeitsstunden pro Tag im mittleren und höhe-
  ren Management eher die Regel als die Ausnahme.
- Nach einer Untersuchung an 3.000 amerikanischen Führungskräften, arbeitet mehr als die Hälfte mindestens 60 Stunden pro
  Woche, jeder Vierte sogar mehr als 70 Stunden (Rosch 1995). In
  Deutschland dürften die entsprechenden Zahlen nicht viel anders aussehen.
- Im Mittel werden 70–80 Prozent der Wachzeit für die Erledigung beruflicher Aufgaben aufgewendet. Fast drei Viertel der
  Teilnehmer einer internationalen Studie mit über 500 Führungskräften waren auch während ihrer Ferien ständig erreichbar, fast jeder Zweite erkundigte sich im Urlaub regelmäßig
  nach dem Stand der Dinge an seinem Arbeitsplatz.
- Die individuelle Freizeit, also die Zeit, in der eine Führungskraft
  tun und lassen kann, was sie will, streut zwischen 10 und 28
  Stunden pro Woche. Dies sind, das Wochenende eingeschlossen,
  1,5–4 Stunden am Tag. Etwa ein Drittel dieser arbeitsfreien Zeit
  entfällt auf die Freizeit-»Aktivität« Fernsehen. Größere Freizeit-
  blöcke werden von über 90 Prozent zu leistungs- und status-
  orientierten Aktivitäten genutzt (Auto fahren, Sport, Do-it-
  yourself). Erholung und Muße kommen praktisch nicht vor.
  Statt wirklich auszuspannen und einfach einmal nichts zu tun,
  »nutzt« man die Freizeit, um an seinem Tennis-Aufschlag oder
  seinem Golf-Handicap zu »arbeiten«.

Wer als Führungskraft Karriere machen will, dem bleibt also kaum
noch Zeit zum Atemholen, zum Auftanken, zur Weiterentwicklung
seiner persönlichen Interessen, Kompetenzen und Hobbys.

Der hohe Zeitaufwand für berufliche Aufgaben ist aber nur ein Aspekt unter vielen, die zusammengenommen das Belastungspotenzial einer Führungskraft ausmachen.

- Die hohen und vielfältigen Aufgaben des Berufslebens,
- die Erwartungen der Vorgesetzten, Kollegen und Mitarbeiter, denen man täglich gerecht werden muss, um die einmal erreichte Position zu halten,
- der permanente Verantwortungsdruck, die ständige Terminnot und Hektik, unter der Personal- und Sachentscheidungen gefällt, Aufgaben erledigt, Ergebnisse kontrolliert und bewertet werden müssen,

lassen viele Manager ihre momentane Berufssituation als außerordentlich belastend, kraftzehrend und stresshaft erleben.

Als besonders negativ wird in diesem Zusammenhang der Verlust von zeitlichen Spielräumen erfahren, in denen sich Kollegen untereinander, aber auch Kollegen und Vorgesetzte in Ruhe miteinander unterhalten und austauschen können.

Hinzu kommt noch, dass man beinahe täglich erleben muss, wie die eigentlich wichtigen Führungsaufgaben durch die Fülle dringlich zu bewältigender Sachaufgaben immer wieder in den Hintergrund gedrängt werden oder quasi nebenbei erledigt werden müssen – ein Tatbestand, der bei vielen ein Gefühl der Unzufriedenheit mit dem eigenen Leistungsverhalten hinterlässt.

Die Erwartungen des Unternehmens im Hinblick auf Mobilität, Flexibilität und Identifikation mit der Unternehmenskultur geraten vielfach in Widerstreit mit den eigenen Werthaltungen, der eigenen Lebensplanung oder den Erwartungen und Einstellungen des Partners, der Familie und der Freunde. Interessenkollisionen und Konflikte zwischen Berufs- und Privatleben lassen das negative Belastungspotenzial weiter ansteigen, vor allem dann, wenn man, wie dies vor allem bei Führungskräften mit hochspezialisierten technischen Qualifikationen häufig der Fall ist, kaum gelernt hat, mit Konflikten und psychischen Krisen umzugehen.

Technologische Innovationen und innerorganisatorische Veränderungen, wie beispielsweise bei der Umstellung auf »Total-Quality-Management« oder »Lean-Production«, führen vor allem in der Anfangsphase nicht selten zu erhöhten psychosozialen und psychomentalen Belastungen. Die Angst um den Erhalt des eigenen Arbeitsplatzes, die Furcht, den veränderten Anforderungen nicht in der erwarteten Weise gerecht werden zu können, sind nicht nur ein extrem starker individueller Stressor. Häufig führen sie zusätzlich zu das allgemeine Wohlbefinden belastenden Störungen im Betriebsklima, zu sozialen Spannungen und Konflikten zwischen Vorgesetzten und Mitarbeitern sowie zwischen Kollegen. Fusionen und Firmenverkäufe zerstören nicht selten die gewachsene Identität eines Unternehmens; Traditionen verlieren ihre Bedeutung, Beziehungsgeflechte werden aufgelöst. Verunsicherung und Angst sind die Folge – beides starke negative Stressoren.

Rechnet man hierzu noch die ganz »normalen« Belastungen und Stressoren des Privatlebens hinzu, dann wird deutlich, dass sich viele Führungskräfte heute sowohl objektiv als auch vor allem subjektiv in einer Lebenssituation befinden, die, auf längere Sicht gesehen, nicht nur die Lebenszufriedenheit beeinträchtigt, sondern auch Leistungsmotivation und Leistungsfähigkeit sowie letztlich die psychophysische Gesundheit gefährdet (Linneweh 1991).

Hier soll allerdings keineswegs der Eindruck erweckt werden, als sei die berufliche Tätigkeit für die Mehrzahl der Führungskräfte eine permanente Stressquelle, die an ihren Kräften zehrt. Im Gegenteil: Die meisten wissen genau, dass sie ohne Arbeit ihre Lebenszufriedenheit sehr rasch verlieren und mit großer Wahrscheinlichkeit ebenfalls krank werden würden. Die erfolgreiche Bewältigung anspruchsvoller beruflicher Anforderungen, die Anerkennung für Einsatz und Leistung ist eben auch ein »Lebenselixier«, aus dem sich viele positive Kräfte ziehen lassen. Wenn die Arbeit allerdings dauerhaft die Freizeit stiehlt, das Privatleben beeinträchtigt, den Schlaf raubt, einem keine Zeit und keine Kraft mehr lässt für außerberufliche Interessen, für andere Menschen, zum Nachdenken, Ausruhen, Erholen und Auftanken, wird aus Herausforderung sehr bald Überforderung und Erschöpfung.

Viele beklagen diese Situation der Überforderung, der ständigen Hetze und Fremdbestimmtheit, der sie sich ausgesetzt fühlen, halten sie aber im Wesentlichen für unabänderlich oder nehmen sie als vorübergehende Begleiterscheinung von beruflichem Erfolg in Kauf. Im Grunde sind sie sich aber darüber im Klaren, dass die Hoffnung, der Stress werde sich vielleicht auf einer höheren Stufe ihrer Karriereleiter verringern, ein Trugschluss ist. Aus all dem resultiert bei vielen ein allgemeines Unbehagen, ein oft diffuses Gefühl, das eigene Leben nicht mehr unter Kontrolle zu haben, von Situationen, Ereignissen oder Prozessen überrollt und bestimmt zu werden statt diese selbst zu bestimmen. Sie leiden unter der Angst, die beruflichen Anforderungen irgendwann nicht mehr bewältigen, nicht mehr alles »unter einen Hut« bringen zu können – berufliche und private Verpflichtungen, persönliche Ansprüche und Erwartungen. Sie fühlen sich »überfordert«, »ausgelaugt«, »zerschlagen« und »kaputt«, wissen, dass sie anderen gegenüber unduldsamer, ungeduldiger und gereizter reagieren als früher.

Spätestens hier wird dann deutlich, dass nicht nur die Betroffenen selbst, sondern auch ihr soziales Umfeld – der Partner, die eigenen Kinder, Verwandte, Freunde, Kollegen – die Kosten einer solchen Lebensweise mittragen.

In Seminaren zur Führung der eigenen Person wird an dieser Stelle immer wieder der Wunsch nach einem umfassenden Neuanfang zum Ausdruck gebracht, wobei die Hoffnung mitschwingt, dass man sich dann in höherem Maße selbst verwirklichen könne. Häufig sind aber gerade diejenigen hilflos, die erfolgreich verantwortungsvolle Leitungsfunktionen ausüben, die tagtäglich weit reichende unternehmerische Entscheidungen fällen und umsetzen und gewohnt sind, Mitarbeiter motivierend zu führen, und zwar wenn es darum geht, sich selbst und die eigene Lebenssituation ebenso konsequent zu managen wie die beruflichen Aufgaben (Linneweh 1994). Sie haben nie gelernt, was es heißt, sich selbst zu führen und ein erfolgreiches Selbstmanagement zu praktizieren.

Erschwerend kommt noch hinzu, dass gerade Führungskräfte häufig erst einmal immense innere Barrieren überwinden müssen, bevor sie sich selbst oder gar Dritten gegenüber ihre persönlichen Stressprobleme zugeben können. Sie fürchten, dass ihnen dies als Leistungsschwäche ausgelegt werden könnte. Deshalb fangen die meisten erst dann an, sich mit sich selbst und ihrem Lebensstil auseinander zu setzen, wenn deutliche körperliche oder psychische Be-

einträchtigungen aufgetreten sind und sich der Zusammenbruch an-
kündigt, wenn ärztliche oder psychologische Hilfe notwendig wird
oder der erste Infarkt die Leistungsfähigkeit bereits eingeschränkt
hat. In besonderem Maße gilt dies für jüngere Führungskräfte, die
noch dabei sind, ihre Karriere aufzubauen und zu festigen.

Eine der zentralen Voraussetzungen für ein erfolgreiches persönliches Stressmanagement ist aber gerade die uneingeschränkte
Ehrlichkeit gegenüber sich selbst. Selbstmanagement erfordert die
Bereitschaft, sich mit den Anforderungen und Belastungen des eigenen Lebens, den eigenen Stärken und Schwächen, Ansprüchen,
Zielen, Hoffnungen und Ängsten offen, vorbehaltlos und konsequent auseinander zu setzen. Je frühzeitiger eine Führungskraft diese Führungsaufgabe in Angriff nimmt, desto größeren Nutzen werden sowohl sie selbst als auch ihre Mitmenschen – ihre Mitarbeiter,
ihre Kollegen, ihre Familie, Freunde und Bekannten – daraus ziehen. Auch hier gilt die uralte Grundregel der Medizin, dass Vorbeugen einfacher ist als Heilen.

Dazu gehört aber auch die Bereitschaft, die eigene Gesundheit
nicht ausschließlich an die »Reparatur-Medizin« zu delegieren, sondern selbst die Verantwortung für Gesundheit und Wohlbefinden
zu übernehmen. Der Weg vom Stress in Krankheit und Beeinträchtigung von Lebensfreude und Wohlbefinden ist nicht unausweich-
lich. Wir sind angesichts unserer heutigen Lebensumstände keineswegs zum Leiden verurteilt. Untersuchungen haben eindeutig gezeigt, dass es nicht nur Risikofaktoren, sondern auch beträchtliche
Gesundheitspotenziale gibt. »Man kann sie sich bewusst erschließen, fördern, oder zumindest günstige Rahmenbedingungen schaffen, unter denen sie sich entfalten.« (Otte 1994, S. 55) Dies setzt
neben Handlungs- und Veränderungsbereitschaft auch ein entspre-
chendes Wissen voraus über

- die Entstehungsbedingungen,
- die kurz- und langfristigen Auswirkungen von Stress auf Gesundheit und Wohlbefinden sowie
- die Möglichkeiten, die es gibt, um negativen Stressfolgen vorzubeugen, sie zu minimieren bzw. sich effektiv dagegen zu schützen.

Stress und Wohlbefinden

Bevor Sie weiterlesen, sollten Sie sich zunächst einmal die hier abgebildete Kurve anschauen. Am besten fertigen Sie sich hiervon einige Kopien an.

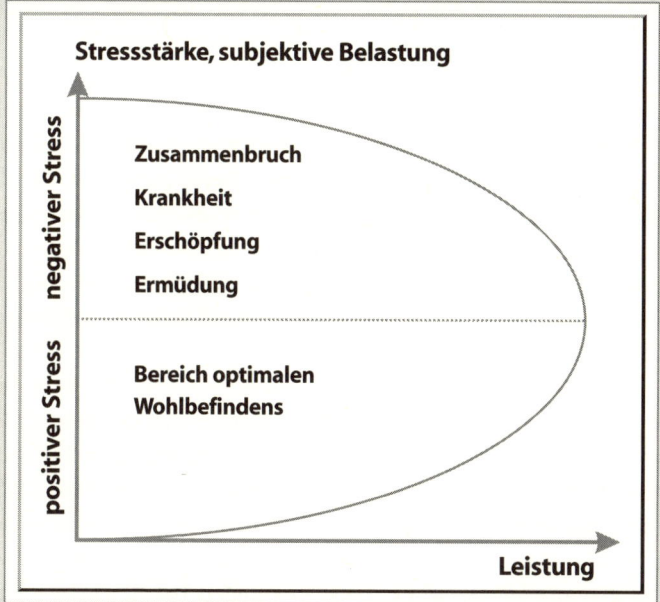

Stress und Wohlbefinden

- Wo befinden Sie sich im Moment auf dieser Kurve – beispielsweise am Ende einer durchschnittlichen Arbeitswoche?
- Können Sie sich noch erinnern, wie Sie sich in jüngeren Jahren nach einer solchen Woche gefühlt haben?
- Markieren Sie diese beiden Punkte.

Wenn Sie möchten, bitten Sie Ihren Partner, einen guten Freund oder Kollegen, anzukreuzen, wie er Sie erlebt.
Wenn Sie – nach der Lektüre dieses Buches – einige Ihrer Lebensgewohnheiten verändert haben, sollten Sie sich die Abbildung immer wieder einmal vornehmen, um zu sehen, an welchem Punkt Sie sich dann befinden.

Kapitel 2
Das Stressgeschehen

Die physiologische Stressreaktion

Der Begriff »Stress« entstammt der englischen Sprache. Bereits im mittelalterlichen England wurde er als Alltagsbegriff in der Bedeutung von »äußerer Not und auferlegter Mühsal« verwendet (Schönpflug 1987). Als eigentlicher Urvater der modernen wissenschaftlichen Stressforschung muss wohl Charles Darwin (1809–1882) genannt werden (Hüther 1998), obwohl er selbst den Begriff »Stress« noch nicht benutzte.

Darwin vertrat die Ansicht, dass die Umwelt für alle Lebewesen eine ständige Bedrohung und Herausforderung darstelle. Dieser Stress erzeuge einen Selektionsdruck, der nur diejenigen Mitglieder einer Art überleben lasse, die sich am besten an diese Herausforderungen anpassen können. Er verwendete hierfür den Terminus »Survival of the fittest«. Ohne den Stress des Selektionsdruckes gäbe es, davon war Darwin zutiefst überzeugt, für das Leben insgesamt keinerlei Notwendigkeit zu Veränderung und Evolution. Die Entwicklung des Lebens hätte auf der Stufe der Einzeller stehen bleiben können. Erstaunlich ist, dass bereits Darwin die Reaktion eines Lebewesens auf den Stress seiner Umgebungsbedingungen als Reaktion des gesamten psychophysischen Organismus ansah – eine Hypothese, die durch die moderne Stressforschung mehr als hundert Jahre später eindrucksvoll bestätigt werden konnte.

In die medizinische und psychologische Fachliteratur wurde der Begriff »Stress« erst 1914 von dem amerikanischen Physiologen Walter B. Cannon eingeführt. Er verwendete ihn als Sammelbegriff für Umwelteinflüsse, die wie zum Bespiel Hitze oder Kälte das innere Gleichgewicht, die »Homöostase« eines Organismus stören oder schädigen. Außerdem erkannte er als Erster, dass unter Stress-

belastung vermehrt bestimmte Hormone in die Blutbahn ausge-
schüttet werden – die so genannte Katecholamine –, die dafür sorgen, dass der Organismus auf die drohende Gefahr angemessen reagieren kann. Cannons Stressbegriff wurde dann in den 30er-Jahren von Hans
Selye übernommen und popularisiert. Selyes historisches Verdienst
besteht vor allem darin, den Blick der Forschung auf das Phänomen Stress gelenkt zu haben. Die Einfachheit des von ihm entwickelten Erklärungsmodells hat allerdings nicht unwesentlich zu der
heute herrschenden Begriffsverwirrung beigetragen (Greif u.a.
1991).

Selye experimentierte vor allem mit Ratten, die er intensiven
»Stressreizen« (zum Beispiel Nahrungsentzug, Schmerzreizen, Ver-
letzungen, Hitze, Kälte) aussetzte. Seine eindrucksvollen Bilder von
sehr bald auftretenden krankhaften Organveränderungen seiner
Versuchstiere schienen auch dem Laien verständlich den unmittel-
baren Zusammenhang zwischen Stress und Krankheit zu beweisen.
Aufgrund dieser Forschungsergebnisse entwarf er dann sein be-
kanntes Modell des »Allgemeinen Adaptationssyndroms« (AAS), in
dem er davon ausgeht, dass letztlich alle höheren Lebewesen, wenn
sie einem starkem Stress ausgesetzt werden, die gleiche stereotype
und unspezifische physiologische Reaktion zeigen.

Selye definierte Stress als die Summe aller auf einen Organismus
einwirkenden Reize und schuf für die dabei im Gehirn und im Körper feststellbaren Prozesse das nach ihm benannte Reiz-Reaktions-
Modell des Stresssyndroms »AAS«.

Hiernach läuft die körperliche Reaktion auf eine Belastungs-,
Herausforderungs- oder Gefahrensituation immer in der gleichen,
genetisch einprogrammierten Weise ab. Diese automatisch und ohne bewusste Steuerung ablaufende Stressreaktion garantiert, dass in
einer Gefahrensituation, in der es vor allem auf blitzschnelles Handeln ankommt, alle verfügbaren Kräfte unverzüglich mobilisiert
und auf das jetzt allein wichtige Ziel, der Gefahr auf irgendeine
Weise zu entkommen, konzentriert werden können.

Unsere menschlichen Reaktionen unterscheiden sich dabei im
Prinzip nicht von denen eines höher entwickelten Tieres: Der Organismus eines Menschen, der plötzlich dicht neben sich eine Auto-

hupe oder quietschende Bremsen hört, abends im Park einen flüchtigen, Schatten wahrnimmt oder mit einer unerwarteten Schreckensmeldung konfrontiert wird, reagiert nicht anders als der Organismus einer Antilope beim Anblick eines Löwen oder als der Organismus eines steinzeitlichen Jägers, der vor Jahrtausenden ein verdächtiges Knacken im Unterholz des Urwaldes hörte.

In Gefahrensituationen, in denen es vor allem auf unmittelbares, schnelles Handeln ankommt, kann dieses automatisch ablaufende Reaktionsprogramm auch heute noch lebensrettend sein.

Um die physiologischen Veränderungen zu verstehen, die unser Organismus in einer solchen Situation durchmacht, stellen wir uns zunächst einen Menschen vor, der sich in einem Zustand entspannter Ruhe befindet, der zum Beispiel im Liegestuhl sitzend die Sonne in seinem Garten genießt und dabei seine Lieblingsmusik hört. Würde man diesen Menschen von ihm unbemerkt an medizinische Messgeräte anschließen, so würde sich zeigen, dass jetzt alle Körperfunktionen gewissermaßen auf Sparflamme laufen, der gesamte Organismus ist auf Entspannung, Ruhe und Erholung der Einzelfunktionen programmiert:

- Die Stoffwechselprozesse sind auf minimalen Energieverbrauch eingestellt.
- Das Herz schlägt ruhig.
- Die Atmung ist gleichmäßig und langsam.
- Die Gehirntätigkeit ist durch relativ lange, ausgeglichene elektromagnetische Wellen gekennzeichnet.

Wenn in der Nähe dieses Menschen jetzt plötzlich eine Tür laut knallt oder ihn eine Biene schmerzhaft in den Arm sticht, dann verändern sich augenblicklich sämtliche Messwerte. Die Sinnesorgane melden dem Zwischenhirn, dass Gefahr in Verzug ist. Und von hier aus werden sofort Maßnahmen zur Abwehr der Gefahr eingeleitet. Die Stressreaktion läuft nach dem für sie festgelegten Muster ab. Es beginnt ein physiologisch höchst komplexer und komplizierter dreistufiger Reaktionsmechanismus, der hier nur in kurzen Umrissen beschrieben werden kann. Eine ausführliche, auch für den medizinischen Laien verstehbare detaillierte Beschreibung der neuroendokrinologischen Prozesse findet der interessierte Leser beispielsweise in dem populärwissenschaftlichen Werk des Göttinger Neurobiologen Hüther (1998, S. 57ff.).

- **1. Stufe: Die Alarmphase**
  Nach einer meist recht kurzen Schrecksekunde schaltet sich im Gehirn das Leitsystem für Gefahrensituationen, das so genannte zentrale noradrenerge System, ein zentrales Nervensystem im Hirnstamm, ein. Gleichzeitig wird das periphere noradrenerge System aktiviert. Beides sorgt dafür, dass zunächst einmal »alle Nervenzellen wachgerüttelt werden« (Hüther 1998, S. 61). Der Informationsfluss kann jetzt mit stark erhöhter Geschwindigkeit so geleitet werden, dass der Organismus optimal in die Lage versetzt wird, die aufgetretene Bedrohung möglichst genau wahrzunehmen und abzuschätzen. Gleichzeitig werden alle im Organismus verfügbaren Energiereserven mobilisiert und Körperfunktionen, die im Moment nicht benötigt werden, vorübergehend auf Sparflamme geschaltet. Es kommt, wie bereits Cannon vermutet hatte, zu einer verstärkten Ausschüttung der beiden Stresshormone Noradrenalin und Adrenalin.
  Diese allgemeine Aktivierung unseres Organismus können wir bespielsweise daran erkennen, dass das Herz anfängt zu rasen und uns der Angstschweiß auf die Stirn tritt. Der Mund scheint plötzlich wie ausgetrocknet, sogar die Haare richten sich auf. Die Pupillen sind weit geöffnet, und wir nehmen plötzlich Dinge wahr, die uns vorher nicht aufgefallen sind. Bei einem vorgeschädigten Organismus kann es in dieser Phase zu akuten Erkrankungen und auch zum Tode kommen.

- **2. Stufe: Das Stadium des Widerstands**
  Dies ist die Phase, in der das Individuum versucht, unter Einsatz aller ihm zur Verfügung stehenden Energiereserven mit der ihm drohenden Gefahr fertig zu werden, indem es beispielsweise den Feind, dem es sich gegenübersieht, angreift, die Flucht ergreift oder Maßnahmen findet, die es ermöglichen, trotz der Bedrohung ungefährdet weiterzuleben, sich an sie anzupassen.

- **3. Stufe: Die Phase der Erschöpfung**
  Wenn alles gut geht und die Gefahr gemeistert werden konnte, haben wir eine »kontrollierbare« Stressreaktion erlebt. Das noradrenerge System kann aufhören zu feuern, Kreislauf- und Stoffwechselvorgänge können wieder in die Normallage zurückkehren. Die Energiereserven des Organismus sind allerdings verbraucht und müssen regeneriert werden. Was wir nun benötigen, ist eine ausreichend lange Phase der Ruhe und Erholung, in der der Organismus wieder in seine Normallage zurückkehren kann. Wenn jetzt sofort wieder neue Stressreize auftreten und diese Situation über einen längeren Zeitraum bestehen bleibt, werden nach und nach die vitalen Reserven angegriffen. Erste Anzeichen gesundheitlicher Beeinträchtigung können sich bemerkbar machen. In besonders schweren Fällen kann es in dieser Phase sogar zu einem hormonellen Zusammenbruch mit schwersten Organschädigungen kommen (Richter/Hacker 1998, S. 19).

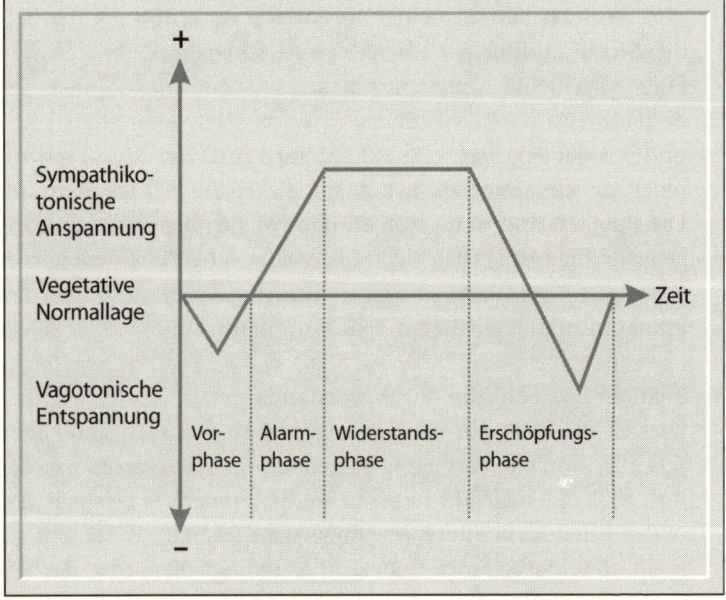

Phasenverlauf im Stressgeschehen

In Belastungssituationen, für die das Individuum keinerlei Möglichkeit sieht, sie durch eigenes Handeln zu beseitigen, an denen es mit all seinen bisher erworbenen Strategien und Reaktionen scheitert, kommt es zu einer so genannten »unkontrollierten« Stressreaktion. Diese ist durch eine lang anhaltende Aktivierung des zentralen und des peripheren noradrenergen Systems und anhaltend hohes Erregungsniveau im zentralen Nervensystem gekennzeichnet, die sich wechselseitig aufschaukeln und langfristig zu Schädigungen im Gehirn sowie im Hormon- und im Stoffwechselsystem führen (Hüther 1998, S. 38).

Erste, noch relativ unspezifische Warnzeichen, die darauf hindeuten, dass sich ein Mensch möglicherweise in einer seinen Organismus überfordernden Situation andauernden, nicht bewältigbaren Stresses befindet sind

- Kopfschmerzen, Schwindelgefühle, Schwarzwerden vor den Augen,
- Nervosität, Ungeduld, Fahrigkeit,
- Muskelverspannung, Muskelkrämpfe, Nacken-, Schulter-, Rückenschmerzen,
- Atembeschwerden, Atemnot, trockener Mund, Kloß im Hals,
- Frösteln, Schwitzen, Hitzewallungen,
- Magen-Darm-Probleme,
- Schlafstörungen,
- Schmerzen in der Brust, Herzklopfen, Herzjagen, Herzstolpern.

Diese Befindlichkeitsstörungen sind ein wichtiges Frühwarnsystem, auf das wir unbedingt hören sollten. Werden diese ersten Warnsignale überhört und bleibt die Situation weiterhin bestehen, dann wird sehr bald die Wirksamkeit des gesamten Immunsystems beeinträchtigt oder sogar dauerhaft geschädigt. Es kommt dann zu erhöhter Krankheitsanfälligkeit und zur Schädigung des Herz-Kreislauf-Systems. Im Extremfall kann starker, lang anhaltender Dauerstress sogar, wie schon Selye mit seinen Rattenexperimenten zeigen konnte, zum Tod des Individuums führen – auch beim Menschen.

Wir alle kennen Personen in unserer näheren Umgebung, die sich im wahrsten Sinn des Wortes »zu Tode arbeiten«, die sich praktisch nie Ruhe und Erholung gönnen und eines Tages durch Hirnschlag, Embolie oder Herzinfarkt vielleicht sogar an ihrem Arbeitsplatz, während einer Mitarbeiterbesprechung oder am Steuer ihres Autos plötzlich und unerwartet zusammenbrechen.

In Japan hat dieser Tod durch Überarbeitung und Leistungsstress bereits einen Namen: »Karoshi«. 1990 gab es fast 600 Schadensersatzforderungen von Hinterbliebenen. 33 Fälle wurden vom japanischen Arbeitsministerium als »berufsbedingter, vorzeitiger Todesfall« anerkannt. Heute bestehen in ganz Japan Zentren zur Prävention und Therapie »Karoshi«-gefährdeter Arbeitnehmer. So weit ist man in Europa noch nicht, obwohl hier die Verhältnisse durchaus vergleichbar sein dürften (Orthaus u.a. 1993).

Das individuelle Stresserleben

So verführerisch Selyes Stressreaktionsmodell in seiner Plausibilität ist, mit seiner rein biologischen Sichtweise taugt es nur bedingt zur Beschreibung und Erklärung dessen, was ein Mensch unter starker, anhaltender Belastung, in ihm ausweglos erscheinenden Situationen *erlebt* und *empfindet*. Und gerade diese Empfindungen, Gefühle und Gedanken, die in Situationen, denen wir uns nicht ohne weiteres gewachsen fühlen, unser Erleben und Verhalten bestimmen, sind es ja, die das Belastende und uns Ängstigende am Erleben von Stress ausmachen.

Außer auf Abenteuerreisen, im Krieg oder bei plötzlich ausbrechenden Naturkatastrophen, gerät der moderne Mensch zudem kaum einmal in seinem Leben in eine Gefahrensituation, der er unter Aufbietung aller ihm zur Verfügung stehenden Kräfte durch extrem schnelles Handeln erfolgreich entgehen könnte.

Die typischen Stresssituationen unseres Alltagslebens sehen anders aus als die des vorgeschichtlichen Homo sapiens, aus dessen genetischer Ausstattung wir die biologische Stressreaktion ererbt haben. Wir leben heute nicht mehr in der Umwelt, für die wir einmal mit einem sinnvollen genetischen Überlebensprogramm ausgerüstet worden sind. Angriff oder Flucht taugen kaum zur effektiven Bewältigung der Stressprobleme unseres Berufs- und Alltagslebens.

Selyes Modell, das ja auf der Annahme eines universell gültigen stets auf die gleiche Weise ablaufenden Reaktionsprinzips basiert, liefert außerdem keinerlei Erklärung für die Tatsache, dass

- sich die Stressreaktionen zweier Menschen auf ein und denselben Stressor erheblich unterscheiden können,
- Menschen eine Situation, die ihnen heute nichts ausmacht, bereits morgen als starken Stressor erleben können, der »das Fass zum Überlaufen« bringt,
- nicht jeder, der längere Zeit starkem Stress ausgesetzt ist, zwangsläufig bestimmte Krankheitssymptome entwickelt,
- und nicht alle Menschen die gleichen Krankheitssymptome bekommen.

Die vielfältigen, individuell in Art und Intensität höchst unterschiedlichen Beeinträchtigungen und Befindlichkeitsstörungen im emotionalen und geistigen Bereich, die Menschen in Zeiten hoher Anspannung und Überforderung erleben und erleiden, finden in diesem Erklärungsmodell ebenfalls keine Berücksichtigung. Deshalb lassen sich aus ihm auch keine effektiven Methoden zur Stressbewältigung ableiten, die über das mit Sicherheit nicht falsche von Selye proklamierte populäre Gesundheitsrezept »Mehr Körperbewegung, weniger Essen und Rauchen« hinausgehen.

In der modernen medizinischen und vor allem psychologischen Stressforschung spielt deshalb die Annahme eines universell gültigen biologischen Reaktionsmodells kaum noch eine Rolle. Hier interessieren weniger die physiologische Reaktion auf akute Gefahren für Leib und Leben, sondern vielmehr die psychophysischen Auswirkungen von Anforderungen, Herausforderungen und Belastungen des Alltagslebens.

Wie ist beispielsweise zu erklären, dass bei vergleichbaren beruflichen oder familiären Belastungen verschiedene Menschen sich unterschiedlich stark beansprucht, herausgefordert oder überfordert fühlen?

Ausgehend von dieser Fragestellung haben Lazarus und Folkman (1984) ihr »transaktionales Erklärungsmodell« entwickelt, bei dem Stresssituationen als komplexe Prozesse der Auseinandersetzung der betroffenen Person mit den Belastungen und Anforderungen der Situation betrachtet werden. In zahlreichen Experimenten konnten sie zeigen, dass es *keine* unspezifische, bei allen Menschen in gleicher Weise ablaufende physiologische Reaktion auf Stress gibt, sondern sich im Gegenteil eine große inter- und intraindividuelle Variabilität der neuroendokrinen Reaktionen nachweisen lässt: Unsere neurophysiologischen Systeme reagieren nicht immer auf den gleichen Stressor in gleicher Weise. – Die physiologischen Reaktionen verschiedener Menschen auf einen bestimmten Stressreiz können sich erheblich voneinander unterscheiden.

Lazarus und Folkman waren nach Darwin die ersten, die wieder auf »die Wichtigkeit des Verhaltens im Rahmen der Stressantwort hinwiesen. Diese Vorstellung wurde durch die Beobachtung erhärtet, dass nicht nur eine belastende Situation selbst, sondern bereits die Antizipation einer solchen zu einer psychoneuroendokrinen Stressreaktion führen kann.« (Hüther 1998, S. 30)

Bedeutsam für den von einem Menschen erlebten und erlittenen Stressgehalt einer Situation oder eines Ereignisses sind *nicht* bzw. nicht in erster Linie die objektiven Merkmale dieser Situation sondern die persönlichen Gedanken, Empfindungen und Überlegungen des Menschen, der sich zu einem bestimmten Zeitpunkt seines Lebens in dieser Situation befindet oder aber sich vorstellt, er könne in eine solche Situation geraten.

- Es kommt darauf an, wie er diese Situation bewertet (»Herausforderung«, »einmalige Chance«, »Zumutung«),
- für wie bedeutsam er die mit einer erfolgreichen Bewältigung bzw. mit einem Scheitern verbundenen Auswirkungen für sich persönlich oder für sein persönliches Umfeld ansieht (»Kann mich die Stellung kosten«; »Hat mein Chef bis morgen bestimmt längst wieder vergessen«),
- wie er seine Chancen, sie erfolgreich zu bestehen, einschätzt (»Werde ich niemals schaffen«; »Ich finde bestimmt einen Weg, aus dieser Situation wieder herauszukommen«),

- wie zufrieden bzw. unzufrieden er am Ende mit seiner Art der Bewältigung ist (»Ist wider Erwarten gut gegangen«; »Ich habe mein Bestes getan«; »Warum habe ich nicht so gehandelt, wie ich ursprünglich wollte?«; »Ich habe mal wieder versagt«).

All diese Faktoren entscheiden darüber, ob die betreffende Situation überhaupt als ein Stressereignis erlebt wird oder nicht.

Ein bestimmter Reiz ist also nicht von vorneherein stressend, er wird es erst durch die subjektiven Wahrnehmungen und Bewertungen dessen, der ihn erlebt. Menschen können gegenüber einem bestimmten Stressor also höchst unterschiedlich anfällig sein.

Ein Beispiel: Sie bekommen völlig unerwartet einen Anruf Ihres obersten Chefs, der Sie dringend in seinem Arbeitszimmer sprechen will, was bisher noch nie vorgekommen ist. Und prompt geraten Sie in eine Stresssituation: Ihre Gedanken überschlagen sich. »Warum gerade ich und warum gerade heute?« Sie überlegen verzweifelt, was Sie wohl falsch gemacht oder vergessen haben könnten. Befürchtungen, er wolle Ihnen vielleicht Ihre Entlassung mitteilen, werden wach. »Wie soll es dann weitergehen? Was wird aus Ihrer Familie, aus den finanziellen Verpflichtungen, die Sie eingegangen sind?«
Ihr Herz klopft heftig, Sie haben feuchte Hände und ein flaues Gefühl im Magen. Sie haben kaum noch die Kraft, von Ihrem Sessel aufzustehen und sich auf den Weg zu Ihrem Chef zu machen. Als Sie vor seiner Tür stehen, wissen Sie kaum, wie Sie dorthin gekommen sind.
Wenn er Sie nun entgegen Ihren Erwartungen und Befürchtungen freundlich begrüßt, Ihnen sagt, wie sehr er mit Ihrer Arbeit zufrieden ist, werden Sie bei seinen nächsten Anrufen vermutlich viel gelassener reagieren und keine Stressreaktion mehr erleben.

Den Prozessverlauf der Stresswahrnehmung und Stressbewältigung hat man sich etwa folgendermaßen vorzustellen: Es beginnt damit, dass eine Person wahrnimmt: Ein Ereignis, eine Situation ist für sie persönlich mit bestimmten Anforderungen verbunden. Diese Anforderungen können von außen an sie herangetragen werden oder sich intern beispielsweise aus ihren eigenen Leistungsansprüchen, ihren Vorstellungen, Ängsten, Befürchtungen, Hoffnungen und Wünschen herleiten.

Praktisch zeitgleich mit dieser Wahrnehmung laufen kognitive Einschätzungs- und Bewertungsprozesse an. Die Person bewertet

- zum einen die Bedeutsamkeit, die dieses Ereignis für sie persönlich hat (hohe bzw. niedrige Bedeutung, keine Bedeutung);
- zum anderen ihre persönlichen Einwirkungs- und Kontrollmöglichkeiten, ihre Kompetenzen, ihre Handlungsalternativen, ihre Leistungsfähigkeit (Bewältigung ist möglich bzw. nicht möglich, erfordert hohen bzw. relativ geringen Einsatz);
- zum dritten die Konsequenzen bzw. Folgen eines Handelns bzw. Nicht-Handelns (irrelevant, angenehm-positiv, stressrelevant).

Kommt es zu der Einschätzung »stressrelevant« wird die Bewertung des Ereignisses weiter differenziert nach den Merkmalen: Schädigung, Verlust, Bedrohung, Herausforderung (Katz/Schmidt 1991). Das Ergebnis eines individuellen Einschätzungsprozesses entscheidet also darüber, ob ein Mensch eine bestimmte Situation, eine bestimmte Anforderung, mit der er sich konfrontiert sieht, als Belastung, Überforderung bzw. Bedrohung oder aber als Herausforderung erlebt. Der Mensch wird

- Ereignisse oder Aufgabenstellungen, die er momentan für nicht bedeutsam hält,
- deren Folgen bei Nichtbewältigung von ihm als wenig bedeutend eingeschätzt werden
- und solche, die außerhalb seiner persönlichen Einwirkungsmöglichkeiten liegen,

nicht als Stress erleben – höchstens als störend. Das Gleiche gilt für Anforderungen, von denen man glaubt oder weiß, dass man sie auf Grund der eigenen Kontroll- und Handlungsmöglichkeiten ohne allzu große Schwierigkeiten erledigen oder bewältigen kann. Je bedeutsamer solche für bewältigbar gehaltenen Aufgaben bzw. die mit einer erfolgreichen Erledigung verbundenen persönlichen Konsequenzen sind, umso eher werden sie als positive Herausforderung erlebt und angenommen.

Eine bestimmte Situation, ein bestimmtes Ereignis werden erst dann als emotional belastend und damit als stresshaft erlebt,

- wenn wir wissen oder vermuten, dass die Anforderungen höher sind als unsere persönlichen Bewältigungskompetenzen, und
- wenn Erfolg bzw. Misserfolg mit für uns persönlich wichtigen Konsequenzen verbunden sind.

Das Stresserleben wird umso intensiver sein, je höher die Anforderungen im Verhältnis zur eigenen Leistungsfähigkeit eingeschätzt werden und je bedeutsamer die persönlichen Folgen erscheinen.

Wir erleben Stress, wenn wir überzeugt sind, dass wir die Diskrepanz zwischen Anforderung und eigener Kompetenz durch aktuelle Bewältigungsmaßnahmen nicht reduzieren können, wenn wir befürchten müssen bzw. erleben, dass das Problem ungelöst bleiben wird (Jerusalem 1990).

Für die Intensität des individuellen Stresserlebens spielt es dabei keine Rolle, ob unsere Selbsteinschätzung der Realität entspricht, oder ob wir, beispielsweise aufgrund falscher Überzeugungen, mangelnder Selbstkenntnis oder fehlender Erfolgserfahrungen, die eigenen Fähigkeiten unterschätzen.

Es kommt nicht einmal darauf an, ob die Situation, in der wir uns gerade befinden, »objektiv« gesehen oder von außen betrachtet, überhaupt potenzielle Stressoren beinhaltet. Entscheidend ist allein, dass wir diese Situation so erleben und interpretieren.

Stress wird eben nicht nur von außen an uns herangetragen – er entsteht vor allem in unserem Kopf. Vieles, was wir als Belastung und Stress erleben, ist, wie im Fall des unerwarteten Chefanrufs, einfach die Folge einer subjektiven Fehlbewertung alltäglicher Ereignisse – ein Phänomen, gegen das kaum jemand immun ist: Wie oft haben wir nicht schon Stress erlebt, Ängste durchlitten und uns mit Befürchtungen gequält, die sich hinterher als grundlos erwiesen.

Oft wird sogar bereits die Angst vor der eigenen Reaktion zum eigentlichen Stressfaktor. Ein simples Beispiel ist die Angst zu erröten (Bastian 2000, S. 24).

Entscheidend für das emotionale und intellektuelle Stresserleben sind in erster Linie nicht objektive Faktoren, sondern die Tatsache, dass wir an eine Situation bereits mit der Überzeugung herangehen, sie nicht kontrollieren zu können (Schwarzer 1981). Zusätzlich kommt es noch darauf an, wem wir die Ursache für diese Unbeeinflussbarkeit zuschreiben: Stellt man beispielsweise fest, dass auch andere in der gleichen Lage ein bestimmtes Problem nicht lösen konnten, wird man die emotionale Belastung im Allgemeinen als nicht so stark erleben als wenn man die Ursache der Nichtbewältigung ausschließlich sich selbst anlastet. Es sei denn, wir gehören zu denjenigen, die sich und anderen immer beweisen müssen, dass sie besser sind als alle anderen. Der soziale Vergleich ist nicht nur im Zusammenhang mit Stress ein wichtiges Bestimmungsstück für das eigene Erleben.

Es müssen nun keineswegs immer besonders herausragende Situationen oder so genannte »kritische Lebensereignisse« sein, die bei einem bestimmten Menschen in einer bestimmten Phase seines Lebens ein intensives Stresserlebnis auslösen. Viel häufiger sind es gerade ganz alltägliche Vorkommnisse, wie zum Beispiel ein Verkehrsstau auf dem Weg in den Urlaub, ein unerledigter Einkauf kurz bevor die Geschäfte schließen, das Nicht-Wiederfinden eines Notizzettels, das eigene Aussehen, die Krankheit eines Familienmitgliedes, Arbeiten an Haus und Garten, die wir längst hätten erledigen wollen, Schulprobleme der Kinder, sich drängende Termine in der beruflichen Arbeit ...

Jedes dieser alltäglichen Ereignisse, die wir an manchen Tagen für kaum erwähnenswert halten, kann uns an anderen Tagen irritieren und entnerven. Zu einem Stressereignis, einem so genannte »daily hassle« wird es allerdings nur dann, wenn wir es entsprechend bewerten. Je wichtiger einem Menschen beispielsweise die Kontrollausübung über die Fahrgeschwindigkeit seines Autos oder über sein eigenes Aussehen ist, desto stärker wird ihn ein Verkehrsstau oder ein zu kurz geratener Haarschnitt »stressen«.

Ereignisse, die dem einem als völlig unwichtig erscheinen, die er kaum wahrnimmt, können bei einem anderen Denken, Fühlen und Handeln so stark in Anspruch nehmen, dass unter Umständen sogar seine Gesundheit darunter leidet: Während der eine den Stau auf der Autobahn als Gelegenheit annimmt, in Ruhe seine Sprachlernkassette anzuhören, gerät ein anderer in so starke Erregung, dass er die mit ihm fahrenden Familienangehörigen anschreit oder sogar einen Herzinfarkt bekommt.

Ob jemand ein bestimmtes Vorkommnis als stresshaft empfindet, hängt auch von seiner momentanen Befindlichkeit (Gesundheitszustand, körperliche Fitness, Müdigkeit, positive oder negative Erlebnisse unmittelbar vor Auftreten der betreffenden Situation etc.) ab: Wer müde und abgespannt ist, erste Anzeichen einer Grippe verspürt oder gerade eine kontroverse Auseinandersetzung mit seinem heranwachsenden Sohn hinter sich hat, kann schon eine einfache Frage eines Kollegen als Überforderung erleben.

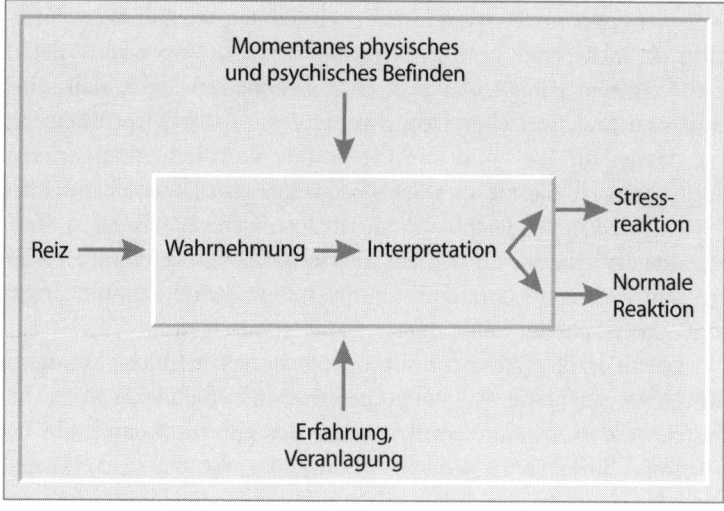

Individuelle Stressverarbeitung

Zum anderen spielen frühere Erfahrungen eine Rolle, die man mit der gleichen oder einer ähnlichen Situation gemacht hat: Wer beispielsweise mehrfach erlebt hat, dass verlegte Gegenstände irgendwann wieder auftauchten, wichtige Kundenverhandlungen erfolgreich abgeschlossen wurden, obwohl er an diesem Tag mit seinem Aussehen unzufrieden war, wird sich künftig durch ähnliche Situationen vermutlich weniger irritieren lassen als jemand, für den ähnliche Situationen schon einmal negative Konsequenzen gehabt haben.

Weitaus größeren Einfluss als die beiden genannten Faktoren haben aber überdauernde psychologische Merkmale der Person wie Intelligenz, Wissen, Kompetenzen, Ausdauer, Selbstbewusstsein, kognitiver Stil, Motivationen, Werthaltungen, Ziele, Überzeugungen.

Je nachdem wie jemand aus seiner momentanen Befindlichkeit heraus und aufgrund früherer Erfahrungen auf der Grundlage seiner individuellen Werthaltungen, Motivationen und Ziele eine bestimmte Situation bewertet und wie er sich selbst und seine eigenen Kompetenzen im Umgang mit ihr einschätzt, wird er diese Situation als mehr oder weniger stresshaft erleben: Wer positiv denkt, seine eigenen Fähigkeiten realistisch einschätzen kann, sich selbst etwas zutraut, wer eher Optimist als Pessimist ist, wer überzeugt ist, dass es die Welt und sein Leben wert sind, sich zu engagieren, und dass sich die meisten Schwierigkeiten des Lebens handhaben lassen, wird in vergleichbaren Situationen weniger schnell in Stress geraten als jemand, für den ein niedriges Selbstwertgefühl, eine allgemein gedrückte Grundstimmung, unbestimmte Zukunftsängste und ein Gefühl der Hilflosigkeit charakteristisch sind.

Damit erklärt sich nicht nur, warum unterschiedliche Menschen durch vergleichbare Anforderungen in unterschiedlicher Weise belastet werden, sondern auch, warum der gleiche Mensch ein bestimmtes Ereignis an seinem Arbeitsplatz, das ihn beispielsweise nach dem Urlaub überhaupt nicht belastet, nach einem arbeitsreichen Tag oder in einer familiären Krisensituation als außerordentlich stresshaft erleben kann.

Stress – Ergebnis subjektiver Interpretationen

Stress ist also die Folge eines Ungleichgewichts zwischen den tatsächlichen und/oder vermuteten Anforderungen und den subjektiven Fähigkeiten. Ein Ungleichgewicht, das eine erfolgreiche Bewältigung aus Sicht der betroffenen Person als höchst ungewiss erscheinen lässt. Er manifestiert sich als erlebte Überforderung bzw. Bedrohung, als Spannungszustand, der das Wohlbefinden merkbar beeinträchtigt.

Stresserleben ist das Ergebnis einer subjektiven Interpretationsleistung, abhängig von persönlichen Erfahrungen, individueller Veranlagung und dem momentanen körperlichen und geistig-seelischen Befinden.

Stresserleben beeinflusst immer die ganze Person. Es hat Auswirkungen sowohl auf unsere körperliche Gesundheit als auch auf unser psychisches Wohlbefinden. Je länger es andauert, desto größer ist die Wahrscheinlichkeit, dass auch unsere soziale Umwelt in Mitleidenschaft gezogen wird.

Die subjektiven Befürchtungen, die Situation nicht meistern zu können, die Angst vor Versagen und Misserfolg bewirken einen Erregungszustand, der meist nicht nur von deutlich wahrnehmbaren physiologischen Reaktionen (trockener Mund, Schweißausbrüche, Herzklopfen, Muskelverspannungen etc.), sondern auch von Veränderungen im emotional-kognitiven Bereich begleitet ist:

- Anspannung,
- Aufgeregtheit, Nervosität, innere Unruhe,
- Ungeduld, Hektik, Fahrigkeit,
- Entschlusslosigkeit, Unsicherheit, Ratlosigkeit,
- Ärger, Missmut,
- zunehmendes Desinteresse an anderen Menschen,
- Resignation,
- Angst

sind nur einige der psychischen Anzeichen dafür, dass jemand sich in einer Lebenssituation befindet, die er als über seine Kräfte gehenden Stress empfindet. Langfristig führt Stress auf der psychischen Ebene zu

- geistig-emotionaler Erschöpfung,
- Gefühlsarmut,
- Verlust von Kreativität und Ideenreichtum,
- Aufhören von Engagement und Interessen,
- Ausbrennen, allgemeiner Lustlosigkeit und Desinteresse,
- Rückzug auf sich selbst, Lebensangst und Lebensüberdruss.

Auch wenn der erlebte Stressgehalt einer konkreten Situation vor allem von den subjektiven Bewertungen und damit von der Befindlichkeit, den Lebensumständen und der Persönlichkeitsstruktur desjenigen abhängt, der sich in ihr befindet, gibt es doch eine Reihe formaler Situationseigenschaften, die die Wahrscheinlichkeit für individuelles Stresserleben erhöhen. Situationen oder Ereignisse,

- die neu sind, für die man noch keine Bewältigungshandlungen erproben konnte,
- die unklar sind, die man zum Beispiel aufgrund mangelnder Informationen nicht eindeutig einschätzen kann,
- in denen man einem hohen Zeitdruck ausgesetzt ist,
- die mit einem hohen Erwartungsdruck an einen herangetragen werden,
- die ohne Vorwarnung, unerwartet und plötzlich eintreten, sodass man sich auf sie nicht vorbereiten kann,
- von denen man nicht weiß, ob und wenn ja, wann sie eintreten, von denen man aber fürchtet, dass sie irgendwann eintreten könnten, und gegen die man keine präventiven Maßnahmen ergreifen kann,
- von denen man weiß, dass sie nicht schwierig zu bewältigen sein werden, denen aber eine längere Wartezeit vorausgeht,
- die nicht dem üblichen »Timing« entsprechen, sondern an einem unüblichen Punkt im Lebenslauf eintreten,

werden mit hoher Wahrscheinlichkeit von den meisten Menschen als belastend und damit als stresshaft erlebt werden.

Je länger eine Situation, die eine oder mehrere dieser Merkmale aufweist, andauert und je häufiger solche Situationen in einer bestimmten Lebenssituation sind, desto größer wird der Belastungsdruck für die betroffene Person sein. Und desto größer wird auch die Wahrscheinlichkeit, dass sein Organismus und seine Psyche den Belastungen nicht standhalten, und er körperlich und/oder psychisch erkrankt.

Wenn wir uns einer stressrelevanten Überforderungssituation gegenübersehen, haben wir in aller Regel *ein* vorrangiges Ziel: Wir möchten so schnell wie möglich aus dieser Situation herauskommen, oder, falls dies nicht möglich ist, wenigstens den unangenehmen psychischen Begleiterscheinungen entkommen.

Hierbei wenden wir höchst unterschiedliche, mehr oder weniger erfolgreiche Vorgehensweisen an, für die sich heute auch in der deutschsprachigen Stressliteratur der von Lazarus und Folkman (1984) geprägte Sammelbegriff »Coping-Strategien« eingebürgert hat. *Coping* ist ein prozesshaftes Geschehen mit außerordentlich vielen Variationsmöglichkeiten. Praktisch gibt es kaum eine Verhaltensweise, die im Umfeld von Stress nicht als Coping-Reaktion interpretiert werden kann, sodass es nur schwer möglich ist, einen systematischen Überblick zu geben. Deshalb hier nur einige Beispiele:

- **Wir ergreifen die Flucht:** Beispielsweise wenn wir das Zimmer unseres Sohnes, dessen laute Technomusik uns »nervt«, kommentarlos verlassen, einem Kollegen aus dem Wege gehen, mit dem wir eigentlich ein Personalproblem klären müssten, das unser Verhältnis belastet.
- **Wir versuchen selbstbewusst und selbst bestimmt, das Problem aus eigener Kraft mit den uns verfügbaren Mitteln zu beseitigen:** Wir versuchen, die Bedingungen, von denen wir uns bedroht fühlen, zu verändern: Wir besorgen uns beispielsweise die notwendigen Informationen zu dem anstehenden Personalproblem und bitten den Kollegen um seine Mithilfe bei der Problemlösung. Wir kaufen unserem Sohn einen Kopfhörer und bitten ihn, seine Musik, während wir zu Hause sind, damit zu hören.

- **Wir suchen nach Möglichkeiten sozialer Unterstützung:** Das bedeutet bespielsweise, dass wir uns Rat und Hilfe holen bei Kollegen, Mitarbeitern, Freunden oder in der Familie, wir wenden uns bei gesundheitlichen Problemen an einen Arzt oder Therapeuten.

- **Wir versuchen uns von der Anforderung zu distanzieren:** Wir sagen uns zum Beispiel Sätze wie »Wenn der Termin wegen des Staus auf der Autobahn platzt, ist das schließlich nicht mein Problem«; »Ich war ja bei diesem Spiel nur als Ersatzmann vorgesehen«.

- **Wir befreien uns von dem psychischen Druck:** Indem wir versuchen, den Bedeutungsgehalt einer Situation oder deren Folgen in einer Art Uminterpretation herunterzuspielen (»Ist nicht so wichtig«; »Das hätten andere genauso gemacht«; »Mein Chef/meine Frau werden bestimmt nichts davon erfahren«), befreien wir uns von dem Druck, der auf uns lastet.

- **Wir versuchen das Problem zu negieren:** Wir versuchen zum Beispiel Nervosität, Konzentrationsstörungen, innere Unruhe, Ängste und Anspannungen durch Kaffee, Alkohol oder Medikamente zu unterdrücken, um so das Bedrohliche an unserer Situation wenigstens zeitweise vergessen zu können.

Das Repertoire der individuellen Möglichkeiten, eine Stressursache zu beseitigen oder die negativen Stressempfindungen spürbar zu dämpfen oder aufzuheben, ist, wie diese Beispiele zeigen, groß. Allerdings sind nicht alle gleich gut, wenn es um die langfristigen Folgen geht. Manche Coping-Reaktionen sind zwar durchaus geeignet, momentane Erleichterung zu bringen, taugen aber nicht zur Beseitigung der Ursachen der psychischen Belastung und lassen deshalb den Stresspegel nur kurzzeitig absinken. Ein wirksamer Schutz gegen die langfristigen Beeinträchtigungen von Gesundheit und Wohlbefinden ist mit ihrer Hilfe nicht zu erreichen. Nach einigen Gläsern Wein kommen einem vielleicht alle Probleme lösbar vor. Wenn die tatsächliche Lösung dann doch nicht gelingt, bleibt unter Umständen nur, künftig noch mehr Alkohol zu trinken. Und irgendwann wird dann vielleicht die Abhängigkeit vom Alkohol zu einem stärkeren Stressor als das ursprüngliche Problem.

Stresstest

Bevor Sie weiterlesen, sollten Sie zunächst einmal den folgenden Stresstest durchlesen. Versuchen Sie, ihn so ehrlich wie möglich zu beantworten.

Je seltener Sie bei Ja ein Kreuz gemacht haben, desto weniger sind Sie momentan von negativen Stressauswirkungen betroffen. Wenn Sie dagegen mehr als siebenmal Ja angekreuzt haben, ist die Wahrscheinlichkeit groß, dass Sie zurzeit mehr Stress zu bewältigen haben, als für Sie gut ist.

Stresstest	Ja	Nein
Ich rege mich über Dinge auf, die es eigentlich gar nicht wert sind.		
Es fällt mir schwer, mich ganz auf eine Sache zu konzentrieren.		
Auch wenn ich viele Stunden geschlafen habe, wache ich meistens nicht erholt auf.		
Ich mache oft mehrere Dinge gleichzeitig.		
In letzter Zeit bin ich vergesslicher als früher.		
Auch kleine Probleme erfordern zunehmend viel Kraft von mir.		
Vor lauter Alltagspflichten komme ich kaum noch zu besonderen Dingen.		
Ich werde leicht ungehalten, wenn etwas langsam geht oder wenn ich warten muss.		
Früher hat mir vieles mehr Spaß gemacht als heute.		
Ich ertappe mich dabei, dass ich Dinge vor mir herschiebe, die ich eigentlich dringend erledigen müsste.		
Ich liege nachts häufig lange wach, meine Gedanken kreisen dann um die unterschiedlichsten Probleme.		
Ich bin unausgeglichen und nervös.		
Ich habe Mühe, mich von meinen Alltagsproblemen zu lösen und innerlich zur Ruhe zu kommen.		

Direkte und indirekte Stressfolgen

Schon die Heilkundigen der Antike wussten um den engen Zusammenhang zwischen körperlicher Gesundheit und psychischem Befinden: Psychische Faktoren können einerseits körperliche Erkrankungen auslösen und in ihrem Verlauf negativ beeinflussen. Sie können andererseits aber auch ein wirksamer Schutz gegenüber körperlichen Erkrankungen sein und Heilungsprozesse positiv beeinflussen. Wer hat nicht schon an sich selbst erlebt,

- dass ihm eine Aufregung auf den Magen geschlagen ist,
- dass vor einer mit ängstlicher Spannung erwarteten Prüfung urplötzlich starke Kopfschmerzen auftraten,
- dass wochenlange Schlafstörungen oder Kreislaufprobleme von einem Tag auf den anderen verschwanden, nachdem sich der schwelende Konflikt mit dem Kollegen als grundloses Missverständnis herausgestellt hatte,
- dass körperliche Beschwerden plötzlich wie weggeblasen waren, nachdem der Arzt festgestellt hatte, dass entgegen den eigenen Befürchtungen alle physiologischen Messwerte völlig normal waren.

Nicht nur an kleinen Kindern lässt sich beobachten, dass körperliche Schmerzen heftiger sind, wenn wir mit ihnen allein gelassen sind, und an Intensität verlieren, wenn wir Trost und Zuwendung finden.

Die psychosomatische medizinische Forschung hat mittlerweile für eine Vielzahl körperlicher Symptome und Erkrankungen einen mehr oder weniger direkten Zusammenhang mit psychischen Vorgängen nachweisen können. So wurde beispielsweise in ausgedehnten arbeitsmedizinischen Untersuchungen eine Beteiligung von beruflichem Stress an der Entstehung oder Weiterentwicklung von Herz-Kreislauf-Erkrankungen, essenzieller Hypertonie, Störungen des Immunsystems und malignen Tumoren festgestellt.

Es gilt heute als erwiesen, dass nicht bewältigter Stress vor allem auf längere Sicht die Gesundheit beeinträchtigt und das Auftreten von Krankheiten begünstigt. Die Frage, auf welchem Wege dies geschieht, ist allerdings noch weitgehend unbeantwortet. Die von Selye (1957) aus den Ergebnissen seiner Tierversuche abgeleitete These, dass zwischen Reizhäufigkeit, Reizintensität, Einwirkungsdauer und gesundheitlicher Beeinträchtigung ein direkter kausaler Zusammenhang besteht, scheint zwar für physischen Stress (Lärm, Hitze, extreme Temperaturschwankungen, Luftverschmutzung, Umweltgifte usw.) zuzutreffen, bei psychischem Stress, wie er in unserem heutigen Alltagsleben hauptsächlich eine Rolle spielt, sind die Ursache-Wirkungs-Zusammenhänge offensichtlich wesentlich komplizierter.

Ob und in welchem Ausmaß zum Beispiel länger andauernde emotionale Belastungen und Überforderungen bei einem bestimmten Menschen zu Erkrankungen führen, scheint in erster Linie von seinen gesundheitlichen und psychisch-mentalen Dispositionen, von den Lebensbereichen, in denen die Überforderung wirksam wird, und von der Art der beruflichen Tätigkeit abzuhängen.

Vermutlich aber ist jeder Mensch nur begrenzt dazu in der Lage, lang anhaltenden, starken psychischen Stress ohne Schädigung zu ertragen. Wenn sich Stressereignisse, die ihm als nicht bewältigbar erscheinen, in einem bestimmten Zeitraum häufen und immer mehr Lebensbereiche davon betroffen werden, ohne dass eine Problemlösung in Sicht wäre, so werden sich bei jedem Menschen die physischen und psychischen Widerstandskräfte allmählich erschöpfen. Ein körperlicher und/oder psychischer Zusammenbruch ist dann meist nur noch eine Frage der Zeit.

Wichtig in diesem Zusammenhang scheint aber auch die Tatsache, dass Stressoren und Stressreaktionen auf längere Sicht bei vielen Menschen zu kritischen Veränderungen ihres Gesundheitsverhaltens führen und damit auch indirekt das psychosomatische Erkrankungsrisiko erhöhen: Stress begünstigt gesundheitsbeeinträchtigende Lebensweisen und hat damit nicht nur einen direkten Einfluss auf Gesundheit und Wohlbefinden, sondern vor allem auch einen indirekten (Allmer 1996, S. 72).

Dazu einige Beispiele:

 Der schnelle Griff zu den »alltäglichen Beruhigungsmitteln« wie Zigaretten, Alkohol, Tranquilizer oder Schlafmittel wird bei Dauerbelastung schnell zur Gewohnheit und führt häufig in eine psychische und physische Abhängigkeit. Die Dosierung muss immer weiter gesteigert werden, um die erhoffte Entspannung zu bringen. Die gesundheitsschädigenden Nebenwirkungen werden größer.

Menschen, die unter Hektik und Zeitstress Aufgaben erledigen müssen, nehmen sich häufig nicht genügend Zeit für regelmäßige Erholungspausen. Die Mahlzeiten werden unregelmäßig und unter Zeitdruck eingenommen, oft sogar ohne dass dabei die Arbeit unterbrochen würde. Man isst, was gerade verfügbar ist, ohne auf eine ausgewogene Zusammensetzung der Nahrung zu achten. Der Körper erhält zu viele Fette und Kohlehydrate und zu wenig Ballaststoffe, Mineralien und Vitamine und insgesamt mehr Kalorien, als er benötigt. Übergewicht und Fehlernährung belasten auf längere Sicht nicht nur Magen, Darm, Herz und Kreislauf, sie setzen auch die Widerstandskraft des Organismus gegenüber Infektionskrankheiten herab.

Nicht bewältigte, unerledigte Alltagsprobleme, ungelöste Konflikte, familiäre Spannungen, finanzielle Sorgen und berufliche Anspannung lassen viele Menschen nachts keinen ausreichenden Schlaf finden. Sie kommen innerlich nicht zur Ruhe, können nur schwer einschlafen, weil ihnen ständig irgendwelche Gedanken durch den Kopf gehen, sie schlafen unruhig, haben Albträume, wachen immer wieder auf und fühlen sich morgens »wie gerädert«. Medikamente und Alkohol, zu denen dann häufig gegriffen wird, können zwar vorübergehend das Einschlafen erleichtern, verringern aber die Tiefe des Schlafes und damit seine erholende Wirkung. Schlaf dient der Erholung von Körper und Gehirn, der Regeneration und dem Neuaufbau von Energiereserven. Ein ausreichendes Quantum an Schlaf ist Voraussetzung für Wohlbefinden und Gesundheit.

Wen berufliche Aufgaben so stark in Anspruch nehmen, dass weder am Feierabend noch am Wochenende Zeit bleibt für Muße, Entspannung, Kreativität und herausfordernde Freizeitaktivitäten, wer glaubt, sich die halbe Stunde am Tag für Spaziergänge, Ausgleichssport etc. nicht leisten zu können, wer sich, weil er alle Kraft in den beruflichen Erfolg investiert, keine körperlichen Anstrengungen mehr zumutet, treibt Raubbau an seiner körperlichen und geistig-seelischen Fitness und verringert so gerade diejenigen Ressourcen, die er für eine erfolgreiche Bewältigung der an ihn gestellten Anforderungen dringend benötigt.

Die durch diese Lebensweise verursachten Erkrankungen (zum Beispiel Bluthochdruck, Herz-Kreislauf-Störungen, Gefäßerkrankungen, chronische Kopf-, Rücken- und Nackenschmerzen) vermindern nicht nur die eigenen Leistungsmöglichkeiten und setzen damit die persönliche Belastbarkeit und Stresstoleranz herab, sie wirken auch ihrerseits wieder als belastendes Lebensereignis und neuerliche Stresssituation. Ein Circulus vitiosus, bei dem Ursache und Wirkung bald nicht mehr voneinander zu trennen sind. Die folgende Feststellung von Greif u.a. (1991 S. 26) beschreibt prägnant die Komplexität der Zusammenhänge: »*Arbeitsstress ist nur ein möglicher unter verschiedenen Wegen zum Herzinfarkt und ebenso nur ein Weg unter mehreren anderen bei der Beeinträchtigung des Wohlbefindens sowie auf dem Wege zu psychischen oder psychosomatischen Beschwerden, kritischem Gesundheitsverhalten und veränderten Aktivitäten und Kompetenzen im Alltag.*«

Bei dem folgenden Versuch, einen Überblick zu geben über die langfristigen gesundheitlichen Folgen von anhaltenden Anforderungen, Belastungen und Frustrationen des täglichen Lebens, muss deshalb offen bleiben, ob sie unmittelbar mit dem Stresserleben zusammenhängen oder mittelbar über Verhaltensänderungen hervorgerufen werden. Präzise individuelle Vorhersagen darüber, welche gesundheitlichen Folgen anhaltende Stressereignisse in einem einzelnen oder mehreren für einen bestimmten Menschen wichtigen Lebensbereichen haben werden, sind zumindest derzeit noch nicht möglich.

Bei psychischem Stress liegen die Anzeichen negativer Auswirkungen auf Gesundheit und Wohlbefinden meistens im emotional-kognitiven Bereich:

- Man fühlt sich unsicher, nervös, gereizt, emotional angespannt, innerlich unausgeglichen, häufigen und starken Stimmungsschwankungen zwischen Euphorie und Depression ausgesetzt, kann nicht mehr klar denken, kommt selbst nachts, am Wochenende oder im Urlaub nicht mehr innerlich zur Ruhe, fühlt sich getrieben und gehetzt.
- Man merkt, dass einem die Kontrolle über sich selbst zu entgleiten droht und fühlt sich gleichzeitig hilflos.
- Man weiß, dass man anderen gegenüber aggressiver und ungeduldiger reagiert als früher, häufig auch misstrauischer geworden ist, mehr und mehr die Fähigkeit verliert, seine Gefühle offen zu zeigen, und damit zwischenmenschliche Beziehungen aufs Spiel setzt. Man leidet unter Konzentrations- und Gedächtnisstörungen.
- Viele verlieren auch das Vertrauen in die eigene Kraft und Leistungsfähigkeit, fühlen sich antriebslos, geraten mehr und mehr in eine depressiv-negative Grundstimmung. Welt- und Selbstsicht werden zunehmend pessimistischer. Die Lebensfreude geht verloren.
- Das Selbstwertgefühl wird instabil, das Vertrauen in die eigenen Fähigkeiten sinkt. Ängste nehmen mehr und mehr zu: Angst, den eigenen oder fremden Anforderungen nicht mehr zu genügen, von anderen als Versager angesehen zu werden, Angst vor beruflichem Misserfolg, den Arbeitsplatz zu verlieren, Angst, vom Partner verlassen zu werden, Angst vor Krankheiten usw.
- Das Endstadium sind dann Verzweiflung, Depression, Gefühle völliger Hilflosigkeit, manchmal sogar Selbstmordgedanken.

Je länger solche Beeinträchtigungen des psychischen Wohlbefindens anhalten und je weniger Hoffnungen die betroffene Person hat, dass die auslösenden Umstände sich in absehbarer Zeit ins Positive verändern, desto größer ist die Wahrscheinlichkeit, dass sie irgendwann auch organisch erkranken wird. In manchen Fällen scheint es fast so, als habe sich der Organismus auf diese Weise eine Erholungspause erzwungen und gleichzeitig ein eindeutiges Warnsignal geben wollen.

Der salutogenetische Aspekt

Lange Zeit hat die medizinische Forschung Krankheit und Gesundheit nahezu ausschließlich unter dem Blickwinkel der *Pathogenese* betrachtet: Zentrales Anliegen war die Erforschung von Krankheitsursachen und die Entwicklung wirksamer therapeutischer Gegenmittel. Von Viren bis hin zum Stress wurden immer neue Erkrankungsursachen entdeckt und immer effektivere Therapien entwickelt. *»Die Erforschung der Krankheitsauslöser glich oft dem Rennen Hase gegen Igel – nie gab es endgültige Siege, immer neue krank machende Faktoren tauchten auf. Das pathogenetische Paradigma hat uns allmählich zu Hypochondern gemacht, immer auf der Hut vor den zahllosen Risiken unseres Alltagslebens.«* (Ernst 2000b, S. 3)

Erst in den letzten Jahren hat hier eine tief greifende Umorientierung begonnen. Immer mehr Mediziner und Psychologen haben sich dem gegenteiligen Paradigma, der *Salutogenese*, zugewandt. Im Mittelpunkt dieser Forschungsrichtung steht nicht, wie in der »High-Tech-Gerätemedizin« der kranke, sondern der gesunde Mensch. Sie sucht nach den Bedingungen, die es Menschen ermöglichen, trotz gefährdender Lebensumstände gesund zu bleiben.

Die Salutogenese basiert auf der Überzeugung, dass Krankheit nicht nur mehr, sondern auch etwas grundsätzlich anderes ist als ein »Maschinenschaden«, und Gesundheit mehr als nur die Abwesenheit von Krankheit, Schmerzen und Gebrechen.

- Krank zu sein bedeutet immer auch: Verlust an Lebensqualität, an Handlungskompetenz,
- und gesund zu sein heißt: sich wohl fühlen, in dem Bewusstsein zu leben, ein aktives, weitgehend selbstbestimmtes und befriedigendes Leben führen zu können (Richter/Hacker 1998, S. 23).

Wohlbefinden, »Wellness«, ist ein zentraler Begriff dieser Sichtweise. Salutogenetiker beschäftigen sich intensiv mit den Fragen:

- Was erhält den Menschen eigentlich gesund?
- Woher kommt es, dass bestimmte Menschen auch in Situationen mit hohem Erkrankungsrisiko nicht krank werden?
- Wie lässt sich Gesundheit fördern bzw. das Erkrankungsrisiko minimieren?

Die traditionelle Stressforschung, die sich vor allem mit der Erforschung der gesundheitsgefährdenden und -schädigenden Lebensweisen und Lebensbedingungen beschäftigte, wird bei diesem Ansatz ergänzt durch die Erforschung gesundheitsfördernder und -erhaltender Lebensumstände und Verhaltensweisen.

Im Grunde ist diese Sichtweise nicht neu, sie spielte nur in der abendländischen Medizin und auch im Denken der meisten Menschen lange Zeit kaum eine Rolle. Bereits Kant hat zum Beispiel darauf hingewiesen, dass wir Gesundheit häufig deshalb missachten, weil wir sie als etwas Selbstverständliches ansehen, das wir erst dann wahrnehmen, wenn es uns abhanden gekommen ist. *»In der warmen Badewanne merkt man nach einiger Zeit nicht mehr, dass das Wasser warm ist. Ebenso verhält es sich mit der Gesundheit.«* (Otte 1994, S. 59)

Anders die Ärzte des Altertums: Sie beschränkten sich nicht auf Diagnose und Therapie von Krankheiten, sondern entwickelten immer auch parallel dazu konkrete Vorschläge für eine gesundheitsfördernde Lebensweise (Otte 1994, S. 59ff.). Römische Ärzte rieten beispielsweise ihren Patienten, sich gut auf das jeweilige Klima einzustellen und Körperpflege, Kleidung, Ernährung und körperliche Anstrengung auf dieses abzustimmen. Besonders wichtig war ihnen regelmäßiges und maßvolles Essen, gute und bekömmliche Speisen, ein ausgewogenes Verhältnis von Wach- und Ruhe- bzw. Schlafzeiten sowie eine positive, ausgeglichene Geisteshaltung, eine »Mens sana«.

Heutige salutogenetische Stressbewältigungs-Programme nehmen diese Idee einer positiven Lebensgestaltung wieder auf und kommen dabei zu Erkenntnissen, die von denen des Altertums gar nicht so weit entfernt sind. Dabei geht es primär um die Frage: Was befähigt einen Menschen, in belastenden Lebenssituationen *gesund* zu bleiben und *keine stresstypischen Risikoverhaltensweisen* zu entwickeln?

In umfangreichen Untersuchungen vor allem im Bereich von Berufs- und Arbeitsstress (Bundeszentrale für gesundheitliche Aufklärung 1991) hat sich eindeutig gezeigt, dass es entscheidend darauf ankommt, auf welches Repertoire an »Hilfsquellen«, so genannte »Ressourcen«, ein Mensch im Umgang mit Stress zurückgreifen kann und wie effektiv er diese einsetzt. »*Stark stressbelastete Menschen mit einem Mangel an Widerstandsressourcen erkranken*«, so die zentrale These. Doch worin bestehen diese Widerstandsressourcen?

Eine unserer wichtigsten Hilfsquellen im Umgang mit Stress ist die *körperliche Widerstandskraft*. Ein Organismus, der bereits geschwächt oder vorgeschädigt ist, wenn er in eine Stresssituation hineingerät, wird mit großer Wahrscheinlichkeit den Belastungen nicht standhalten können und weiter geschädigt werden bzw. erkranken.

Menschen, die in ihrem Alltagsleben immer wieder mit stresshaften Ereignissen konfrontiert werden, sollten deshalb alles tun, um ihren Körper prophylaktisch so widerstandsfähig wie irgend möglich zu halten.

Menschen mit starken Antistress-Ressourcen verfügen über Fähigkeiten, auch und gerade in Zeiten starker Beanspruchung ihre Lebensweise und ihren Lebensrhythmus bewusst so zu gestalten, dass ihre körperliche Widerstandskraft nicht zusätzlich beansprucht wird:

- Sie gönnen ihrem Organismus immer wieder die notwendigen Erholungs- und Ruhepausen, sorgen dafür, dass sie ausreichend Schlaf bekommen, indem sich ihr Körper entspannen und sein Gleichgewicht wieder finden kann;
- sie ernähren sich bewusst, sodass ihr Organismus nicht zusätzlich durch zu reichliche, zu fettreiche, zu unausgewogene, zu hastig eingenommene Nahrung oder unkontrolliert hohen Kaffee- oder Alkoholkonsum belastet wird;

- sie tun bewusst etwas, um sich ihre körperliche Fitness zu erhalten und dem Körper genügend Möglichkeiten zu intensiver Bewegung zu geben.

Die zweite, mindestens ebenso wichtige Widerstandressource ist psychischer Natur. Menschen, die in Übereinstimmung mit sich selbst und mit ihren Grundüberzeugungen leben und ihrem eigenen Lebensentwurf treu bleiben, haben damit einen starken Schutz gegenüber den schädigenden Stresseinflüssen.

Der amerikanische Soziologe Antonovsky (1987) prägte für die zugrunde liegende Einstellung den Begriff »*Kohärenzgefühl*« (Sense of coherence). Dies sei ein tief verankertes Vertrauen darauf, dass

- die Welt und das Leben es wert sind, sich zu engagieren,
- es möglich ist, eine sinnvolle Rolle in diesem Leben zu spielen,
- es für die wesentlichen Ereignisse des Lebens eine Erklärung gibt,
- sich die Schwierigkeiten, mit denen man im Laufe seines Lebens konfrontiert wird, – zumindest im Prinzip – auch bewältigen lassen.

Ob wir uns in unserem Leben von einem starken Kohärenzgefühl leiten lassen oder nicht, hängt wesentlich von den Erfahrungen ab, die wir im Laufe unseres Lebens bei der Auseinandersetzung mit der Welt gemacht haben, von den Orientierungshilfen, die uns im Verlauf unseres Sozialisationsprozesses angeboten wurden, von Vorbildern, an denen wir uns orientieren konnten.

Ein solches kohärentes Selbst- und Weltverständnis erwächst nicht aus passivem Erleben, sondern ist eine aktive Strategie, auf die Welt zuzugehen, sich in sie einzuordnen, sich in ihr zu positionieren und sich aktiv mit ihr auseinander zu setzen. Es ist vor allem deshalb eine so wichtige Widerstandsressource im Umgang mit Stress, weil es uns davor schützt, Anforderungen allzu schnell als nicht bewältigbar einzuschätzen und Gefühle der Hilflosigkeit zu entwickeln. Die Stärkung des persönlichen »Sense of coherence« ist deshalb einer der wesentlichen Anliegen des Stressmanagements.

Eine weitere unverzichtbare Hilfsquelle zur Minderung schädigender Stresseinwirkungen sind die *persönlichen intellektuellen und sozialen Kompetenzen* wie

- ein breit gefächertes Fachwissen, das immer wieder auf den neuesten Stand gebracht wird,
- die Bereitschaft zu lebenslangem Lernen,
- eine ausgeprägte Fähigkeit zu kreativem Problemlösen,
- kommunikative Kompetenzen (Zuhören können, glaubwürdig argumentieren, verständlich formulieren etc.),
- Menschenkenntnis,
- Einfühlungsvermögen, soziale Sensibilität,
- Teamfähigkeit,
- Konfliktfähigkeit.

Das Bewusstsein, über gute fachliche und soziale Kompetenzen zu verfügen, lässt uns viele Anforderungen des Berufs- und Alltagslebens, die andere negativ als belastende Überforderung erleben, eher als eine positive Herausforderung sehen. Es schützt uns vor voreiligen pessimistischen Situationsbewertungen und hilft uns, die jeweils richtigen Coping-Strategien auszuwählen.

Ein letzter wichtiger Schutzfaktor gegen schädliche Auswirkungen von Stress und Überforderung ist das Ausmaß an *sozialer Unterstützung*, auf das wir in Krisenzeiten, in Belastungen, Konflikten und Situationen, die uns rat- und hilflos machen, zählen können: Familienangehörige, Freunde, Verwandte, Nachbarn, Mitarbeiter, Kollegen.

Wer sicher sein kann, dass er auch in solchen Zeiten in ein tragfähiges Netz sozialer Beziehungen eingebunden ist, dass es in seinem Umfeld immer Menschen geben wird, denen er vertrauen kann, bei denen er Verständnis, Rat und Hilfe findet, wird vor allem psychisch weniger unter negativen Stressfolgen leiden und vermutlich seltener in Risikoverhaltensweisen abgleiten als jemand, der solchen Situationen allein gegenübersteht bzw. versäumt hat, sich ein solches Netz aufzubauen und es zu pflegen.

- Körperliche Gesundheit,
- emotionale Stabilität,
- eine realistische Selbsteinschätzung,
- breit gefächerte fachliche und soziale Kompetenzen,
- sowie ein soziales Netz, das auch unter hohen Anforderungen nicht zerreißt,

sind die besten Voraussetzungen, mit den Belastungen des Alltagslebens fertig zu werden, ohne das körperliche und psychische Wohlbefinden nachhaltig zu schädigen.

Stress, der über eine längere Zeit hinweg anhält, beeinträchtigt zwar immer die ganze Person: unser körperliches und unser psychisches Wohlbefinden, unser Denken und Handeln und unsere Beziehungen zu unseren Mitmenschen. Wir sind ihm aber nicht hilflos ausgesetzt, sondern verfügen über vielfältige effektive physische, psychische und soziale Widerstandskräfte. Da es für uns kein Leben ohne Stress gibt, sollten wir alles tun, dass wir diese Ressourcen nicht gefährden, vergeuden oder vorzeitig aufbrauchen, sondern sie ausbauen und stärken.

Dies setzt allerdings voraus, dass wir bereit sind, über Veränderungen in unserem Leben nachzudenken, und uns ernsthaft mit der Frage auseinander setzen, ob wir nicht selbst durch unsere Lebensweise, unsere Verhaltensgewohnheiten, unsere Ansprüche, die wir an uns und an andere stellen, und unsere Bewertungsmaßstäbe mit dazu beitragen, das Ausmaß der negativen Stresseinflüsse in unserem Leben zu vergrößern.

So gesehen, wäre Stress nicht länger nur Risiko, sondern auch Chance. Eine Chance, neue Erfahrungen mit uns selbst zu machen, unserem Leben eine neue Richtung zu geben, neue persönliche Ziele zu formulieren und zu realisieren, uns weiterzuentwickeln.

»Wir haben die Stressreaktion nicht deshalb, damit wir krank werden, sondern damit wir uns ändern können. Krank werden wir erst dann, wenn wir die Chancen, die sie uns auch bietet, nicht nutzen.« (Hüther 1998, S. 113)

Kapitel 3
Stress und Beruf

Die Vielfalt der Aufgaben und Anforderungen

Berufsrealität als permanente Stressquelle

Bereits der griechische Arzt Hippokrates, der vor etwa 2.500 Jahren lebte, wusste, dass es Erkrankungen gibt, die in einem engen kausalen Zusammenhang mit der jeweiligen beruflichen Tätigkeit stehen. Für ihn war es selbstverständlich, immer auch die Arbeit seiner Patienten bei Diagnose und Therapie mit zu berücksichtigen. Doch erst im Zeitalter der industriellen Revolution gelang es der Medizin, die gesundheitlichen Auswirkungen schädlicher Arbeitsbedingungen (unhygienische Arbeitsplätze, Kälte, Hitze, Überforderung der körperlichen Kräfte, Stäube, Dämpfe und hohe Schadstoffkonzentrationen) wirklich nachzuweisen.

Seitdem hat sich vieles verändert: Arbeitsschutzmaßnahmen, Vorsorgeuntersuchungen, Aufklärungskampagnen, Gesundheitszirkel etc. sind heute in jedem Betrieb selbstverständlich. Dennoch ist das Risiko, durch berufliche Arbeit Schaden an seiner Gesundheit zu nehmen, nicht verschwunden. Es hat sich auf andere Bereiche verlagert. Immer noch werden in Deutschland gut ein Drittel aller Männer und knapp ein Sechstel aller Frauen aus medizinischen Gründen vorzeitig in die Rente geschickt, in den seltensten Fällen allerdings aufgrund von Berufskrankheiten, die nach § 551 der Reichsversicherungsordnung definiert und im Rahmen der Berufskrankheiten-Verordnung bestimmt werden (Otte 1994, S. 16). An der Spitze stehen heute chronisch verlaufende Krankheiten, vor allem so genannte »Zivilisationskrankheiten« wie Herz- und Gefäßkrankheiten, vegetative Beschwerden, psychische Erkrankungen, Fettstoffwechselstörungen, Erkrankungen im Bereich von Wirbelsäule und Gelenken und Tumorkrankheiten. Erkrankungen, die zwar in enger Verbindung mit dem Arbeitsleben stehen, aber nicht vollständig auf klar umrissene Faktoren am Arbeitsplatz zurückgeführt werden können. Sicher ist nur, dass sie alle in einem mehr oder weniger engen Kausalzusammenhang mit psychischer Überforderung stehen.

Die Einführung neuer Technologien, Modernisierungs- und Rationalisierungsprozesse und organisatorische Umstrukturierungen haben neue, früher unbekannte gesundheitliche Belastungen und Risiken mit sich gebracht:

- Schwere körperliche Arbeit wird immer seltener, geistige und nervliche Belastungen nehmen zu.
- Überwiegend sitzend ausgeübte Tätigkeiten bedeuten Bewegungsmangel und körperliche Unterforderung bei gleichzeitiger einseitiger Überbeanspruchung einzelner Muskelgruppen.
- Neue Informationstechnologien stellen hohe Anforderungen an das Aufnahmevermögen, die Verarbeitungskapazität der Sinnesorgane, an Konzentrationsvermögen und Aufmerksamkeit.
- Die Intensivierung der Arbeit bei reduzierter Arbeitszeit, flexible Arbeitsabläufe etc. fordern ständige Lernprozesse und hohe Anpassungsleistungen.
- Innerbetriebliche Umstrukturierungen und Veränderungen in der Arbeitsorganisation erhöhen die sozialen Anforderungen an jeden einzelnen Mitarbeiter.
- Zunehmender Konkurrenzdruck, Hektik, Terminnot und Angst vor Arbeitsplatzverlust stellen eine permanente hohe psychische Belastung dar.

Belastungen aus der materiellen Umwelt, die früher die Hauptursache beruflicher Krankheiten waren, sind im modernen Arbeitsleben nur noch ein Faktor von vielen. Heute sind es vor allem diejenigen Aspekte der beruflichen Tätigkeit, die hohe Anforderungen an unsere intellektuelle, psychische und soziale Kompetenz stellen, die uns an beruflichem Stress leiden lassen und auf Dauer zu psychosomatischer Überforderung und Beeinträchtigungen unserer Leistungsfähigkeit bis hin zu dauerhafter Schädigung unserer Gesundheit führen können: Belastungen aus der Arbeitsaufgabe, der Arbeitsrolle, der sozialen Umgebung. Zusammen mit Belastungen aus dem Person-System wie individuellen Veranlagungen, gesundheitsabträglichen Verhaltensweisen und konfliktträchtigen persönlichen Lebensumständen ergibt sich ein vielschichtiges Risikopotenzial.

Belastungen in der Arbeitswelt
(nach: Richter/Hacker 1998, S. 17)
Belastungen aus der Arbeitsaufgabe
• zu hohe qualitative und quantitative Anforderungen • unvollständige, partialisierte Aufgaben • Zeit- und Termindruck • Informationsüberlastung • unklare Aufgabenübertragung, widersprüchliche Anweisungen • unerwartete Unterbrechungen und Störungen
Belastungen aus der Arbeitsrolle
• Verantwortung • Konkurrenzverhalten unter den Mitarbeitern (Mobbing) • fehlende Unterstützung und Hilfeleistung • Enttäuschung, fehlende Anerkennung (Gratifikationskrisen) • Konflikte mit Vorgesetzten und Mitarbeitern
Belastungen aus der materiellen Umgebung
• Lärm • Kälte, Hitze • toxische Stoffe, Umweltgifte
Belastungen aus der sozialen Umgebung
• Betriebsklima • Wechsel der Umgebung, der Mitarbeiter, des Aufgabenfeldes • strukturelle Veränderungen im Unternehmen • Informationsmangel
Belastungen aus dem »behavior setting«
• Isolation • Dichte, Zusammengedrängtheit (Pferchung)
Belastungen aus dem Person-System
• Angst vor Aufgaben, Misserfolg, Tadel und Sanktionen • ineffiziente Handlungsstile • fehlende Eignung, mangelnde Berufserfahrung • familiäre Konflikte

Die damit einhergehenden Krankheiten entwickeln sich in der Regel schleichend im Verlauf vieler Jahre. Erste Anzeichen werden häufig übersehen und nicht ernst genommen. Die Betroffenen durchleben oft eine lange Zeit voller Unpässlichkeiten, sie »kränkeln«, fühlen sich unwohl, verlieren immer mehr ihre Lebensfreude, ihre Tatkraft, ihre Motivation. Gegenmaßnahmen werden meist erst dann ergriffen, wenn Krankheiten bereits manifest sind. Paradoxerweise sind gerade diejenigen am stärksten gefährdet, die ihre Berufslaufbahn mit hohen persönlichen Erwartungen, hohem Anspruch an sich selbst begonnen haben. Pragmatiker, für die ihre berufliche Tätigkeit in erster Linie ein Weg ist, Geld zu verdienen, den Lebensunterhalt für sich und ihre Familie zu sichern, leiden demgegenüber vergleichsweise selten unter Folgeschäden von beruflichem Stress – ein Beweis dafür, dass unser Stresserleben weitgehend von psychischen Faktoren gesteuert wird.

Wenn man die von Richter und Hacker ermittelten allgemeinen »Belastungen in der Arbeitswelt« (s. S. 55) mit den Anforderungen vergleicht, denen sich *Führungskräfte* an einem durchschnittlichen Arbeitstag gegenübersehen, dann wird schnell deutlich, dass gerade diese Berufsgruppe heute einem überdurchschnittlich großen Ausmaß an psychischer Belastung und damit an psychischem Stress ausgesetzt ist.

Für nahezu jeden Punkt der Belastungen aus der »Arbeitsaufgabe«, der »Arbeitsrolle«, der »sozialen Umgebung« und vermutlich auch für die eine oder die andere Belastung aus dem »Person-System« kann wohl jede Führungskraft mehr als ein Beispiel aus eigener Erfahrung nennen. Angesichts dieses hohen beruflich bedingten Stresspotenzials ist es kaum eine Überraschung, dass 85 Prozent der deutschen Führungskräfte bereits im mittleren Lebensalter unter psychovegetativen Störungen leiden und zwei Drittel von ihnen nach eigener Aussage mit dem Stress in ihrem Leben nicht mehr zurechtkommen (Huber 1995). Dies sind Zahlen, die mit Sicherheit über den Werten gleich alter Angehöriger anderer Berufsgruppen liegen. Einer der Gründe für diesen alarmierenden Befund ist sicherlich die Tatsache, dass der Beruf des Managers dem Einzelnen nahezu permanent einen hohen Einsatz abverlangt:

- **Aufgabenvielfalt, Dringlichkeit und Wichtigkeit der Termine bringen überdurchschnittliche Belastungen mit sich.**
Der Arbeitsalltag ist gekennzeichnet von permanenter Hektik und Zeit- und Termindruck. Viele leiden unter dem Gefühl, ständig zu wenig Zeit für die eigentlich wichtigen Aufgaben zu haben. Jeder Arbeitstag ist eigentlich viel zu kurz für die Fülle der anstehenden Aufgaben, ständig schieben sie einen Berg an Unerledigtem vor sich her – selbst dann, wenn sie abends länger als ihre Mitarbeiter und Kollegen im Büro sind oder Arbeit mit nach Hause nehmen. Sie müssen mit ansehen, wie Sachaufgaben mehr und mehr die eigentlich wichtigen Führungsaufgaben in den Hintergrund drängen. Und sie spüren, dass nach und nach ihre Leistungskraft, ihre Entscheidungsfreude, ihre Leistungsmotivation und ihre Lebensfreude nachlassen. Sie haben keine Zeit mehr für Muße, Entspannung und Erholung, für den Erhalt ihrer körperlichen und geistigen Fitness, für Familienleben und private Interessen. Irgendwann beginnen auch die Mitarbeiter unter ihrem »gestressten« und hektischen Vorgesetzten zu leiden. »*Der normale Manager klagt über Zeitdruck, Hetze und Hektik. Weiß tagsüber vor lauter Arbeit nicht mehr, wo ihm der Kopf steht. Fragt sich abends: Was habe ich heute eigentlich geschafft? Er hat zwar viel getan, nur das nicht, was er sich morgens vorgenommen hatte. Auf dem Grabmal des unbekannten Managers könnte stehen: Er war unersetzlich und hatte zu viel zu tun und zu wenig Zeit.*« (Rühle 1997, S. 172)
- **Problemlösung, Entscheidungsfindung sowie das Management der Realisierung unternehmerischer Ziele erfordern neben hohen fachlichen Qualifikationen vor allem auch intellektuelle Beweglichkeit, Risikobereitschaft und Durchsetzungsvermögen.**
Flexibilität im Denken und Handeln, Kreativität, Innovationsfähigkeit, Veränderungsbereitschaft, hohes persönliches Engagement, Aufgeschlossenheit und Interesse an Neuem – auch in Bereichen, die über das eigentliche Berufsfeld hinausgehen, Veränderungsbereitschaft, Engagement, Leistungsbereitschaft und hohe Identifikation mit den Unternehmenszielen sind Eigenschaften, die heute bei jeder Führungskraft vorausgesetzt werden.

Gerade diese Eigenschaften reagieren äußerst empfindlich auf Stress und Überforderung. Sie können sich eigentlich nur dann voll entfalten, wenn die betreffende Person mit sich selbst und ihrer Umwelt im Gleichgewicht ist.

- **Führungskräfte stehen in einer ständigen Führungsverantwortung gegenüber ihren Mitarbeitern.**
  Die Führung der Mitarbeiter verlangt soziale Kompetenzen und Qualifikationen auf dem Gebiet der Menschenführung wie die Bereitschaft und die Fähigkeit zur Übernahme der Vorbildfunktion, Team- und Konfliktfähigkeit, organisatorische und kommunikative Kompetenz, Einfühlungsvermögen, soziale Sensibilität, Selbstsicherheit etc. Eine Führungskraft, die in Problemsituationen, bei der Lösung schwieriger Konflikte oder bei schwierigen Personalentscheidungen auf sich allein gestellt ist, die nicht sicher sein kann, dass ihre Vorgesetzten und Kollegen sie unterstützen, wird ihre Lage sehr bald als Belastung und Überforderung erleben. Langfristig werden vermutlich psychophysische Stresssymptome und gesundheitliche Beeinträchtigungen die Folge sein.

- **Häufig ergeben sich Umorientierungen durch organisationale Veränderungen.**
  Diese sind oft mit einschneidenden Veränderungen in der Unternehmenskultur und im Betriebsklima verbunden. Häufig sich verändernde, neu zugeschnittene Arbeits- und Zuständigkeitsbereiche und die heute bereits bei 40-Jährigen durchaus realistische Sorge um die Sicherheit des eigenen Arbeitsplatzes sind weitere psychische Belastungsfaktoren im beruflichen Alltag einer Führungskraft.

- **Mobilität und Flexibilität werden vorausgesetzt.**
  Mobilitätsanforderungen, wie sie vor allem in größeren Unternehmen heute an Führungskräfte gestellt werden, führen häufig zu Belastungen und Konflikten im Privatleben. Außerdem lässt es der Zeitstress kaum noch zu, dass Führungskräfte ihre sozialen Rollen im Privatleben – als Ehepartner, Eltern, Sohn, Tochter, Freund etc. – angemessen wahrnehmen können. Die Gefahr, in soziale Isolation zu geraten ist groß. Das häufig anzutreffende »schlechte Gewissen« ist eine weitere starke psychische Belastung.

Führungskräfte, die von den an sie gestellten Ansprüchen nicht überfordert werden wollen, müssen nicht nur exzellente Fachkräfte, sondern vor allem Persönlichkeiten mit höchst unterschiedlichen Begabungen, Persönlichkeitseigenschaften und Kompetenzen sein.

Die Wahrscheinlichkeit, dass eine Führungskraft bereits am Beginn ihrer Laufbahn diese Voraussetzungen erfüllt, ist recht gering, zumal sich die Universitätsausbildung immer noch nahezu ausschließlich auf die Vermittlung von Fachwissen beschränkt. Wer Führungsaufgaben übernimmt, ohne zu wissen, welche Anforderungen damit auf ihn zukommen, ohne beurteilen zu können, ob er die erforderlichen Voraussetzungen mitbringt, und ohne dass ihm im Unternehmen Wege aufgezeigt würden, noch nicht vorhandene Kompetenzen zu erwerben, Schwächen abzubauen und Defizite zu beseitigen, wird seine Arbeitssituation unter Umständen schon nach relativ kurzer Zeit als Überforderung und damit als eine ständige Quelle von psychischem Stress erleben.

Eine solche Überforderung und Anspannung eines Vorgesetzten strahlt in der Regel sehr bald auch auf seine Mitarbeiter aus. Sie belastet dann nicht nur das allgemeine Arbeitsklima, sondern erhöht ihrerseits auch das Belastungspotenzial für Mitarbeiter und Kollegen. Sie ist für diese ihrerseits ein empfindlicher Stressor. So haben beispielsweise Untersuchungen zur Häufigkeit von »Mobbing« am Arbeitsplatz in Schweden gezeigt, dass Kollegen und Untergebene vor allem von solchen Führungskräften »gemobbt« werden, die, weil sie nicht über die erforderlichen sozialen Handlungskompetenzen verfügen, ihrerseits unter starkem Stress stehen (Leymann 1993).

Unternehmen sollten deshalb die Auswahl ihrer Führungskräfte künftig nicht mehr in erster Linie von fachlichen Qualifikationen und Expertenwissen abhängig machen, wie dies in den zurückliegenden Jahren allzu häufig allgemein üblich gewesen ist. Ein abgeschlossenes Hochschulstudium mit guten Noten und einer kurzen Studiendauer, bis vor wenigen Jahren noch das Ticket schlechthin für einen erfolgreichen Einstieg in das Management, ist allein noch keine hinreichende Voraussetzung für eine erfolgreiche Bewältigung der Führungsaufgaben.

Jemand, der, weil er in den Semesterferien gearbeitet, sich sozial eingesetzt oder politisch engagiert hat, der nebenher intensive Erfahrungen in anderen Kulturen oder sozialen Umfeldern gesammelt hat, der engagiert und begeistert einem Hobby nachgeht, dafür aber länger studierte und eventuell kein Prädikatsexamen nachweisen kann, bringt voraussichtlich die besseren Voraussetzungen für ein erfolgreiches und relativ überforderungsfreies Berufsleben als Führungskraft mit als der Jahrgangsbeste seines Fachbereichs.

Wer das Stressgeschehen in seinem Unternehmen positiv beeinflussen will, wird künftig vor allem in die sozialen und personalen Kompetenzen seiner Führungskräfte investieren müssen. Er wird seine Personalentwicklungsmaßnahmen neben der Vermittlung von Expertenwissen auch auf die Förderung der zusätzlichen Führungskompetenzen ausweiten müssen.

Gesellschaftliche Wurzeln

Aufgabenfülle und -vielfalt, Zeit- und Verantwortungsdruck sowie ungenügende Vorbereitung auf die Führungsaufgaben erklären aber nur zu einem Teil die allgemeine hohe Stressbelastung der Führungskräfte. Erschwerend hinzu kommt, dass gerade diejenigen Persönlichkeitseigenschaften, Einstellungen und Lebensweisen, die zunächst einmal den beruflichen Aufstieg und den Karriereerfolg eines Managers begünstigen, auf längere Sicht das Risiko von Stress und Überforderung und damit auch von psychosomatischen Erkrankungen stark erhöhen. Ein Teufelskreis, dem man nur dann entgeht, wenn man sich die Gefahr rechzeitig bewusst macht und ihr durch gezieltes Persönlichkeitsmanagement konsequent und beharrlich entgegenwirkt.

Wir leben heute in einer Gesellschaft, die sich selbst vor allem als Leistungsgesellschaft definiert. Leistungsfähigkeit, Leistungsbereitschaft, Effizienz, und damit Arbeit und berufliche Tüchtigkeit haben einen allgemein akzeptierten hohen Stellenwert. Sie entscheiden gesamtgesellschaftlich, ob ein Land zur Ersten oder zur Dritten Welt gehört, welchen Platz es unter den Industrienationen einnimmt. Für den Einzelnen bestimmen sie Status und Ansehen. Eine

Grundeinstellung, deren Wurzeln bis ins alte Testament zurückreichen und die später vor allem von der protestantisch-calvinistischen Ethik einen zentralen Stellenwert zugesprochen bekam. So stammt beispielsweise von Martin Luther der Satz: »*Der Mensch ist zur Arbeit geboren wie der Vogel zum Fliegen.*« J. Calvin schrieb einmal: »*Der Segen Gottes ist im beruflichen Erfolg sichtbar.*« Zur Perversion wurde diese Einstellung schließlich in der von den Nationalsozialisten am Eingang des Konzentrationslagers Auschwitz angebrachten Formulierung »Arbeit macht frei«.

Trotz des inzwischen stattgefundenen Wertewandels wird der Arbeit von den meisten Menschen weiterhin ein hoher sinnstiftender Wert zuerkannt. In wie starkem Maße bei vielen Menschen Arbeit und berufliche Tätigkeit zum zentralen Wert ihres Lebens geworden sind, lässt sich zum Beispiel daran ablesen, dass der Eintritt in den Ruhestand, ein unerwarteter Karriereknick, der Verlust des Arbeitsplatzes überproportional häufig Depressionen, Lebensängste und Sinnkrisen auslösen oder dass gerade die nach Selbstverwirklichung strebenden Singles, alles tun, um nicht an einem Wochenende mit sich allein sein zu müssen. Eine britische Journalistin hat diesen Tatbestand einmal folgendermaßen beschrieben: »*Millionen sehnen sich heute nach Unsterblichkeit, aber sie wissen nicht, was sie mit sich selbst an einem verregneten Sonntagnachmittag anfangen sollen.*« (Rosch 1995)

Demgegenüber galt beispielsweise in der Antike allein der von Arbeit freie Bürger der Polis als vollwertiger Mensch. Arbeit wurde damals gleichgesetzt mit Sklaverei und Knechtschaft. Während noch im 18. Jahrhundert eine Berner Adlige ganz selbstverständlich einen ihr Unbekannten fragen konnte: »Sind Sie jemand oder arbeiten Sie?«, lautet die entsprechende Frage heute: »Was machen Sie beruflich?«

Wer etwas gelten will, muss vor allem beruflich erfolgreich sein. Maßstab für das Ansehen und den Platz in der Gesellschaft ist in erster Linie die berufliche Position, die berufliche Karriere. Immer noch gilt es als selbstverständlich, dass man in den mittleren Lebensjahren seine Zeit und Kraft vor allem in den Beruf investiert und andere Interessen während dieser Zeit zurücktreten müssen.

Der Wert der Arbeit bestimmt sich dabei bis hinauf in die obersten Führungsetagen vor allem nach dem zeitlichen Aufwand, weniger nach der Qualität. Eine Führungskraft, die auch nach dem allgemeinen Feierabend noch im Büro arbeitet, Akten während des Wochenendes zu Hause durcharbeitet, in ihrer Freizeit und im Urlaub jederzeit für die Firma erreichbar ist und im Notfall sogar auf ihren Urlaub verzichtet, gilt immer noch weithin als besonders fleißig, tüchtig und effizient und damit als prädestiniert für weiteren beruflichen Aufstieg.

Erst vereinzelt beginnt sich die Erkenntnis durchzusetzen, dass jemand, der übermäßig lange und intensiv arbeitet, auf Dauer nicht nur sich selbst, sondern auch dem Unternehmen mehr Schaden als Nutzen zufügt.

Ein Pionier dieser Sichtweise ist der kanadische Wirtschaftswissenschaftler H. Mintzberg, der bereits Anfang der 70er-Jahre mit der These provozierte, dass die Zeit, die Manager pro Tag für ihre eigentlichen Aufgaben verwenden, im Durchschnitt lediglich neun Minuten betrage. Die so häufig und heftig beklagte Zeitnot der Führungskräfte sei im Grunde nichts anderes als Ausdruck von Führungsschwäche, denn »*Wie will man andere führen, wenn man sich selbst nicht im Griff hat?*« (nach: Orthaus u.a. 1993, S. 118).

Erst wenn ihr Organismus unter der psychischen Dauerbelastung zusammenbricht und sich sozusagen eine Erholungspause erzwingt, sehen sich viele Führungskräfte zum ersten Mal in ihrem Berufsleben mit der Frage konfrontiert, ob die bisher nie hinterfragte Selbstdefinition über beruflichen Erfolg und Leistung wirklich ausreichend war, um ihrem Leben einen Sinn zu geben. Werte, die bisher oberste Priorität im Leben hatten, verlieren plötzlich ihre Sinnhaftigkeit. Doch häufig muss man sich eingestehen, dass andere Werte, die vielleicht früher einmal wichtig für einen gewesen sind (Lebensgenuss, Muße, Freundschaften etc.), inzwischen so verschüttet und verkümmert sind, dass man nicht weiß, wie man sie wieder zum Leben erwecken und in den beruflichen und privaten Alltag integrieren soll. Eine Aufgabe, die ohne professionelle Hilfe und Unterstützung nur schwer zu leisten ist, zumal man immer wieder erfahren wird, dass man bei einem solchen Versuch, bewusst gegen den Strom zu schwimmen, vor allem im Kreis seiner Vorgesetzten und Kollegen auf Unverständnis stößt. Gerade in der gegenwärtigen Situation der Dominanz des »Shareholder-value« finden sich nur wenige Unternehmen, die erkannt haben, dass ökonomischer Erfolg auf Dauer nicht gegen das Wohlbefinden der Mitarbeiter erzielt werden kann.

Der Computerhersteller Hewlett-Packard gehört zu den Unternehmen, die diese über rein ökonomische Ziele hinausreichende unternehmerische Verantwortung angenommen und daraus die Konsequenzen gezogen haben. Hier versucht man, Ziele grundsätzlich so zu setzen, dass sie in der normalen Arbeitszeit erreicht werden können. Überstunden sind auch im Management »nicht erwünscht«. Es wurde ein Arbeitszeitmodell entwickelt, das es jedem Beschäftigten erlaubt, in regelmäßigen Abständen für einen längeren Zeitraum »auszusteigen«, eine kreative Ruhepause einzulegen. In der überwiegenden Mehrzahl der Unternehmen aber ist die lange Anwesenheit am Arbeitsplatz nach wie vor wichtigstes Leistungskriterium.

Die eigenen Stärken und Schwächen bei der Bewältigung von Stress am Arbeitsplatz

Bevor Sie weiterlesen, sollten Sie noch einmal zur Übersicht auf Seite 55 zurückgehen. Schauen Sie sich die hier aufgeführten Belastungsbereiche noch einmal an und vergleichen Sie sie mit Ihrer beruflichen Alltagsrealität. Wichtig für Sie als Führungskraft sind vor allem die Bereiche Belastungen aus »der Arbeitsaufgabe« (1), »der Arbeitsrolle« (2), »der sozialen Umgebung« (4) und aus »dem Person-System« (6).

Finden Sie heraus, wo Ihre Stärken und Ihre Schwächen im Umgang mit beruflichen Anforderungen und Belastungen liegen, indem Sie für jeden Bereich die folgenden Fragen beantworten:

Erfülle ich die Voraussetzungen, um mit den hier gestellten Aufgaben fertig zu werden?

_____

_____

_____

_____

Was fällt mir leicht?

_____

_____

_____

Womit habe ich Schwierigkeiten?

_____

_____

_____

_____

Was empfinde ich als Last?

_____

_____

_____

Was kostet mich unverhältnismäßig viel Zeit?

_____

_____

_____

Wofür hätte ich gerne mehr Zeit?

_____

_____

_____

Was ärgert mich, was macht mich wütend?

_____

_____

_____

Womit werde ich nicht fertig?

_____

_____

_____

Was hindert mich, diese Anforderungen als positive Herausforderung sehen und erleben zu können?

_____

_____

_____

Arbeitssucht

Angesichts der allgegenwärtigen Präsenz eines Leistungsprinzips, das sich vor allem an der Aufgabenfülle orientiert, kann es eigentlich nicht verwundern, dass die überwiegende Mehrzahl der Führungskräfte sich in Laufe ihrer Berufslaufbahn diesen Maßstab zu Eigen gemacht und verinnerlicht hat: Viel zu tun, keine Zeit zu haben, unentbehrlich zu sein, immer auf Wochen hinaus einen randvollen Terminkalender zu haben, über Fax, E-Mail und Handy jederzeit und überall erreichbar zu sein, ist gerade für diese Personengruppe nicht nur Statussymbol, sondern auch eine Art Lebenselixier, aus dem sie, zumindest für eine gewisse Zeit, viele positive Kräfte und Gefühle ziehen, Gefühle, die sie schon bald nicht mehr missen möchten.

Die große Gefahr liegt nun darin, dass übermäßiges Arbeiten und Beschäftigtsein sehr leicht zu einer Sucht werden kann. Und diese Sucht unterscheidet sich in ihrer Gefährlichkeit für Leistungsfähigkeit und psychophysische Gesundheit nicht von den anderen Süchten, sie hat letztendlich die gleichen zerstörerischen Folgen.

Genau wie zum Beispiel bei der Alkohol-, der Spiel- oder der Tablettenabhängigkeit ist auch bei der Arbeitssucht der Einstieg oft eher zufällig und harmlos: Jeder Mensch kann irgendwann einmal in eine Situation geraten, die er nur mit außergewöhnlicher Einsatzbereitschaft und hohem zeitlichen Aufwand erfolgreich bewältigen kann.

Der Student, der kurz vor seinem Abschlussexamen steht, wird unter Umständen bis spät in die Nacht hinein an seiner Diplomarbeit arbeiten und einen lange geplanten Urlaub ausfallen lassen. Der Ingenieur, der gerade seine erste Stelle in einem größeren Unternehmen angetreten hat, wird in den ersten Wochen vielleicht regelmäßig Überstunden machen, Arbeitsunterlagen am Feierabend oder am Wochenende mit nach Hause nehmen, um möglichst schnell allen an ihn gestellten Erwartungen gerecht werden zu können. Der Arzt, der gerade seine eigene Praxis übernommen hat, die Anwältin, die sich selbstständig gemacht hat, wissen, dass sie in den nächsten Monaten ihr Privatleben vernachlässigen werden, weil sie zunächst einmal all ihre Zeit und Kraft brauchen werden, um das

Vertrauen ihrer Patienten zu gewinnen, sich einen Klientenstamm aufzubauen.

Es ist auch durchaus nicht ungewöhnlich, dass Menschen sich in Arbeit stürzen, wenn sie sich zum Beispiel nach einer Scheidung oder nach dem Tod eines ihnen nahe stehenden Menschen in einer tiefen persönlichen Krise befinden. Um sich abzulenken, ihren Schmerz oder ein belastendes Problem, das sie im Augenblick nicht bewältigen können, zu vergessen, machen sie beispielsweise freiwillig Überstunden. Während die einen, sobald der aktuelle Anlass für die Vielarbeit überwunden ist, ihr tägliches Arbeitspensum wieder auf das gewohnte Normalmaß zurücknehmen und zu ihrem früheren Lebensrhythmus zurückfinden, gibt es andere, für die diese Anlässe bereits der Einstieg in die Droge »Arbeit« und damit der Beginn ihrer Abhängigkeit, ihres Süchtig-Seins sind.

Sie sind von jetzt an auf dem Weg zum »Workaholic«, für den die berufliche Arbeit zum alles bestimmenden Faktor in seinem Leben geworden ist. Schon bald werden sie auf das rauschähnliche Hochgefühl, das die Droge Arbeit in ihnen auslöst, nicht mehr verzichten wollen und können. Sie werden dabei in Kauf nehmen, dass familiäre Beziehungen und Freundschaften nach und nach kaputtgehen und in ihrem Leben bald kein Platz mehr vorhanden sein wird für außerberufliche Interessen, für Muße und Freude.

Selbst das Wissen, dass mit dieser Droge genau wie mit jeder anderen auf Dauer ein massiver Persönlichkeitsabbau einhergeht, sie ihre Gesundheit und ihre Leistungsfähigkeit ruinieren, wiegt für sie den Genuss, den sie aus ihrer Droge ziehen, nicht auf.

Arbeitssüchtige findet man in allen Berufen. Besonders gefährdet aber scheinen diejenigen zu sein, die das Ausmaß ihrer Tätigkeit und ihres Engagements relativ frei selbst bestimmen können und von niemandem gebremst werden, wie beispielsweise Freiberufler oder das obere Management, und hier vor allem diejenigen, die allein leben. Stark gefährdet sind auch alle diejenigen, bei denen ständige Präsenz und Einsatzbereitschaft zum Selbst- und Fremd-Image des Berufes gehören. Neben Politikern und Gewerkschaftlern gehören auch hier wieder Führungskräfte in die oberste Risikogruppe.

Während jedoch Alkohol- oder Drogenabhängige weithin geächtet und als willensschwache Versager angesehen werden, genießen Workaholics zumindest bis zu dem Zeitpunkt, an dem die Sucht ihre Persönlichkeit und ihre Gesundheit sichtbar geschädigt und ihre Kräfte aufgezehrt hat, allgemein ein hohes Ansehen. Sie erhalten nicht nur von ihren Vorgesetzten, sondern auch von Bekannten und Freunden Anerkennung für ihre immer während Einsatzbereitschaft, ihren weit überdurchschnittlichen Fleiß. Sie werden gerne anderen als beispielhaftes Vorbild vorgestellt. Sie machen schnell Karriere und werden mit steigenden Gehältern belohnt. All dies sind Faktoren, die den Abhängigen immer wieder in seinem Suchtverhalten bestärken.

Arbeit ist damit die einzige »ehrbare Droge«, die unsere Gesellschaft zulässt. – Dieser Tatbestand macht es nicht nur für den Betroffenen selbst, sondern auch für sein soziales Umfeld so schwierig, sie rechtzeitig zu erkennen. Workaholics fällt deshalb die Einsicht in ihre Abhängigkeit oft noch schwerer als anderen Suchtkranken.

Ebenso wie nicht jeder, der regelmäßig größere Mengen Alkohol konsumiert, an Alkoholismus erkrankt, ist auch nicht jeder Vielarbeiter notwendigerweise arbeitssuchtgefährdet. In beiden Fällen spielen neben situativen Faktoren immer auch bestimmte Eigenschaften, die eine Person mitbringt, eine wichtige Rolle: Arbeitssüchtige sind in der überwiegenden Mehrzahl hochgradig talentierte und hoch leistungsmotivierte Menschen. Auf Außenstehende wirken sie oft (über)enthusiastisch. Unterhalb dieser Oberfläche versteckt sich aber häufig eine depressive Grundstimmung. *»Aus Angst, dass diese Depressivität handlungsbestimmend werden könnte, entwickeln sie ihren unendlichen Aktivitätsdrang.«* (Poppelreuter 1997, S. 132) Besonders gefährdet sind vor allem solche Menschen,

- die ein hohes persönliches Anspruchsniveau haben, die an sich selbst also hohe Anforderungen stellen, die grundsätzlich mehr tun, als von ihnen erwartet wird,
- die dabei gleichzeitig zur Selbstabwertung neigen (»Wenn ich das nicht schaffe, bin ich ein Versager«), deren Selbstwertgefühl vergleichsweise schwach und instabil ist,

- die in ihrem Denken eher von der Furcht vor Misserfolg als von der Hoffnung auf Erfolg bestimmt werden,
- die zum Perfektionismus neigen, sich auch bei vergleichsweise unbedeutenden Aufgaben nicht damit zufrieden geben können, sie nur zu 100 Prozent erfüllt zu haben, die dabei nicht in der Lage sind, bezüglich ihrer Arbeit Grenzen zu setzen,
- denen es schwer fällt, eigene Fehler zu akzeptieren, die nicht zwischen erreichbaren und unerreichbaren Zielen unterscheiden können,
- die ein übermäßig hohes Kontrollbedürfnis haben und am liebsten alles selbst machen,
- denen es, auch wenn die Aufgaben eigentlich unter ihrem Niveau liegen, schwer fällt, sie an andere zu delegieren,
- die den »Einzelkämpfer-Mythos« so verinnerlicht haben, dass sie anderen nur wenig zutrauen und dabei häufig die Bedeutung der eigenen Person überschätzen,
- die Schwierigkeiten haben, mit anderen Menschen tiefere Beziehungen und enge Bindungen einzugehen, sich aber gleichzeitig nach Anerkennung und Achtung sehnen und ein starkes Bedürfnis haben, anderen zu gefallen.

Im Unterschied zu den so genannten stoffgebundenen Süchten (Alkohol, Rauschgifte, Medikamente) produziert bei den nicht-stoffgebundenen Süchten wie der Spiel- und der Arbeitsucht der Organismus selbst diejenigen Stoffe, die das für den Süchtigen schnell unverzichtbar werdende Hochgefühl auslösen (Orthaus u.a. 1993): Medizinische Untersuchungen haben gezeigt, dass der Körper arbeitssüchtiger Menschen ungewöhnlich hohe Mengen an Adrenalin ausschüttet, ein Hormon, das in hoher Konzentration ähnlich stimulierende Empfindungen auslöst wie die von Tablettenabhängigen eingenommenen Weckamine. Auch die als Schmerzkiller bekannten Endorphine, dem Morphium ähnliche körpereigene Botenstoffe im Gehirn, die eigentlich nur die Aufgabe haben, unseren Körper in extremen Gefahrensituationen vorübergehend gegen Schmerzen zu immunisieren, scheinen bei der Arbeitsucht eine wichtige Rolle zu spielen. Sie stimulieren das Hochgefühl und ein anhaltend hoher Endorphinspiegel verhindert zudem, dass der Arbeitssüchtige die gesundheitlichen Folgen seiner Überanstrengung überhaupt bemerkt. Bei beiden Stoffen muss die Dosis schon nach kurzer Zeit erhöht werden, sonst lässt die stimulierende Wirkung relativ schnell nach. Der Abhängige fällt dann in ein psychisches Loch. Er fühlt sich extrem unwohl, wird rast- und ruhelos und kennt nur noch ein vordringliches Ziel: Er braucht dringend neuen »Stoff«.

Ein Arbeitssüchtiger muss also mit der Zeit immer mehr arbeiten, um das für ihn unverzichtbare Hochgefühl zu erreichen. Im fortgeschrittenen Stadium taugt auch hier das Suchtmittel nur noch dazu, Entzugserscheinungen wie Depressionen oder Angstzustände zu vermeiden.

Körperliche oder geistige Folgen der permanenten Selbstüberlastung (ständige Müdigkeit, Schweißausbrüche, innere Unruhe, Konzentrationsstörungen etc.) versucht er so lange wie irgend möglich durch starkes Rauchen, übermäßigen Kaffee- oder Alkoholkonsum oder mit Medikamenten zu kompensieren. So entstehen zusätzlich zur Arbeitssucht noch weitere Begleitsüchte. Die gesundheitlichen Risiken vergrößern sich drastisch. Arbeitssüchtige erreichen so sehr schnell den Punkt, an dem sie die Kontrolle über ihren »Drogenkonsum« verlieren und an dem dann die Abhängigkeit vom Stimulans Arbeit ihre gesamte Lebensweise in negativer Weise beeinträchtigt.

Im fortgeschrittenen Stadium ihrer Sucht ordnen Workaholics nach und nach sämtliche Lebensbereiche ihrer Arbeitssucht unter:

● **Sie suchen und finden immer neue Begründungen, warum sie so viel arbeiten müssen.**
Es fallen Sätze wie: »Ich würde ja gerne weniger arbeiten, aber …«. Gleichzeitig fällt es ihnen immer schwerer, zwischen wichtigen und unwichtigen Aufgaben zu unterscheiden. Sie investieren mehr und mehr Zeit und Kraft in Tätigkeiten, die ihre Mitarbeiter ebenso gut ausführen könnten. Sie sind auch in ihrer Freizeit innerlich immer mit ihrer Arbeit beschäftigt. Auch außerhalb ihres Berufsfeldes sind sie ständig auf der Suche nach weiteren Pflichten und Aufgaben, mit denen sie ihre Sucht befriedigen können. Sie übernehmen beispielsweise ehrenamtliche

Tätigkeiten. Wenn sie, den Ratschlägen ihres Arztes folgend, ihrer Gesundheit zuliebe Mitglied in einem Sportverein werden, gehören sie auch hier mit großer Wahrscheinlichkeit schon bald zum Vorstand. Sie finden fast immer einen Weg, auch ihre Freizeitaktivitäten in Arbeit zu verwandeln. So reizt sie zum Beispiel am Golfsport nicht die Bewegung an frischer Luft sondern die Möglichkeit, sich mit anderen messen und an Wettkämpfen teilnehmen zu können und dafür regelmäßig hart und ausdauernd trainieren zu müssen.

- **Sie nehmen sich nicht mehr ausreichend Zeit zum Essen.**
  Oft nehmen Sie sich nicht die Zeit, das gründlich zu kauen, was sie in Eile zu sich nehmen. Sie lassen sich beispielsweise irgendein Fastfood-Essen ins Büro bringen, das sie dann gedankenlos verzehren, während sie gleichzeitig angeblich dringliche Aufgaben erledigen. Häufig finden sie nicht einmal die Zeit, ihr Essen auszupacken. Sie vergessen einfach, dass sie Hunger haben. Am liebsten wäre ihnen, es gäbe eine Tablette, die alle lebensnotwendigen Nährstoffe enthält. Sie würden damit mindestens 40 Minuten täglich mehr für ihre Arbeit zur Verfügung haben.

- **Sie halten es für Zeitverschwendung, ihrem Organismus die notwendigen Schlaf- und Erholungsphasen zuzugestehen.**
  Sie machen selten oder nie Urlaub. Sie haben keine Zeit für Geselligkeit und kulturelles Engagement.

- **Ebenfalls aus Zeitmangel schränken sie ihre körperliche Bewegung immer weiter ein.**
  Sie fahren, um schneller am Arbeitsplatz zu sein, auch kürzeste Strecken grundsätzlich mit dem Auto, statt zu Fuß zu gehen. Um Zeit zu sparen, benutzen sie in der Firma den Aufzug, anstatt Treppen zu steigen. Sie fürchten, ihre beruflichen Pflichten zu vernachlässigen, wenn sie beispielsweise eine halbe Stunde pro Tag in ein Fitnessprogramm investieren würden.

- **Sie vernachlässigen ähnlich ihr Äußeres.**
  Das eigene Aussehen, ihre Kleidung und damit ihre Wirkung auf andere Menschen wird ihnen wie bei Alkoholsüchtigen immer weniger wichtig.

- **Kollegen und Mitarbeiter, die einen anderen Arbeitsstil als sie selbst haben, behandeln sie zunehmend hart und rücksichtslos.**

  Sie machen ihre Sucht sozusagen zur Norm und setzen das eigene Arbeitspensum als Maßstab für die Beurteilung ihrer Mitarbeiter. Mit besonderer Rücksichtslosigkeit werden vermeintliche Konkurrenten behandelt.

- **Das eigene berufliche Engagement hat für sie immer Vorrang.**

  An erster Stelle steht ihr Beruf. Daher erwarten sie, dass auch ihr Partner, ihre Kinder, Freunde und Bekannte bei ihren eigenen Planungen darauf Rücksicht nehmen.

- **Die innere Verbindung mit anderen Menschen, die bei ihnen nie besonders stark ausgeprägt war, wird noch schwächer.**

  Die soziale Sensibilität geht verloren, das eigene Gefühlsleben verarmt mehr und mehr. Tauchen im privaten oder familiären Bereich Schwierigkeiten auf, so ist dies für den Workaholic ein willkommener Anlass, sich in weitere Arbeit zu flüchten und so die Konflikte und Probleme gar nicht erst an sich herankommen zu lassen. Lösungen werden nicht mehr versucht, eventuelle Bemühungen anderer werden als lästige Störung oder als eine Belastung, die man sich nicht leisten könne, abgewehrt. Für soziale Kontakte, Gedankenaustausch oder gemeinsame Aktivitäten bleibt ihnen immer weniger Zeit und Kraft. Auf ihr Verhalten angesprochen reagieren sie ausgesprochen aggressiv. Private Bindungen lösen sich nach und nach auf, die soziale Isolation des Arbeitssüchtigen wird immer deutlicher.

- **Gefühle des Alleingelassenseins und der Hilflosigkeit stellen sich ein.**

  Wenn sich dann im weiteren Verlauf der Sucht massive Schlaf-, Konzentrations- und Denkstörungen sowie beunruhigende psychosomatische Beschwerden einstellen, hat der Arbeitssüchtige in seinem engeren sozialen Umfeld meistens niemanden mehr, mit dem er über seine Ängste vor einem irreversiblen Verlust seiner Leistungsunfähigkeit, beruflichem Versagen, Abgeschobenwerden, Krankheit und Tod sprechen könnte. Er fühlt sich ihnen hilflos ausgeliefert. Allein hat er in diesem Stadium meistens nicht mehr die Kraft, die Kontrolle und Selbstwirksamkeit (self-efficacy) über seine Lebensweise zurückzugewinnen. Selbstmordversuche, chronische Depression oder totale Apathie und Hilflosigkeit kennzeichnen neben vorzeitigem körperlichem und geistigem Verfall und akuten organischen Schädigungen (Herzinfarkt, Magengeschwüre, Darmerkrankungen etc.) deshalb in vielen Fällen das Endstadium der Arbeitssucht (Mentzel 1979; Orthaus u.a. 1993).

Arbeitssucht ist eine Krankheit mit hohen psychischen Kosten. Wie bei Alkoholismus handelt es sich auch bei ihr um eine Krankheit, die ihre Wurzeln immer auch in bestimmten Persönlichkeitseigenschaften hat. Ihre Zunahme wird allerdings durch die heutigen Arbeitsbedingungen massiv begünstigt. Die Erkrankungsgefahr erhöht sich noch dadurch, dass diese Sucht für den von ihr Betroffenen im Anfangsstadium viele persönliche Vorteile (Ansehen, Karriere) mit sich bringt. In ihrem Verlauf ist sie genauso zerstörerisch wie andere Süchte. Sie ist allerdings wesentlich schwerer therapierbar, weil sich der Süchtige jederzeit ohne Schwierigkeiten neuen Stoff beschaffen kann bzw. angeboten bekommt. Ein Entzug bei gleichzeitiger Berufstätigkeit ist deshalb kaum durchführbar.

Deshalb ist es so wichtig, bereits die ersten Anzeichen zu erkennen und rechtzeitig gegenzusteuern.

Bevor Sie weiter lesen, sollten Sie zunächst diesen Test durchführen. Er gibt Ihnen Hinweise auf eine mögliche Anfälligkeit für Arbeitssucht. – Wenn Sie mehr als viermal »Ja« angekreuzt haben und wenn Sie davon ausgehen können, dass die Situation, die zu diesem Befund geführt hat, länger andauern wird, sollten Sie unbedingt etwas unternehmen, um aus diesem Zustand wieder herauszukommen.

Test zur Arbeitssuchtgefährdung

Test zur Arbeitssuchtgefährdung	Ja	Nein
Mein Beruf, meine Arbeit sind für mich das Wichtigste in meinem Leben; mein gesamter Lebensstil ist darauf ausgerichtet; andere Dinge interessieren mich eigentlich nicht mehr.		
Oft wache ich mitten in der Nacht auf und denke dann über arbeitsbezogene Probleme nach.		
Ich bin erst zufrieden, wenn ich alles perfekt erledigt habe; mit Halbheiten habe ich mich nie zufrieden gegeben.		
Nur wenn ich eine Sache selbst von Anfang bis zu Ende durchgeführt habe, kann ich sicher sein, dass sie auch wirklich in Ordnung ist. Dabei spielt es keine Rolle, ob diese Arbeit eigentlich unter meinem Niveau liegt.		
Ich rege mich oft über die mangelnde Arbeitsmoral meiner Mitarbeiter und Kollegen auf.		
Ich nehme regelmäßig Arbeit mit nach Hause, arbeite auch am Wochenende und an Feiertagen. Mitunter arbeite ich Tage und Nächte hintereinander.		
Am wohlsten fühle ich mich, wenn ich sicher sein kann, dass ich mir für die kommenden Tage einen Vorrat an Arbeit gesichert habe.		
Ich stelle abends oft fest, dass ich wieder nur einen Bruchteil dessen geschafft habe, was ich eigentlich erledigen wollte.		
Für Muße, Erholung, Freundschaften und »Lebensgenuss« ist in meinem Leben – zumindest auf absehbare Zeit – kein Platz.		

Typ-A-Verhalten und Ärgermentalität

Als Friedman und Rosenman 1975 ihre berühmte Abhandlung über die Zusammenhänge zwischen Infarktrisiko, Lebensstil und Persönlichkeitseigenschaften veröffentlichten, stießen sie weltweit vor allem in Managementkreisen und weiten Bereichen der Arbeitsmedizin auf breite Resonanz und Zustimmung. Nachdem es sich erwiesen hatte, dass die bisher angenommenen Risikofaktoren wie genetische Veranlagung, Übergewicht, hoher Blutdruck oder Rauchen allein nicht ausreichten, den gerade in jenen Jahren in nahezu allen Industriestaaten dramatischen Anstieg der Herz-Kreislauf-Erkrankungen zu erklären, glaubten Friedman und Rosenman, in ihren Untersuchungen eine fundamentale Krankheitsursache entdeckt zu haben: *die hektische Lebensweise des modernen Menschen in den hoch-technisierten Industriestaaten.*

Ihr Bild des ständig gehetzten Hektikers und Machers im Dauerstress, der nie Zeit hat, der permanent von einem Termin zum nächsten hetzt, immer mit mehreren Dingen gleichzeitig beschäftigt ist und, sofern er sein Verhalten nicht drastisch ändert, unweigerlich dem Herztod entgegeneilt, ist seitdem fast zum Symbol für eine äußerst gefährliche, aber weit verbreitete und scheinbar unabänderliche Lebensweise geworden.

In ihrem aufgrund medizinisch-psychologischer Daten entwickelten verhaltensorientierten Modell stellten sie zwei Persönlichkeitstypen einander gegenüber:

- den Infarkt-gefährdeten Typ-A und
- den nicht-gefährdeten Typ-B.

Friedman und Rosenman glaubten, anhand ihrer Daten beweisen zu können, dass die Wahrscheinlichkeit von Herzerkrankungen bei gleich hohem Blutdruck und Choleteringehalt und gleich starkem Rauchen bei Typ-A-Personen mehr als doppelt so hoch ist wie bei Menschen, die eher dem Typ-B zuzuordnen sind.

Das von ihnen in die wissenschaftliche Diskussion eingebrachte Typ-A-Verhaltensmuster ist gekennzeichnet durch

- ein äußerst starkes Leistungsstreben,
- hohe körperliche und geistige Handlungs- und Anstrengungs-bereitschaft,
- den starken Willen, das eigene Leben aktiv beeinflussen und et-was bewirken zu wollen,
- ein ständiges Bedürfnis nach Anerkennung, Vorwärtskommen und Überlegenheit,
- extremes Konkurrenzverhalten,
- innere Ruhe- und Rastlosigkeit, Ungeduld mit sich selbst und mit anderen, Unfähigkeit zu warten oder zuzuhören,
- eine Tendenz, die Ausführung aller Handlungen zu beschleuni-gen,
- ein starkes Bedürfnis, die eigene Umwelt unter Kontrolle zu bringen, alles »im Griff« zu haben,
- eine starke Tendenz, unter Zeitdruck mehrere unterschiedliche Dinge gleichzeitig zu erledigen (»Multi-tasking«),
- und eine überdurchschnittlich hohe Aggressivität.

Während der Typ-A also ein rastloses, hektisches, kämpferisches, primär karriereorientiertes Leben führt und damit praktisch stän-dig »im selbst verursachten Stress« steht, ist der Typ-B das genaue Gegenteil: Er ist ruhig, besonnen, ausgeglichen, unaufgeregt, gelas-sen und achtet darauf, seine Kräfte nicht zu verausgaben. Er ist nur wenig ehrgeizig. Neben Beruf und Karriere gibt es für ihn noch an-dere ebenso wichtige Lebensbereiche. Er meidet unkalkulierbare Risiken und schont seine Kräfte, während Personen des A-Typs da-zu neigen, bis nahe an ihre Leistungsgrenzen heranzugehen und Symptome der Erschöpfung zu unterdrücken, um noch mehr zu erreichen (Schwarzer 1981). Ähnlich wie der Arbeitssüchtige ver-körpert auch der A-Typ eine Lebensform, die durchaus dem mo-dernen Zeitgeist entspricht und in unserer Gesellschaft weitgehend akzeptiert, sozial bekräftigt und honoriert wird.

Das unbestreitbare Verdienst von Friedman und Rosenman liegt vor allem darin, dass sie als Erste vehement und erfolgreich dafür plädiert haben, die Therapie koronarer Herzerkrankungen nicht länger ausschließlich auf eine organzentrierte Reparatur zu konzen-trieren und stattdessen dem Patienten bzw. dem gefährdeten Nochnicht-Patienten vor allem die psychosomatischen Bedingungen des Krankheitsgeschehens deutlich zu machen. Prävention und Rehabilitation sollten in erster Linie darauf abzielen, mit den als Typ-A diagnostizierten Menschen Veränderungen ihrer Lebensweise und ihrer Verhaltensgewohnheiten zu trainieren, ihnen dabei zu helfen, ihr allgemeines Lebenstempo deutlich zu verringern (Ernst 1988). Während die Grundannahme von Friedman und Rosenman, dass der Lebensweise ein entscheidender Anteil an der Entstehung koronarer Herzerkrankungen zukommt, heute kaum noch umstritten ist, gibt es inzwischen erhebliche Zweifel an der Richtigkeit ihrer Typologie. Groß angelegte Folgeuntersuchungen, wie sie beispielsweise 1982 das amerikanische »National Heart, Lung and Blood Institute« an 12.000 Männern durchführte, kamen zu dem überraschenden Ergebnis, dass sich bei ihren Probanden zwischen Herz-Kreislauf-Erkrankung und der Zugehörigkeit zum Typ-A kein statistisch signifikanter Zusammenhang nachweisen ließ. Die als Typ-A identifizierten Personen waren genauso stark oder gering gefährdet wie alle übrigen Teilnehmer der Untersuchung (Ernst 1988).

Eine Untersuchung an deutschen Industriearbeitern (Friczewski 1988) ergab, dass Infarktpatienten sich über die gesamte Spielbreite menschlicher Eigenschaften und Lebensstile verteilen. Unter ihnen finden sich sowohl ängstlich Angepasste, Konfliktscheue, Aggressionsgehemmte wie auch Lebhafte, Risikofreudige, Hektische und Hyperaktive mit starkem Dominanzstreben.

So einleuchtend die Einteilung der Menschen in A- und B-Typen auf den ersten Blick ist, ihr Wert als Diagnoseinstrument gilt heute bei Medizinern und Psychologen als äußerst eingeschränkt. Dies hat vielerlei Gründe: Zum einen sind die den beiden Typen zugeordneten Merkmale kaum objektiv zu erfassen. Dies gilt sowohl für die Methode der Fremd- als auch für die Selbsteinschätzung: Diagnostiker, die selbst eher dem B-Typ entsprechen, neigen dazu, einen Patienten schon bei leichten Anzeichen einer hektischen Lebensweise als eindeutigen A-Typ einstufen. Und umgekehrt tendieren A-Typ-Personen dazu, jemanden, der weniger leistungsfreudig ist als sie selbst, der bedächtig und langsam auf ihre Interviewfragen reagiert, eindeutig dem B-Typ zuzuordnen.

Es ist auch durchaus vorstellbar, dass jemand, der eigentlich ein eindeutiger A-Typ ist, wenn er auf einen nervösen, hektischen, eiligen Interviewer trifft, von dessen Fragestil so abgestoßen ist, dass er in dieser Situation eher wie ein B-Typ reagiert.

Mittlerweile sind der A-Typ und die ihm zugeschriebenen Risiken durch zahllose Veröffentlichungen auch so allgemein bekannt, dass kaum noch jemand sich selbst unbefangen als A-Typ einstufen wird. Außerdem ist der A-Typ in reiner Form äußerst selten anzutreffen, die meisten ihm zugeordneten Personen weisen lediglich einige der typischen Merkmale auf. Bis heute ist aber noch nicht geklärt, welches die wirklich gefährlichen Verhaltens- und Persönlichkeitsmerkmale sind und ob der Palette der Merkmale nicht vielleicht einige entscheidende Aspekte fehlen.

Einige A-typische Verhaltensweisen wie die selbst erzeugte Hektik, das ausgeprägte Konkurrenzstreben, die Ungeduld mit sich selbst und mit anderen können bei entsprechenden situativen Bedingungen zu starken psychischen Stressoren werden. Zusammen mit der Neigung, Symptome der Erschöpfung so lange wie irgend möglich zu unterdrücken, wird diese Kombination, wie bereits dargestellt, langfristig mit hoher Wahrscheinlichkeit zu gesundheitlichen Schädigungen führen.

Das für A-Typen kennzeichnende stark ausgeprägte Bedürfnis, alles im Griff zu haben, und der Wille, das eigene Leben selbst zu kontrollieren und aktiv zu beeinflussen, haben sich aber gerade dann bei vielen Patienten als äußerst hilfreiche Eigenschaften erwiesen, wenn es darum geht, die eigene Lebensweise aus gesundheitlichen Gründen umstellen zu müssen. Mit der gleichen Intensität, Energie und Willenskraft, die ihren bisherigen Lebensstil kennzeichnete, widmen sich A-Typ-Personen nach einer ernsthaften Erkrankung der Wiederherstellung ihrer Gesundheit. So hat sich beispielsweise gezeigt, dass bei dem so genannte Re-Infarkt, also der zweiten, meist tödlichen Herzattacke, Typ-A-Männer um die Hälfte weniger gefährdet sind als Typ-B-Männer.

Typ-A-Verhalten scheint nach diesen Ergebnissen *nach* einem Infarkt geradezu eine vorbeugende Wirkung zu haben, während das Typ-B-Verhalten hier eher risikoverstärkend ist (Ragland/Brand 1988).

Die dem Typ-A zugeschriebenen Verhaltensgewohnheiten und Persönlichkeitseigenschaften sind zwar alle starke potenzielle Stressoren. Menschen dieses Typs geraten vergleichsweise schneller in belastende Stresssituationen als die eher bedächtigen, ruhigen und ausgeglichenen B-Typen. Sie sind ihrerseits auch für ihre Mitmenschen nicht selten eine permanente Stressquelle. Das Infarkt-Risiko scheint allerdings allein von diesen Faktoren nicht abzuhängen. Das »Leben nach dem Infarkt« ist sogar für Letztere leichter und mit deutlich besserer Prognose zu bewältigen.

Neueste Untersuchungen über die Wechselwirkung zwischen Persönlichkeitsstruktur und Infarktgefährdung (Mees 1993) deuten darauf hin, dass vor allem die so genannte »*Ärgermentalität*« das Infarktrisiko erheblich vergrößert. Menschen, die dazu neigen, sich häufig und nachhaltig zu ärgern, schädigen damit auf Dauer ihre Gesundheit. Wie sehr Ärger dem Herzen schadet, geht aus einer 25 Jahre umfassenden Langzeitstudie an amerikanischen Ärzten hervor: Bei den Teilnehmern mit einer stark ausgeprägten Ärgerneigung, war die Sterblichkeit um das Siebenfache höher als bei der Vergleichsgruppe. Ärger lässt nicht nur den Puls hochschnellen, er führt im Organismus auch zu einem massiven Anstieg des »schädlichen« LDL-Cholesterins. Während gesunde Menschen auf Ärger gewöhnlich mit einer Erhöhung der Pumpleistung des Herzens reagieren, nimmt bei Patienten mit einer Vorschädigung der Herzkranzgefäße die Pumpleistung des Herzens deutlich ab. Der Herzmuskel wird nicht mehr ausreichend versorgt, sodass es zu einem koronaren Schwächeanfall kommen kann. Die Redewendung »Er hat sich die Angelegenheit zu sehr zu Herzen genommen« beschreibt anschaulich diesen Zusammenhang. Bei vielen Menschen reicht sogar schon die Erinnerung an ein Ereignis oder eine Person, über die sie sich besonders stark geärgert haben, aus, um die physiologischen Werte in die Höhe schnellen zu lassen.

Dabei scheint es keinen Unterschied zu machen, ob man seinen Ärger lautstark und aggressiv äußert oder ihn stumm in sich hineinfrisst. In beiden Fällen nimmt die Herzfunktion langfristig Schaden. Die positivste Wirkung für Gesundheit und Wohlbefinden scheint es zu haben, wenn Menschen versuchen, sich mit dem Problem oder der Person, über die sie sich geärgert haben, offen und um Klärung bemüht auseinander zu setzen und dabei eine möglichst positive Sicht der Dinge zu bewahren.

Ärger ist eine emotionale Reaktion, die bevorzugt bei herausfordernden Leistungssituationen und im zwischenmenschlichen Bereich auftritt: Wir ärgern uns, weil etwas nicht so läuft, wie wir es uns vorgestellt oder vorgenommen hatten, oder weil jemand sich nicht so verhalten hat, wie wir es von ihm erwarteten.

Der berufliche Alltag einer Führungskraft mit seinen vielen kleinen zwischenmenschlichen Ärgernissen, Rivalitäten und Spannungen, Sympathien und Antipathien, den oft nur unklar definierten Kompetenz- und Verantwortungsbereichen, den vielen nicht vorhersehbaren Störungen und dem ständigen Zeitdruck bietet Personen mit der entsprechenden Persönlichkeitsstruktur viele Anlässe, sich zu ärgern. Dies könnte unter Umständen der Grund sein, warum gerade Führungskräfte in Wirtschaft und Politik häufiger als andere Personengruppen unter Belastung von koronaren Erkrankungen bedroht sind.

Auch wenn die Beziehungen zwischen Persönlichkeit und Koronarrisiko nach allem, was wir heute wissen, weitaus komplexer sind als noch von Friedman und Rosenman angenommen, schmälert dies nicht ihr Verdienst, den Anstoß für eine ganzheitliche Betrachtung von Gesundheit, Lebensweise, Lebensstil und Umwelteinflüssen gegeben zu haben. Sie waren die ersten, die einer breiten Öffentlichkeit die Bedeutung der Eigenverantwortung bei der Vorbeugung, der Therapie und der Rehabilitation koronarer Herzerkrankungen bewusst gemacht haben.

»Burn-out«

Wenn man weiß, dass viele Führungskräfte über Jahre hinweg fast 80 Prozent ihrer Zeit und mehr als 70 Prozent ihrer Energie ausschließlich in den Beruf investieren (Rosch 1995), dann verwundert es nicht mehr, dass gerade dieser Personenkreis vor allem in der zweiten Hälfte seines Berufslebens überdurchschnittlich häufig unter dem Gefühl leidet, von den Anstrengungen der letzten Jahre ausgelaugt und aufgezehrt worden zu sein.

Dieses Gefühl starker körperlicher und geistig-emotionaler Erschöpfung trifft man in besonders hohem Maße gerade bei denjenigen Führungskräften an, die ihr Berufsleben mit besonders starkem Engagement, mit besonders hoher Einsatzbereitschaft und großem Idealismus begonnen haben. Führungskräfte mit einer eher »instrumentellen Berufsorientierung« (Richter/Hacker 1998, S. 149), die sich für ihre künftige Tätigkeit weniger aus idealistischen und mehr aus rationalen Gründen entschieden haben (»gute Möglichkeit, viel Geld zu verdienen, bringt Ansehen« etc.), erleben diese Gefühle dagegen vergleichsweise selten.

Wenn die »Idealisten« dann nach Jahren Bilanz ziehen, müssen sie sich nicht selten eingestehen, dass vieles nicht so gelaufen ist, wie sie damals gedacht haben. Viele sind enttäuscht und frustriert, zweifeln an der Sinnhaftigkeit ihres Engagements. Körperlich und vor allem emotional fühlen sie sich erschöpft, ausgebrannt und leer. Sie haben ihre frühere Antriebskraft, Energie und Tatkraft verloren. Sie sind initiativelos geworden, entwickeln keine eigenen Ideen mehr, reagieren auf Neuerungen mit Pessimismus, Misstrauen und Negativismus, Apathie und Gleichgültigkeit.

Die Arbeit ist für sie zur Strapaze geworden, die sie in immer stärkerem Maße nicht nur geistig, sondern auch körperlich überfordert – bis hin zum Stadium der chronischen Ermüdung (CFS) und totalen psychophysischen Erschöpfung. Die beruflichen Aufgaben werden zwar weiterhin erledigt, aber ohne das frühere innere Engagement. Erfolge sind kaum noch Anlass zu Stolz und Freude, Misserfolge lassen sie weitgehend gleichgültig. Sie sehen wenig Sinn darin, sich weiterhin für die Interessen des Unternehmens zu engagieren. Alles, was über ihr eigenes unmittelbares Aufgabenfeld hinausreicht, ist ihnen gleichgültig geworden, interessiert sie nicht mehr. Kundenwünsche oder Anregungen von Kollegen und Mitarbeitern werden zwar zur Kenntnis genommen, im Grunde ist aber nur noch eines für sie wichtig: Wie sie es schaffen, den Tag, die Woche und die Jahre bis zur Pensionierung hinter sich zu bringen. Eigentlich haben diese Menschen innerlich längst gekündigt und versuchen nur noch, vor sich und den anderen die Fassade zu wahren.

Dieses Phänomen einer emotional-kognitiven Erschöpfung ist unter der Bezeichnung »Burn-out« bereits in den 70er-Jahren beschrieben worden (Freudenberger 1974; Maslach 1976). Dabei ging man lange Zeit davon aus, dass es ausschließlich bei Menschen auftrete, die in sozialen und pflegerischen Berufen tätig sind, die sich, wie sie selbst sagen, »für andere« total verausgabt haben. Arbeitsmedizinische Untersuchungen hatten aufgedeckt, dass gerade bei Angehörigen dieser Berufe extrem hohe Erkrankungsraten und vorzeitige Berufsunfähigkeit zu beobachten waren: Die hohen mitmenschlichen Anforderungen vor allem in den pflegerischen Tätigkeitsfeldern schlugen sich in einer Vielzahl unspezifischer psychosomatischer Leiden nieder. Wesentlich häufiger als Angehörige anderer Berufe litten Ärzte, Krankenpfleger, Sozialarbeiter an Depressionen. Ein ungewöhnlich hoher Prozentsatz versuchte, Frustrationen, Ängste, Enttäuschungen und Erschöpfungssymptome mit Drogen und Medikamenten zu bekämpfen. Sie kapselten sich mehr und mehr von ihren Kollegen, ihrer Familie ab. Trotz gesundheitlicher Probleme zwangen sie sich aber weiterhin, bis an den Rand der eigenen Erschöpfung zu gehen, anderen zu helfen, auch wenn es die eigenen Kräfte überfordert, sich selbst und die eigenen Bedürfnisse zurückzustellen (Otte 1994, S. 81).

Das Burn-out-Syndrom bekam deshalb schnell das Etikett »Helfer-Leiden«. Dahinter stand die Vermutung, dass der für diese Berufe spezifische hohe Idealismus (»Helfersyndrom«) und die dazu im Widerspruch stehenden häufig nur geringen Möglichkeiten zur Realisierung dieses Idealismus die Ursache für das Leiden seien.

Heute weiß man, dass Burn-out Menschen aller Berufe treffen kann, gehäuft allerdings bei Angehörigen helfender Berufe wie Sozialarbeiter, Ärzte, Anwälte sowie im Management und bei den so genannten Kreativen auftritt (Burisch 1989). *»Für die Wirtschaft hat diese Erkenntnis eine wachsende Bedeutung, denn das Burn-out-Syndrom steht in enger Nachbarschaft zum Stress am Arbeitsplatz. Konflikte, Konkurrenz, Unsicherheit und unübersichtliche Anforderungen führen zur Lähmung der Arbeitskraft auf Raten. Gerade in höheren verantwortungsvollen Positionen besteht ein großes Risiko, unter diesem Kräfteabbau zu leiden.«* (Otte 1994, S. 82)

Nachdem sich die ursprüngliche Begründungshypothese als nicht haltbar erwiesen hat, versteht man Burn-out heute als eine Reaktionsform auf die speziellen Belastungen, die sich in Berufen ergeben, die hohe Anteile an Interaktion mit anderen Menschen erfordern (Nerdinger 1992). Man sieht in ihm einen Übergangszustand zwischen Stress und Erschöpfung, »*wobei dieser Übergangszustand hauptsächlich aus antriebsregulatorischen Aspekten herrührt*« (Richter/Hacker 1998, S. 146). Verursacht wird er vermutlich durch »*lang dauernd zu hohe Energieabgabe für zu geringe Wirkung bei ungenügendem Energienachschub*« (Burisch 1994).

Ursache für Burn-out ist im Wesentlichen das Zusammentreffen von Stress und Frustration bzw. Stress und sich wiederholenden Misserfolgserlebnissen am Arbeitsplatz, wobei es den Betroffenen nicht gelingt, mit Überlastungssituationen fertig zu werden, ohne selbst Schaden zu nehmen. Erschwerend kommt oft noch hinzu, dass Kollegen und Vorgesetzte in der Regel froh sind, jemanden zu haben, dem sie, ohne auf Widerspruch zu stoßen, immer noch mehr Arbeit und Verantwortung übertragen können. Sie übersehen dabei, dass gerade diese Menschen, denen es an einer realistischen Einschätzung der eigenen Kräfte und Möglichkeiten fehlt, damit notwendigerweise irgendwann in die Gefahr des Scheiterns geraten müssen. Aufgrund ihrer spezifischen Persönlichkeitsstruktur sind sie nicht in der Lage, die über ihre Kräfte gehende Situation zu verlassen oder sich an andere um Hilfe und Unterstützung zu wenden. Da sie ihre idealistischen Überzeugungen um keinen Preis aufgeben wollen, versuchen sie, so lange dies irgend möglich ist, die Fassade des »hilfsbereiten Alleskönners«, der immer da ist, wenn man ihn braucht, aufrechtzuerhalten.

Nach Golembiewski (1982, zitiert nach: Otte 1994, S. 82) sind vor allem die folgenden vier Stressoren für das Entstehen von Burn-out verantwortlich:

- aktuelle Stressepisoden während der Arbeit oder größere Veränderungen der Anforderungen, die eine Neuanpassung des Einzelnen nötig machen;
- Stressoren wie schwere Krankheit oder Verlust naher Angehöriger;

- Drucksituationen während der Arbeit, wie zum Beispiel Rollenüberforderung, Querelen zwischen Abteilungen, Krisenstimmung und negative Reaktionen von Kollegen und Vorgesetzten;
- Probleme außerhalb des Arbeitsplatzes, wie zum Beispiel Ehestreitigkeiten, Überschuldung, Zukunftsangst und die Furcht vor Wirtschaftskrisen.

Die Gefahr des Ausbrennens ist dann hoch, wenn mehrere dieser Stressoren gleichzeitig auftreten. Stärker noch als bei anderen Formen von Stress am Arbeitsplatz stehen beim Burn-out die mentalen und emotionalen Folgewirkungen im Vordergrund. Vor allem folgende Symptome sind kennzeichnend (Richter/Hacker 1998, S. 146):

- Die Person fühlt sich vor allem emotional erschöpft,
- sie erlebt sich als schwach, hilflos, hoffnungsarm, nicht geborgen in sozialem Kontakt,
- sie fühlt sich unglücklich, ist der eigenen Arbeit überdrüssig,
- sie entwickelt starke arbeitsbezogene Angstgefühle, weil sie sich nicht mehr in der Lage fühlt, ihre Aufgaben entsprechend den eigenen Ansprüchen auszuführen,
- sie leidet unter dem Gefühl abnehmender Kompetenz und persönlicher Leistungsfähigkeit,
- ihr Selbstbild weist immer stärker negative Züge auf,
- sie neigt zu Zynismen, im Extrem sogar zu Aggressionen, gegenüber Untergebenen und Kollegen.

Ohne Zweifel wird Burn-out durch bestimmte Merkmale von Organisationsstrukturen (zum Beispiel Betriebsklima, Bürokratismus) und beruflichen Aufgaben (beispielsweise eingeschränkte Tätigkeits-, Handlungs- und Entscheidungsspielräume, Kombination von Über- und Unterforderungen) begünstigt. Doch letztlich entscheiden auch hier wieder Persönlichkeitsmerkmale wie

- die individuelle Frustrationstoleranz,
- das Selbstwertgefühl und die Ich-Stärke,
- die Fähigkeit, Spannungen und Ambiguitäten aushalten zu können,

- die Sensibilität für soziale Belange,
- die Fähigkeit, soziale Situationen adäquat wahrnehmen und interpretieren zu können,
- die Fähigkeit, eigene Bedürfnisse übergeordneten Zielen unterordnen zu können,
- sowie die körperliche Gesundheit, Belastbarkeit und Fitness

darüber, ob eine beruflich stark beanspruchte Führungskraft irgendwann ausbrennen wird oder nicht.

Für die Wirtschaft stellt die Gefahr eines Burn-out ihrer Führungskräfte ein echtes Dilemma dar: Jeder Arbeitgeber legt großen Wert darauf, dass sich seine Mitarbeiter motiviert und engagiert für die Realisierung seiner unternehmerischen Ziele einsetzen, sich mit diesen in hohem Maße identifizieren. Ausschließlich solche Mitarbeiter kommen, wie ein Blick in die entsprechenden Stellenausschreibungen zeigt, für ihn in führender Position in Frage. Gleichzeitig geht er damit aber das Risiko ein, dass er Menschen eingestellt hat, die nach einigen Jahren ausgebrannt sind und nur noch eingeschränkt die in sie gesetzten Erwartungen erfüllen.

Ob dies tatsächlich der Fall sein wird, liegt nicht nur an den Persönlichkeitseigenschaften der betreffenden Mitarbeiter, sondern vor allem auch an den Arbeitsbedingungen, unter denen sie ihren Aufgaben nachgehen. Erst wenn beides zusammentrifft – eine Burn-out-fördernde Persönlichkeitsstruktur und entsprechende Faktoren des beruflichen Umfeldes – besteht eine reale Gefahr. Dieser lässt sich, wie Hacker u.a. (1997) aufgrund ihrer empirischen Arbeitsanalysen nachweisen konnten, durch entsprechende organisationale Maßnahmen erfolgreich vorbeugen. Hierzu zählen vor allem

- eine ausreichende Besetzung mit Personal,
- Arbeitszeitregelungen, die Zeit und Raum lassen für familiäre Aktivitäten, Partnerbeziehungen und Freizeitneigungen,
- ausreichende Möglichkeiten und Gelegenheit, sich persönliche Puffer zu schaffen und zu pflegen, die den einzelnen Mitarbeiter vor der Gefahr des Ausbrennens schützen, wie die verlässliche Einbindung in Familie und Partnerschaft oder stabile Bezüge zu

»freudvollen Wertbereichen wie Kunst, Kultur oder Natur«
(Richter/Hacker 1998, S. 148),

- das Angebot attraktiver Laufbahnentwicklung,
- das Einräumen von zeitlichen und inhaltlichen Tätigkeitsspiel-
räumen,
- geeignete Aus- und Weiterbildung (zum Beispiel das Training
effektiver Coping-Strategien),
- eine intensive »Betreuung der Betreuer« (Supervisionsmaßnah-
men), um dem hilfsbereiten und verantwortungsbewussten
Mitarbeiter die für den Erhalt seines Engagements unverzichtbar notwendige Distanz zu seinem beruflichen Umfeld zu erleichtern.

Sobald sich bei einem Mitarbeiter erste Anzeichen von Burn-out
zeigen, kommt es vor allem darauf an, dafür Sorge zu tragen, dass
er in seiner sozialen Arbeitssituation auf Bedingungen trifft, die ihn
davor bewahren, in totale Isolation zu fallen und sich selbst aufzugeben.

*»Wer unter dem Burn-out leidet, tut nämlich oft das Falsche. Er oder
sie kapselt sich ab, zieht sich zurück, isoliert sich mit Schwierigkeiten,
die sie zwar als die ihren empfinden, die aber ebenso charakteristisch
für die Defizite des Umfeldes sind. Das beste Gegenmittel ist die Förderung der kollegialen Unterstützung. Je stabiler die sozialen und
kommunikativen Netze sind, umso bessere Chancen bestehen, es gar
nicht zum Ausgebranntsein kommen zu lassen.«* (Otte 1994, S. 83)

Test zur persönlichen Burn-out-Prophylaxe

Bevor Sie weiterlesen, sollten Sie sich einmal die folgenden Aussagen einer »ausgebrannten« Führungskraft anschauen und sich überlegen:

- Habe ich auch schon einmal so oder ähnlich gedacht und empfunden?
- Sind diese Empfindungen in letzter Zeit stärker geworden?

Finden Sie so selbst heraus, ob Sie auch zu denen gehören, die eines Tages ausbrennen könnten.

Falls Sie in Ihrem Arbeitsumfeld oder in Ihrem Bekanntenkreis ähnliche Aussagen hören, sollten Sie – am besten gemeinsam mit Ihren Kollegen oder einem erfahrenen Supervisor – nach Möglichkeiten suchen, wie Sie dem Betreffenden aus seiner Krise heraushelfen können.

(1= nie; 2= selten; 3= manchmal; 4= häufig; 5= immer)

Aussagen einer ausgebrannten Führungskraft	1	2	3	4	5
Ich habe starke Zweifel an der Sinnhaftigkeit meines beruflichen Engagements.					
Ich bin tief enttäuscht und verletzt, weil ich vieles nicht so verwirklichen konnte, wie ich gedacht habe.					
Ich merke, dass ich meinen beruflichen Aufgaben zunehmend mit Gleichgültigkeit und Ablehnung begegne. Mich interessiert kaum noch etwas.					
Ich habe keine Lust mehr, mich mehr als unbedingt notwendig zu engagieren.					
Ich leide darunter, dass ich nicht »nein« sagen kann, wenn andere mir Arbeiten aufbürden, die sie eigentlich selbst erledigen sollten.					
Ich merke, dass mir die eigenen Ideen ausgehen, dass ich meine Kreativität verloren habe.					
Ich fühle mich körperlich, geistig und emotional total ausgelaugt und erschöpft.					
Ich merke, wie ich mich mehr und mehr von meinen Kollegen, meiner Familie, meinen Freunden zurückziehe.					
Ich habe das Gefühl, dass ich bald nicht mehr die Kraft haben werde, einen ganz normalen Arbeitstag durchzustehen.					

Kapitel 4
Die Führung der eigenen Person

Stressmanagement als persönliche Führungsaufgabe

Die Vielfalt der Stressoren, denen wir in unserem Alltagsleben tagtäglich ausgesetzt sind, ist ungeheuer groß und wird in Zukunft vermutlich noch weiter zunehmen. Der Preis für beruflichen Erfolg und Karriere wird ebenfalls ständig höher. Wer heute im Beruf erfolgreich sein will, muss immer häufiger in Kauf nehmen, dass über lange Jahre hinweg das Leben außerhalb – Familie, Freizeit, Muße, Erholung, persönliche Interessen, soziale Kontakte – mehr oder weniger zu einer »Restgröße« zusammenschrumpft. Allein die Bewältigung der täglichen Anforderungen erfordert meistens schon den Einsatz aller verfügbaren Kräfte. Immer mehr Menschen bezahlen dafür mit ihrer Gesundheit, ihrer Lebensfreude, ihrem psychophysischen Wohlbefinden. Viele sind bereits in den mittleren Berufsjahren so erschöpft, überfordert und ausgebrannt, dass sie ihren Alltag nur noch mit Hilfe von Psychopharmaka und immer stärkeren Dosen von Alkohol, Koffein und Nikotin durchstehen können. Ihre Kraft reicht nur noch zur Erledigung der dringlichsten Aufgaben. Spätestens von diesem Zeitpunkt ab müssen nicht nur sie selbst, sondern auch ihre Mitmenschen die Kosten eines Lebens unter ständiger Anspannung mittragen.

All dies müsste nicht sein, wenn wir rechtzeitig gelernt hätten, uns vor den schädigenden Auswirkungen von Stress zu schützen, sorgsam mit den eigenen Ressourcen umzugehen, unsere Widerstandskräfte zu stärken. Wir sind den Anforderungen und Belastungen unseres Alltagslebens, der Reizintensität unserer technisierten Umwelt und der Informationsdichte der neuen Medien nicht hilflos ausgeliefert. »Karoshi«, ein zerrüttetes Privatleben oder chronische psychosomatische Beschwerden sind keineswegs der unausweichliche Preis für eine glanzvolle Karriere im Topmanagement. Wir haben durchaus reelle Chancen, trotz Stress ein sinnerfülltes Leben in Gesundheit und Wohlbefinden zu führen. Voraussetzung ist allerdings, dass wir an unseren physischen, unseren geistig-emotionalen und unseren sozialen Ressourcen nicht Raubbau treiben, sondern im Gegenteil diese gezielt zur Bewältigung der an uns gestellten Herausforderungen nutzen. Dazu gehört, dass wir uns rechtzeitig mit den möglichen Folgen einer stresshaften Lebensweise auseinander setzen und uns die für uns geeigneten Coping-Strategien für ein erfolgreiches Stressmanagement aneignen.

Häufig sind aber gerade diejenigen, die in ihrem Beruf erfolgreich verantwortungsvolle Leitungsfunktionen ausüben, erstaunlich hilflos, wenn es darum geht, sich selbst und die eigene Lebenssituation genauso effektiv zu managen wie die beruflichen Aufgaben. Sie haben zwar gelernt, Mitarbeiter motivierend zu führen, sind aber nicht in der Lage, diese Techniken auf die eigene Person zu übertragen. So wird beispielsweise der Ratschlag eines Außenstehenden, doch einmal auszuspannen, sich eine Zeit der Muße zu gönnen, neue Kräfte zu sammeln und über Möglichkeiten einer effektiven Umgestaltung des eigenen Lebensrhythmus nachzudenken, nicht selten mit dem Hinweis abgewehrt, zunächst einmal sei die Erledigung anderer Dinge dringlicher und wichtiger.

Führungskräfte reagieren also häufig nicht viel anders als der von stundenlangem Sägen erschöpfte Waldarbeiter, der auf die Frage eines Spaziergängers, warum er denn nicht einmal eine kurze Pause einlege, um seine Säge neu zu schärfen, zur Antwort gibt, dazu habe er jetzt keine Zeit, er müsse schließlich sägen. Auch sie merken vielfach nicht, dass sie, gefangen in ihren Alltagsroutinen, versäumt haben, sich ausreichend um die notwendigen Voraussetzungen für die Erledigung ihrer Aufgaben zu kümmern. Sie merken nicht mehr, dass sie schon seit längerem mit einer immer stumpfer werdenden Säge arbeiten.

Wichtigstes »Werkzeug« einer Führungskraft ist diese selbst, ihre eigenen körperlichen und geistig-psychischen Ressourcen, ihre Motivationen und ihre Energiepotenziale. Diese Kräfte sind nicht unerschöpflich, sondern müssen wie die Säge des Waldarbeiters sozusagen immer wieder neu geschärft werden.

Das erfolgreiche Management der eigenen Person, des eigenen Erlebens, Denkens und Handelns ist eine unverzichtbare Voraussetzung für alle übrigen Führungsfunktionen. Persönlichkeitsmanagement (PM) bedeutet

- das selbst bestimmte Ausüben von Leitungsfunktionen in Bezug auf die eigene Person und das eigene Lebensumfeld
- mit der Zielsetzung, die eigene Persönlichkeit zu stärken und von unnötigen Fremdbestimmtheiten frei zu halten.

Zu diesem Zweck werden die Grundregeln der ökonomischen Management- und Führungslehren auf das Aufgabenfeld »effektives Management der eigenen Person« übertragen.

Diesem Ansatz liegt ein Persönlichkeitsmodell zugrunde, das davon ausgeht, dass die menschliche Persönlichkeit in ihrer individuellen Besonderheit weniger ein abgeschlossenes Produkt als vielmehr ein ständig fortschreitender Prozess ist: Persönlichkeitsentwicklung findet nicht nur im Kindes- und Jugendalter, sondern während der gesamten Lebensspanne statt. Auch als Erwachsene befinden wir uns in einem Prozess stetigen Lernens, Entwickelns und Veränderns. Der Verlauf und die Richtung dieses Prozesses werden einerseits von den Einflussfaktoren unserer sozialen Umwelt und andererseits von den individuellen Anlagen, Dispositionen, Bereitschaften und Eigenschaften bestimmt.

Die menschliche Persönlichkeit zeichnet sich dadurch aus, dass sie inmitten realer Umweltbedingungen, mit denen sie aufnehmend und handelnd in Verbindung steht, über die Fähigkeit verfügt, Aufgaben auf Grund eigener Einsicht und Entscheidung selbstständig zu bewältigen und sich dabei als sich selbst bestimmendes, identisches »Ich« zu erleben.

Auch im Gesamtzusammenhang des Stresserlebens sind, wie bereits ausführlich dargestellt, die Persönlichkeitseigenschaften, der Lebensstil, die Art und Weise, wie jemand seine Umwelt und sich selbst wahrnimmt und beurteilt und auf die auf ihn zukommenden Herausforderungen reagiert, von entscheidender Bedeutung. Hiervon hängt es letztlich ab, ob und in welchem Ausmaß er unter den Anforderungen seines Alltags psychisch und physisch leiden wird, oder ob trotz dieser Anforderungen Gesundheit, Lebenszufriedenheit und Wohlbefinden sein Lebensgefühl bestimmen.

Unsere Lebensformen, Verhaltensweisen, Einstellungen, Sicht- und Denkweisen sind nicht im Erbgut festgelegt. Wir haben sie im Laufe des Lebens in der Auseinandersetzung mit anderen Personen und mit Ereignissen erlernt. Sie wurden durch Anpassung an Situationen und andere Personen geformt und durch die Übernahme gesellschaftlicher Werte und Normen verinnerlicht. Sie sind nicht ein für alle Male fest und unveränderbar. Die menschliche Persönlichkeit ist kein starres, in sich geschlossenes System, sondern unterliegt im Wechselspiel und in der Auseinandersetzung mit ihrer Umwelt permanenten Veränderungen. Genau hier liegt die Chance für ein effektives Persönlichkeitsmanagement und einen erfolgreichen Umgang mit den Herausforderungen des modernen Alltagslebens. Selbst bestimmtes Persönlichkeitsmanagement im Spannungsfeld von Anforderung und Belastung bedeutet:

- diese Veränderungen selbst mitzubestimmen,
- aktiv Einfluss auf sie zu nehmen,
- für notwendig erkannte Umorientierungen rechtzeitig und zielstrebig in die Realität umzusetzen,
- Lebensweisen, Denk- und Verhaltensstrukturen, die als schädlich oder ungeeignet zur Bewältigung bestimmter Anforderungen erkannt worden sind, zu modifizieren, aufzugeben und durch andere, tauglichere zu ersetzen.

Persönlichkeitsmanagement ist der Versuch, diesen Prozess durch bewusste Reflexion und selbst bestimmte Planung und Steuerung aktiv zu gestalten. Zentrale Aktionsfelder eines Persönlichkeitsmanagements für Führungskräfte sind

- der Beruf,
- die Familie und
- die Freizeit,

die als integrative, sich wechselseitig beeinflussende Lebensfelder gesehen werden müssen.

Der Managementprozess umfasst im Prinzip die gleichen Schritte wie in ökonomischen Abläufen: Er beginnt mit einer Situationsanalyse, führt über die Zielsetzung zum Treffen von Grundsatzentscheidungen, an die sich dann die Umsetzung dieser Entscheidungen anschließt, und mündet schließlich in die Ergebniskontrolle, den Soll-Ist-Vergleich.

Ziele des Stressmanagements

Ziel der Managementaktivitäten ist es, die eigene Person bewusst und selbst bestimmt zu führen, sich selbst und die eigenen Lebensumstände so zu organisieren, dass man unvermeidbaren und unabänderbaren Belastungssituationen des beruflichen wie des privaten Alltags wieder mit größerer Gelassenheit begegnen und die eigene Lebenskraft sinnvoll mit Zufriedenheit und auch mit Freude einsetzen kann.

Die Führung der eigenen Person beinhaltet damit zum einen die Bereitschaft, seine bisherige Lebensweise in Frage zu stellen, sich auch einmal kritisch im Licht der anderen zu sehen, und zum anderen die Suche nach Wegen, sich von unnötigen Fremdbestimmtheiten frei zu machen, um in Zukunft stärker zu agieren und weniger zu reagieren.

Persönlichkeitsmanagement ist also eine auf das eigene Ich gewendete Form des Veränderungsmanagements: »*To master stress, you must change!*« (Posen 1995)

Auch Führungskräfte müssen vielfach erst wieder lernen, dass sich die Verantwortung für das eigene körperliche, geistige und seelische Wohlbefinden, für Denken und Handeln nicht delegieren lässt. Die eigene Person ist eben nicht vergleichbar mit einem Rennwagen, den man in regelmäßigen Abständen von der Werkstatt warten, ölen und auftanken lässt.

An der objektiven und subjektiv erlebten Belastungssituation zahlreicher Manager wird sich nur dann dauerhaft etwas ändern, wenn die Führungskraft selbst die Initiative zu Veränderungen ergreift. Bezugspersonen in Berufs- und Privatleben können sie auf diesem Weg zwar wirksam unterstützen und bekräftigen, die Wegrichtung und das Ziel müssen aber von den Betroffenen selbst festgelegt werden – anderenfalls bestünde die Gefahr, wiederum in neue Fremdbestimmtheiten zu geraten.

Wichtigste und unabdingbare Voraussetzung für ein erfolgreiches Persönlichkeitsmanagement ist deshalb der persönliche Entschluss, in Zukunft selbst die Verantwortung für das eigene Leben, die eigene Gesundheit, das eigene Wohlbefinden und die eigene Handlungskompetenz in allen relevanten Lebensbezügen zu übernehmen.

Leiden an einem Übermaß an Fremdbestimmtheiten lässt prinzipiell nur zwei Lösungsmöglichkeiten zu: Entweder ich verändere die Umwelt oder ich verändere mich selbst. Das Persönlichkeitsmanagement wird damit zu einem Prozess der aktiven Selbstverwirklichung, der Individuation. Durch bewusste Auseinandersetzung mit dem eigenen Ich, das heißt, den eigenen Fähigkeiten, Bedürfnissen, Interessen, Wünschen, Hoffnungen, Ängsten, Fehlern, Schwächen und den von außen an uns herangetragenen Erwartungen und Forderungen lernen wir zunächst einmal uns selbst in unseren relevanten Lebensbezügen und Rollen besser kennen. Auf dieser Grundlage lassen sich dann mittel- und langfristige Lebensstrategien entwickeln, die zu einer höheren Lebenszufriedenheit zurückführen, indem sie uns helfen,

- unsere persönliche Identität zu entwickeln und zu leben, also uns selbst als eigenständige Persönlichkeit zu erkennen und zu akzeptieren,
- die Selbstkontrolle über das eigene Leben zurückzugewinnen und selbst bestimmte Verhaltensmuster zu entwickeln, die nicht unbedingt mit den tatsächlichen oder vermuteten Rollenerwartungen der Gesellschaft übereinstimmen müssen,
- unsere individuellen Handlungspotenziale in den unterschiedlichen Lebensbereichen voll auszuschöpfen,
- Wege zu finden, wie sich unsere individuellen Ressourcen ausbauen und sinnvoll nutzen lassen,
- Konfliktpotenziale zu reduzieren und Lösungen für festgefahrene Konfliktsituationen zu entwickeln,
- ein stabiles Gleichgewicht in der Balance zwischen Beruf, Freizeit und Privatleben aufzubauen.

Umsetzung des Persönlichkeitsmanagements

Das Persönlichkeitsmanagement gliedert sich in folgende Schritte.

1. Schritt: Die Standortbestimmung

Hierbei geht es vor allem um das Bewusstmachen der eigenen Situation. Es gilt, Antworten zu finden auf die Frage: »Wer bin ich und wo stehe ich?«. Wie auch alle weiteren Schritte sollte bereits die Situationsanalyse möglichst alle für die Person relevanten Lebensbereiche umschließen:

- den beruflichen Wirkungskreis,
- den Bereich Freizeit, außerberufliche Aktivitäten und Interessen,
- das familiäre Umfeld (Partner, Kinder, Eltern),
- das weitere soziale Umfeld (Freundes- und Bekanntenkreis).

Jeder dieser Bereiche sollte sowohl für sich selbst als auch in seiner Verflochtenheit mit den übrigen Bereichen betrachtet werden. Die Standortbestimmung ist eine Art Bilanzierung der momentanen Befindlichkeit. Sie konfrontiert die Person mit ihren Erfolgen und Misserfolgen, Interessen, Bedürfnissen, Hoffnungen, Wünschen und Ängsten:

- Was habe ich erreicht?
- Womit bin ich zufrieden?
- Womit komme ich nicht zurecht? Wo fühle ich mich überfordert?
- Welche für mich wichtigen Bedürfnisse werden durch die Art, wie mein Leben zurzeit verläuft, befriedigt, welche kommen zu kurz?
- Was bleibt auf der Strecke bzw. wird auf spätere Jahre verschoben?

2. Schritt: Die Formulierung eines realistischen Zielkatalogs

Auf der Grundlage der Ergebnisse der Situationsanalyse sollten nun Entscheidungen über mögliche und vor allem realisierbare Veränderungen in den einzelnen Lebensbereichen getroffen werden:

- Wie möchte ich in nächster Zukunft leben?
- Wo will ich selbst ab jetzt in meinem Leben die Prioritäten setzen?
- Was kann und was will ich an meinem Leben verändern?
- Was sollte ich beim Erledigen meiner beruflichen Aufgaben verändern, um künftig weniger Belastungen ausgesetzt zu sein?
- Was möchte ich im Umgang und in der Zusammenarbeit mit Mitarbeitern und Kollegen künftig anders machen, um ihnen und mir unnötigen Stress zu ersparen?

- Was will ich (für mich allein und/oder gemeinsam mit meinem Partner, meinen Kindern) am familiären Alltag verändern?
- Welche Bedürfnisse, Interessen, Aktivitäten etc. möchte ich künftig in meiner Freizeit stärker als bisher zum Tragen kommen lassen?»

3. Schritt: Die Entwicklung von Strategien zur Erreichung der persönlichen Zielsetzung

Ziele sind nur dann sinnvoll, wenn sie sich auch mit der Lebenswirklichkeit vereinbaren und realisieren lassen. Der Schritt vom Fassen guter Vorsätze zur Veränderung bisheriger Lebensgewohnheiten sollte deshalb so lebensnah wie irgend möglich geplant werden.

- Welche Schritte sind nötig, damit meine Vorstellung von einem weniger stressreichen Arbeits- und Privatleben real wird?
- Womit fange ich an, wie gehe ich dann weiter vor?
- Wie lassen sich diese Schritte in meinen Alltag integrieren?
- Welche Personen, Institutionen etc. können mir bei der Verwirklichung meiner Vorstellungen und Vorsätze helfen?
- Wie kann ich sie dazu bringen, mich zu unterstützen?

4. Schritt: Die Realisierung der geplanten Veränderungen

Hier kommt es vor allem darauf an, dass man realistisch bleibt und sich selbst nicht überfordert. Gewohnheiten, Verhaltens- und Reaktionsmuster, die sich über Jahre hinaus eingeschliffen und verfestigt haben, lassen sich nicht schlagartig ändern. Erfolgreiches Persönlichkeitsmanagement besteht immer aus vielen kleinen Schritten, gelegentliche Rückschritte und Misserfolge werden sich nicht vermeiden lassen. Wichtig ist allein, dass die Richtung beibehalten wird.

5. Schritt: Die erneute Standortbestimmung bzw. die Kontrolle

Sie sollte vor allem deshalb in regelmäßigen Abständen vorgenommen werden, damit man eventuelle Fehlentscheidungen und Irrwege rechtzeitig erkennt und Korrekturen vornehmen kann. Erfolge, die uns ein solcher Vorher-Nachher-Vergleich aufzeigt, sollten wir als Ermutigung ansehen, den eingeschlagenen Weg weiter fortzusetzen.

- Was habe ich erreicht?
- Welche Auswirkungen haben die Veränderungen auf mich und die Beziehungen zu meinen Mitmenschen in Beruf und Privatleben?
- Was könnte ich in Zukunft noch verändern bzw. verbessern?

Das ganzheitliche Konzept

Persönlichkeitsmanagement heißt, das eigene Ich so in den vorgegebenen sozialen Rahmen einzubringen, dass es uns möglich wird, trotz der unvermeidbaren hohen Anforderungen und Belastungen, die heute zu unserem Leben gehören, Sinn, Zufriedenheit, Gesundheit und Wohlbefinden zu erleben.

Für den Weg zum gelungenen Persönlichkeitsmanagement gibt es keine Patentrezepte, wohl aber eine Fülle von Anregungen, Techniken und Methoden sowie einige Grundregeln, an die man sich halten sollte: Grundsätzlich sollte ein Konzept zur aktiven, selbst bestimmten Lebensführung immer ganzheitlich angelegt sein.

Menschliches Denken, Handeln und Empfinden resultieren immer aus einem Zusammenwirken von körperlichen, kognitiven und emotionalen Faktoren. Die menschliche Persönlichkeit, das was wir selbst als unser Ich erleben, ist eine ganzheitliche Gestalt aus Körper, Geist und Seele. Anlagen, Dispositionen, Eigenschaften, Persönlichkeitszüge hängen eng miteinander zusammen. Diese individuelle personale Ganzheit formt sich im Verlauf des Lebens in Wechselbeziehung mit der Umwelt – ein Veränderungsprozess, der bis zum Ende des Lebens andauert.

Veränderungen in einem der vier Bereiche bewirken immer auch Veränderungen in den anderen. Wenn sich beispielsweise unsere Arbeitsbedingungen wandeln, hat dies unmittelbare Rückwirkungen auf unser Verhalten, unser Denken und unsere emotionale Befindlichkeit. Und umgekehrt beeinflusst auch unser körperliches Befinden oder unsere emotionale Gestimmtheit die Art und Weise, wie wir unsere berufliche oder private Umwelt wahrnehmen und wie wir uns in ihr verhalten.

Das ganzheitliche Konzept des Persönlichkeitsmanagements berücksichtigt diese Wechselbeziehungen zwischen der Person und ihrer psychosozialen Umwelt und macht sie sich gleichzeitig zunutze.

Der körperliche Bereich

Im körperlichen Bereich geht es dabei darum, dass wir wieder lernen, bewusst mit dem eigenen Körper umzugehen, dass wir die häufig verloren gegangene Fähigkeit, Körpersignale bewusst wahrzunehmen und zu verstehen, wieder aktivieren und lernen, in angemessener Weise auf die Warnsignale unseres Organismus zu reagieren und dabei die uns zur Verfügung stehenden Ressourcen so ökonomisch wie irgend möglich einzusetzen.

Hierzu gehört auch, dass wir Aktionspläne entwickeln und realisieren, die uns dem Ziel einer gesunden Lebensweise, schrittweise näher bringen. Eine der hierfür notwendigen Strategien ist zum Beispiel dass wir nach realisierbaren Wegen suchen, wie wir unseren mit Terminen überladenen Tagesablauf künftig so einteilen können, dass uns trotz aller von außen an uns herangetragenen Anforderungen noch genügend Zeit für regelmäßige aktive körperliche Betätigung, ausreichenden Schlaf, Erholung und Entspannung bleibt.

Oberstes Ziel aller Maßnahmen eines aktiven Stressmanagements im körperlichen Bereich sollte es sein, uns in einer nicht optimalen Umwelt ein möglichst hohes Ausmaß an körperlicher Gesundheit zu bewahren, unsere körperlichen Ressourcen zu schonen und unseren Körper gegenüber den negativen Auswirkungen von Überforderung und Stress so widerstandsfähig wie irgend möglich zu machen.

Mit Sicherheit gehört zu einem effektiven Führen der eigenen Person in diesem Bereich das Bemühen,

- sich gesundheitsschädliche Risikoverhaltensweisen abzugewöhnen, wie beispielsweise die mit einer stresshaften Lebensweise eng verbundene mangelnde Bewegung, falsche Ess- und Schlafgewohnheiten, zu hoher Alkohol- oder Nikotinkonsum oder eine Abhängigkeit von Medikamenten oder Drogen;
- durch bewusste Ernährung und regelmäßiges körperliches Training gesundheitlichen Schäden bzw. vorzeitigem Verschleiß vorzubeugen und die durch eine eher bewegungsarme Lebensweise verloren gegangene Fitness wiederzugewinnen und zu erhalten;

● durch gezielte Entspannung etwa im autogenen Training oder bei Muskelentspannungs- und Meditationsübungen sowie durch ausreichend lange, regelmäßige Erholungspausen (während der Arbeitszeit, am Feierabend, durch arbeitsfreie Wochenenden, Urlaub, ausreichenden Schlaf) und Muße (Nichtstun, Lesen, Musikhören usw.) körperliche und psychische Verspannungen zu lösen, das allgemeine Erregungsniveau zu senken und wieder innerlich und äußerlich zur Ruhe zu kommen.

Der kognitiv-emotionale Bereich

Im kognitiv-emotionalen Bereich sollten das eigene Anspruchsdenken, die eigenen Orientierungsmuster, Normen und Wertvorstellungen, die eigenen Gefühle, Wünsche, Hoffnungen, Träume, Befürchtungen und Ängste sowie das Umgehen mit den eigenen Bedürfnissen in der Auseinandersetzung mit den von außen kommenden Erwartungen und Anforderungen zum Thema des Selbstmanagements werden.

Es geht hierbei um eine aktive Auseinandersetzung mit dem Spannungsfeld zwischen Ich und Umwelt, zwischen den eigenen und fremden Ansprüchen in Bezug auf die unterschiedlichen Lebensbereiche und Rollen und den für den Betreffenden in Frage kommenden Realisierungsmöglichkeiten.

Es geht um die Überprüfung der eigenen Ziele und Einstellungen – auch um das Enttarnen von falschem Ehrgeiz. Und es geht darum, wieder zu entdecken, dass es auch selbst bestimmte Zielsetzungen und Wünsche gibt, die außerhalb des fremdbestimmten Umfeldes Freude, Erfolg und eine höhere Lebenszufriedenheit ermöglichen.

So sollte man sich in diesem Zusammenhang beispielsweise einmal intensiv mit Fragen wie den folgenden auseinander setzen:

● Sind alle bisherigen Einstellungen, Wertvorstellungen, Normen und Verhaltensweisen, an denen man sich in seinem bisherigen Handeln orientiert hat, wirklich tauglich, um das eigene Wohlbefinden und die eigene Gesundheit nicht übermäßig zu gefährden?

- Sind sie wirklich hilfreich bei der Bewältigung der beruflichen und privaten Anforderungen, oder sind sie vielleicht nicht sogar kontraproduktiv?
- Ist es wirklich notwendig, auch künftig so viel Zeit und Kraft in die berufliche Arbeit zu investieren, Familienleben und eigene Interessen über Jahre hinweg in den Hintergrund zu schieben?
- Wem nützt man eigentlich, wenn Arbeit und Karriere die einzigen dominierenden Werte im Leben sind? Schadet man vielleicht nicht nur sich selbst und letztendlich auch den anderen?
- Hat man wirklich schon alle Möglichkeiten ausgeschöpft, um von den alltäglichen Belastungen nicht überfordert und ausgelaugt zu werden?
- Gibt es wirklich keine realistischen Alternativen zum bisherigen Lebensstil?
- Geht es vielleicht anderen, zum Beispiel den Kollegen, mit denen man täglich zusammenarbeitet, nicht genau so wie einem selbst? Könnte man nicht vielleicht manche Veränderungen gemeinsam in Angriff nehmen?
- Wo könnte man kompetente Beratung und Hilfe für geplante Veränderungsmaßnahmen finden?

Zielsetzung der Standortbestimmung und der aus deren Ergebnis abgeleiteten Veränderungsstrategien ist das Erkennen und Reduzieren von persönlichen Belastungsfaktoren und Stressursachen in den einzelnen Lebensbereichen und die Suche nach Möglichkeiten, die eigenen Konfliktpotenziale bewusst zu verarbeiten, sich die für die persönliche Belastungssituation geeigneten Kompetenzen und Coping-Strategien anzueignen.

Dabei geht es auch darum, den persönlichen Umgang mit den eigenen Rollen in Beruf, Familie und Freizeit zu überprüfen, persönliche Zielsetzungen und eventuelle Blockaden und Barrieren zu überdenken, Verhaltensgewohnheiten, wie zum Beispiel die eigene Arbeitsmethodik und Zeitplanung, das Verhalten gegenüber Vorgesetzten, Mitarbeitern, Kollegen, Ehepartner, Familie, Freunden usw., einer kritischen Prüfung zu unterziehen und nach realisierbaren Alternativen zu suchen.

Der Entschluss, die eigene Lebensweise und Lebenssicht zu verändern, sollte nach Möglichkeit auch dazu führen, dass man versucht, seine *soziale Umwelt* mit einzubinden, um für dieses Vorhaben möglichst kompetente Hilfe und Unterstützung von außen zu bekommen. Manches wird sich gemeinsam mit anderen leichter verwirklichen lassen als allein. Anregungen und erste Erfahrungen im Umgang mit neuen Verhaltensformen bieten beispielsweise

- Seminare zur Stressbewältigung,
- Seminare, in denen effektive Techniken der Arbeitsorganisation oder des Zeitmanagements trainiert werden,
- Kurse, in denen Entspannungstechniken (autogenes Training, progressive Muskelentspannung usw.) erlernt werden können,
- Fitnesscenter und Sportvereine, in denen man vielleicht erst einmal ausprobiert, welche sportliche Betätigung den eigenen Fähigkeiten und Neigungen am ehesten entspricht, und außerdem möglicherweise gleich gesinnte »Mitstreiter« findet,
- Coaching als individuelle Hilfestellung. Individuelle Unterstützung und Hilfe findet man nicht nur bei professionellen Beratern sondern unter Umständen auch schon im eigenen Familien-, Freundes-, Kollegen- und Bekanntenkreis. Wichtig ist ein solches Coaching vor allem in der Anfangsphase der Realisierung geplanter Veränderungen und immer dann, wenn Rückschläge Zweifel an der Richtigkeit der getroffenen Entscheidungen oder an der eigenen Durchhaltefähigkeit aufkommen lassen.

Gerade wenn es dann darum geht, den Entschluss zur Veränderung in die Tat umzusetzen (zum Beispiel nicht mehr zu rauchen, jeden Morgen zehn Minuten lang regelmäßige Fitnessübungen durchzuführen, am Wochenende keine unerledigten beruflichen Aufgaben mit nach Hause zu nehmen, abends weniger Zeit vor dem Fernseher zu verbringen und stattdessen häufiger spazieren zu gehen, einen größeren Teil der beruflichen Aufgaben an Mitarbeiter zu delegieren usw.), sind Unterstützung und Bekräftigung von Seiten des Ehepartners, der Familie, der Freunde, der Kollegen und Mitarbeiter eigentlich unverzichtbar.

Vor allem dann, wenn man bereits älter als 40 Jahre ist und/oder den eigenen Gesundheitszustand nicht genau kennt, empfiehlt es sich, vor größeren Umstellungen, etwa im Bereich der Ernährung oder der sportlichen Betätigung, den Rat eines Arztes einzuholen und die physiologischen Auswirkungen der veränderten Lebensweise regelmäßig kontrollieren zu lassen.

Wer sich entschließt, seine Lebensführung im Sinne eines aktiven und selbst bestimmten Stress- und Persönlichkeitsmanagements zu verändern, sollte sich darüber im Klaren sein, dass er sich damit auf einen Weg begibt, der ein gewisses Maß an Beharrlichkeit erfordert.

Eine umfassende Standortbestimmung und Auseinandersetzung mit dem eigenen Leben in Vergangenheit, Gegenwart und Zukunft erfordern nicht nur Zeit, sondern auch Gelassenheit im Umgang mit sich selbst. Dieser Aufwand macht nur dann einen Sinn,

- wenn aus der Analyse verbindliche Konsequenzen gezogen werden, die dann auch zu tatsächlichen Verhaltensänderungen führen,
- wenn künftig regelmäßig Standortbestimmungen vorgenommen werden, bei denen man die Auswirkungen der Veränderungen anhand des Zielkatalogs überprüft und gegebenenfalls modifiziert.

Das Ziel allen Bemühens ist die mitten im Leben stehende, integrierte, in sich ruhende Persönlichkeit, der in sich gefestigte, eigenverantwortlich denkende und handelnde Mensch, für den bewusste Lebensführung, Selbstentfaltung und Selbstverwirklichung ihn ständig motivierende und herausfordernde Aufgaben sind.

Oberstes Ziel aller Stressmanagement-Maßnahmen ist es, maximale Selbstbestimmtheit und Autonomie im Umgang mit sich selbst zu erreichen – trotz der nicht immer günstigen Rahmenbedingungen unseres Alltagslebens (Linneweh, o.J., S. 132).

Stressmanagement

Stressmanagement ist ein zentraler Bereich des individuellen Persönlichkeitsmanagements. Die Aufgabe besteht darin, den Bereich
des persönlichen Wohlbefindens innerhalb der eigenen Biographie
zum eigenen Projekt zu machen.
Dies ist kein Job auf Zeit, sondern ein Prozess lebenslangen Lernens
und lebenslanger Veränderungsbereitschaft.

Stressmanagement und Personalentwicklung

Die Steigerung der persönlichen Kompetenzen im Umgang mit
psychischem Stress erleichtert in erster Linie dem Einzelnen den
Umgang mit seinen privaten und beruflichen Belastungssituationen. Sie hilft, seine persönlichen körperlichen und psychischen Widerstandskräfte zu stärken, und ermöglicht ihm, diese bei der Bewältigung der an ihn gestellten Anforderungen im Sinne einer Mi-
nimierung negativer Stressfolgen gezielt einzusetzen. Die effektive
Führung der eigenen Person gilt in zunehmend mehr Unternehmen
als unverzichtbarer Bestandteil ihres Anforderungsprofils an Führungskräfte. Weitgehend vernachlässigt wird dabei allerdings die
Frage, wie eine Führungskraft angesichts der täglich zu bewältigen-
den Fülle von unaufschiebbaren Führungs- und Fachaufgaben diese
Kompetenzen erwerben, erhalten und ausbauen soll.

Unternehmen, die sicherstellen wollen, dass sich ihre Führungskräfte ihr Engagement, ihre Leistungsmotivation und Leistungsfähigkeit über einen langen Zeitraum erhalten und nicht vorzeitig
ausbrennen oder arbeitsunfähig werden, sollten deshalb

- ein effektives Persönlichkeitsmanagement als vor allem auch
  ökonomisch sinnvolle Präventivmaßnahme im Sinne einer aktiven Gesundheitsförderung begreifen (Gesundheit = Wohlbefinden + erlebte Handlungskompetenz),
- die hierfür notwendigen Kompetenzen von ihren Führungskräften nicht nur fordern, sondern aktiv fördern,

- die einzelne Führungskraft zur Eigeninitiative ermutigen und
- geeignete Förder- und Trainingsmaßnahmen anbieten.

Hier eröffnet sich dem Unternehmen ein weites Feld für Organisations- und Personalentwicklungsmaßnahmen. Dabei wird es einerseits darum gehen müssen, die individuellen Fach-, Management- und Sozialkompetenzen gezielt zu fördern und diese so den sich verändernden Arbeitsbedingungen und Organisationsstrukturen anzupassen, dass der Einzelne Möglichkeiten findet, die für die Bewältigung seiner konkreten Probleme geeigneten Coping-Strategien zu erlernen und anzuwenden. Andererseits müssten Rahmenbedingungen geschaffen werden, durch die sich Mitarbeiter ermuntert fühlen, für den Umgang miteinander und die Probleme der alltäglichen Zusammenarbeit Möglichkeiten einer effektiven Stressvermeidung zu entwickeln und zu praktizieren.

In der Vergangenheit haben Wirtschaft und Industrie viele Jahre lang versucht, Menschen an Organisations- und Führungsstrukturen anzupassen. Gefördert und gefordert wurde in erster Linie Anpassungsintelligenz – mit dem Ergebnis, dass jetzt vielfach ein Mangel an Eigenständigkeit, Initiativfreudigkeit, Risikobereitschaft, Innovationskraft und Kreativität der Manager beklagt wird.

Wenn wir wollen, dass Mitarbeiter wieder lernen, selbst bestimmter zu handeln, müssen sie von den Organisationen auch wieder stärker in Veränderungsprozesse mit einbezogen werden, müssen ihnen bei Entscheidungen, die ihren beruflichen Wirkungskreis mittel- und unmittelbar betreffen, wieder mehr Mitbestimmungsmöglichkeiten eingeräumt werden. Hierzu gehört beispielsweise,

- dass Eigeninitiative und Kreativität nicht unterdrückt werden, sondern dem einzelnen Mitarbeiter möglichst viele Freiheitsgrade und Handlungsspielräume bei der Erledigung seiner Aufgaben eingeräumt werden,
- dass Organisationsstrukturen so gestaltet werden, dass möglichst vollständige Aufgabenstrukturen angeboten werden,
- dass Möglichkeiten zur Realisierung flexibler Handlungspläne vorhanden sind,

- dass die Mitarbeiter ihren Fähigkeiten entsprechend eingesetzt und Über- bzw. Unterforderungen vermieden werden (Richter/Hacker 1998, S. 146),
- dass Mitarbeiter, die in besonderem Maße stressgefährdet, arbeitssüchtig oder vom Ausbrennen bedroht sind, rechtzeitig ausreichend soziale Unterstützung und notfalls auch professionelle Hilfe finden.

Wichtig ist ferner, dass jeder Mitarbeiter innerhalb des täglichen Arbeitsablaufes ausreichende Möglichkeiten zur rechtzeitigen Regeneration, zum kurzzeitigen Ausspannen und Abschalten vorfindet. Dazu müssten Arbeitsbedingungen gefördert werden, die auf eine deutliche Verbesserung der individuellen Selbstorganisation von Pausen abzielen, und zwar hinsichtlich ihres Inhaltes als auch hinsichtlich ihres Zeitpunktes (Allmer 1996, S. 123). Wenn, wie in vielen Unternehmen immer noch üblich, die »Raucherpause« die einzige legitime Möglichkeit ist, für ein paar Minuten Abstand zu gewinnen, so dient dies weniger der Erholung von Belastungen und Stress, gefördert werden vielmehr Hektik und gesteigerter Nikotinkonsum. Praktisch ohne Erholungswert ist auch die so genannte »kaschierte Pause«, bei der man so tut, als sei man mit irgendetwas beschäftigt, um nicht beim Nichtstun gesehen zu werden. Ihr Wert ist vor allem deshalb so gering, weil sie im falschen Moment gemacht wird, nämlich erst dann, wenn man bereits überarbeitet ist.

Pausen haben vor allem dann eine echte Erholungsfunktion, wenn sie rechtzeitig, also bevor die Kräfte erschöpft sind, durchgeführt werden und wenn sie uns erlauben, eine echte Distanz zu der vorangegangenen Beanspruchung zu finden. So ist es beispielsweise wesentlich erholsamer, wenn man nach einem anstrengenden Vormittag zum Mittagessen in ein in der Nähe liegendes Restaurant mit einer Atmosphäre, die nichts mit der Büroumgebung zu tun hat, und mit Gästen, die nicht nur die eigenen Kollegen sind, geht, als wenn man sich gemeinsam mit diesen Kollegen in der Firmenkantine zu einem »Arbeitsessen« zusammenfindet. Der höhere Zeitaufwand wird in der Regel durch den größeren Erholungswert mehr als nur aufgewogen.

All dies setzt persönliche Erholungsbereitschaft und die Einsicht voraus, dass eine Pause »jetzt« und »in dieser Art« notwendig ist und nicht dann, wenn sie im Tagesablauf festgeschrieben ist.

Positive Wirkung im Sinne eines effektiven Stressmanagements haben nach wissenschaftlichen Erkenntnissen (Allmer 1996, S.134) vor allem die so genannten »*Bewegungspausen*«, in denen den Beschäftigten ausreichend Gelegenheit zu körperlicher Bewegung geboten wird. Sie fördern insbesondere die Rekreation nach vorangegangener kognitiver Beanspruchung. Anders als in Japan, China, der ehemaligen DDR und den skandinavischen Ländern, wo dieses Art der aktiven Pause bereits eine lange Tradition hat, gibt es in der BRD bisher nur wenige Betriebe, die ihren Mitarbeitern diese Möglichkeit der Regeneration anbieten. Der Grund ist häufig eine fehlende Akzeptanz durch die Unternehmensführung. Erst in allerjüngster Zeit scheinen sich hier Veränderungen anzubahnen. Als positiv stimulierende Maßnahme innerhalb eines aktiven und selbst bestimmten Persönlichkeitsmanagements gelten allerdings nur solche Bewegungspausen, die von den Betroffenen freiwillig durchgeführt werden können – allein oder gemeinsam mit Kollegen. Weniger wirksam sind demgegenüber die top-down angeordneten bzw. verordneten Aktivitäten.

Zur unternehmerischen Unterstützung individueller Maßnahmen des Stressmanagements gehört auch die Suche nach innerbetrieblichen Möglichkeiten, die Rollenkonflikte zwischen Beruf und Privatleben, die die Lebens- und Arbeitszufriedenheit so vieler Führungskräfte belasten, zu minimieren.

Ein Erfolg versprechender Schritt in diese Richtung sind beispielsweise die in den Vereinigten Staaten schon relativ weit verbreiteten »Sabbaticals«, bei denen der Mitarbeiter einen Teil seines Urlaubs anspart und sich so die Möglichkeit schafft, einmal mehrere Monate hintereinander nicht arbeiten zu müssen, und so Distanz gewinnen und neue Kräfte »auftanken« kann.

In diesem Sinne wäre Persönlichkeitsmanagement ein »induktiver« Weg der Personalentwicklung. Das Ziel ist, den einzelnen Mitarbeiter nicht nur physisch, sondern vor allem auch psychisch so stark zu machen, dass er unvermeidbare Fremdbestimmtheiten seines beruflichen Alltags als positive Herausforderungen annehmen kann (Kristahn/Linneweh o.J.).

Führungskräfte und Mitarbeiter, die gelernt haben, sich selbst selbst bestimmt zu führen, und die davon ausgehen können, in ihren Bemühungen um ein effektives, die negativen Folgen von Stress reduzierendes Persönlichkeitsmanagement von ihrem Unternehmen unterstützt zu werden, werden in der Regel ihre beruflichen Führungsaufgaben effektiver bewältigen als andere. Sie sind nicht nur selbst motivierter, leistungsbereiter, leistungsfähiger und konfliktfähiger und weniger stressanfällig, sondern wirken ihrerseits motivierend und leistungsfördernd auf Mitarbeiter und Kollegen.

Die selbst bestimmte und reflektierte Führung der eigenen Person trägt damit in erheblichem Umfang dazu bei, dass sich innerbetriebliche Konflikte und zwischenmenschliche Belastungen reduzieren und das berufliche Umfeld für alle Beteiligten entspannter und stressfreier wird.

Persönlichkeitsmanagement kann also direkt und indirekt die Leistungskraft des Unternehmens stärken. Es wäre zu wünschen, dass Unternehmen die Vorteile und den Nutzen eines effektiven Persönlichkeitsmanagements ihrer Führungskräfte hinsichtlich Arbeitszufriedenheit, Leistungsmotivation, Leistungsbereitschaft, Leistungsfähigkeit und Arbeitsklima stärker als bisher berücksichtigen würden und ihren Führungskräften die hierfür notwendigen Freiräume bereitstellen würden. Es sollte nicht länger eine Frage des persönlichen Mutes der einzelnen Führungskraft sein, sich beispielsweise im beruflichen Tagesablauf kurze Zeiträume für Entspannungsübungen freizuhalten, sich gelegentlich für einige Zeit den Anforderungen aus Beruf, Familie und Freizeit zu entziehen, an Seminaren, Kursen oder kulturellen Angeboten teilzunehmen, die ihr für die persönliche Entwicklung wichtig sind, oder ein »Wochenende der Stille« in einem Kloster zu erleben.

Aufgabe einer auf die Herausforderungen der Zukunft ausgerichteten Personalentwicklung wäre es vielmehr, darauf hinzuwirken, dass derartige, heute vielfach noch als »exotisch« belächelten Aktivitäten integrierter Bestandteil einer ganzheitlichen Personalentwicklungsstrategie werden.

Stress-Test

Bevor Sie weiterlesen und sich daranmachen, sich Ihr persönliches Stressmanagement-Programm zusammenzustellen, sollten Sie zunächst die folgenden »selbstdiagnostischen« Fragen bedenken:

Gibt es bestimmte, häufig wiederkehrende Situationen in meinem privaten und/oder beruflichen Alltag, die mich in besonderem Maße belasten, unter denen ich leide?

_____

_____

Gibt es Situationen, die zunehmend häufiger bzw. regelmäßig körperliche Reaktionen bei mir auslösen, wie zum Beispiel Schweißausbrüche, Magenschmerzen, Kopf- oder Nackenschmerzen, Herzprobleme? Wenn ja, welche?

_____

_____

Existieren bestimmte Situationen oder Anlässe, bei denen ich regelmäßig starke negative Gefühle erlebe wie Angst, Ärger, Wut, Hilflosigkeit, Irritation? Welche sind das?

_____

_____

Gibt es Schwierigkeiten, die mich so stark beschäftigen, dass ich zunehmend schlechter ein- bzw. durchschlafen kann? Welche?

_____

_____

_____

Gibt es Probleme, die mich so stark beschäftigen, dass ich mich zum Beispiel während meiner Arbeit kaum noch konzentrieren kann? Welche?

_____

_____

_____

Finde ich noch ausreichend Zeit zu Erholung, Muße und Entspannung oder zur Beschäftigung mit Dingen, die mir früher einmal wichtig waren? Was hindert mich daran?

_____

_____

Was habe ich bisher unternommen, um die negativen Folgen der Belastungen auf meine Gesundheit, mein Wohlbefinden und meine Leistungsfähigkeit in den Griff zu bekommen. Wie effektiv waren meine eigenen Bewältigungsmethoden?

_____

_____

Was hält mich davon ab, etwas an meinen derzeitigen Lebensgewohnheiten zu verändern, zum Beispiel künftig gesünder zu leben, regelmäßig Sport zu treiben, mich gesund zu ernähren und meinen Alkohol- oder Nikotinkonsum einzuschränken, weniger intensiv zu arbeiten und mir dafür mehr Zeit für Familie, private Interessen usw. zu nehmen?

_____

_____

Wissen diejenigen Menschen, die mir nahe stehen, überhaupt etwas über meine Schwierigkeiten und Probleme? Was hindert mich, mit anderen darüber zu sprechen?

_____

_____

Wie sieht meine »Traumvorstellung« von einem selbst bestimmten und befriedigenden Leben aus?

_____

_____

Welche Möglichkeiten sehe ich, wenigstens einen Teil dieser Vorstellungen zu verwirklichen? Womit könnte ich anfangen? Wo könnte ich für mein Vorhaben Information, Hilfe und Unterstützung finden?

_____

_____

Teil II:
Bausteine zur
Stresskompetenz

Kapitel 5
Baustein 1: Bewegung und gesunde Ernährung

Körperliche Fitness

Fitness ist in unserer Alltagswelt zu einem zentralen Begriff geworden: Wir alle wollen fit und aktiv sein und bleiben. Die Werbung preist uns immer mehr ihrer Produkte als unverzichtbare »Fitmacher« an, »fit for life«, »fit for fun«, »fit bis ins hohe Alter«, »fit und aktiv durch ...« so lauten die immer häufiger verwendeten Slogans. »Fitness-Studios« findet man mittlerweile an fast jeder Straße, jeder Ferienort, der etwas auf sich hält, bietet mindestens einen »Fitness-Park« an.

Doch was bedeutet es eigentlich, fit zu sein, und was hat körperliche Fitness mit aktivem Stressmanagement zu tun? – Der Begriff stammt aus dem englischen Sprachraum und bedeutet hier »in guter Form sein«, »über die erforderlichen Fähigkeiten verfügen«.

Körperliche Fitness als strategische Maßnahme im Rahmen des persönlichen Stressmanagements wäre demnach die Fähigkeit unseres Organismus, den auf ihn einwirkenden Stressoren geeignete physische Widerstands- und Abwehrkräfte entgegensetzen zu können bzw. in der Lage zu sein, sich von starken Belastungen in angemessener Zeit wieder zu erholen.

Schwere körperliche Belastungen, die noch bei unseren Urgroßeltern in vielen Berufen zu einem vorzeitigen Verschleiß ihrer körperlichen Kräfte führten, sind heute selten geworden. Die Stressoren, mit denen wir uns in unserem Alltag auseinander setzen müssen, beeinträchtigen und belasten in erster Linie unser psychisches Wohlbefinden. Dennoch wird auch unser Organismus vor allem durch länger andauernden Stress in Mitleidenschaft gezogen. Körper und Psyche sind untrennbar miteinander verbunden, verhalten sich immer als eine Ganzheit. Außerdem reagiert unser Organismus im Prinzip ja immer noch nach dem uralten genetischen Stressreaktions-Programm, nach dem Flucht oder physischer Angriff die einzigen erfolgreichen Möglichkeiten der Stressbewältigung darstellten. Da diese Reaktionsform unter unseren Lebensbedingungen nur höchst selten in der vorprogrammierten Weise ablaufen kann, können die in der Alarmphase mobilisierten Energien nicht entsprechend eingesetzt und verbraucht werden. Langfristig führt ein solches physiologisches Ungleichgewicht zu den bekannten stressbedingten Gesundheitsproblemen. Bewegungsmangel verstärkt die negativen Stressfolgen.

Andererseits gibt es keinen besseren Schutz gegen die Gesundheit und Wohlbefinden beeinträchtigenden Auswirkungen von Stress als körperliche Fitness: Wer körperlich fit ist, kann dem Stress sozusagen davonlaufen, kann die aufgebauten Energiepotenziale durch körperliche Bewegung aufbrauchen, angestauten Frust, Wut, Ärger und Verspannungen abbauen und so wieder innerlich zur Ruhe kommen.

Körperliche Fitness ist die wohl wichtigste Ressource, die wir zur Bewältigung unserer beruflichen und privaten Stressprobleme aktivieren können. Und sie ist, wie sportmedizinische Untersuchungen immer wieder gezeigt haben, eine Ressource, die wir uns mit relativ geringem Aufwand bis ins hohe Alter erhalten können. Sie ermöglicht uns ein gesünderes und ein längeres Leben (Otte 1994, S. 91). Wir bewundern immer wieder besonders rüstige alte Menschen, die nicht nur körperlich, sondern auch geistig so agil und beweglich sind, dass jeder sie für wesentlich jünger hält, als sie tatsächlich sind. Fast immer zeigt sich, dass diese Menschen kein »Leben im Schongang« geführt haben, sondern sich ganz selbstverständlich immer auch körperliche Anstrengungen zugemutet haben.

Körperliche Fitness erleichtert uns die Bewältigung jeder Art von Stress, auch von solchem, der eigentlich nur in unserem Kopf, unseren Gedanken, Vorstellungen und Gefühlen vorhanden ist. Auch unsere Psyche profitiert davon, wenn man sich körperlich so fit und gesund erhält, dass man Belastungssituationen aus einer Position der körperlichen Stabilität heraus begegnen kann. So haben zum Beispiel Untersuchungen über die psychische Befindlichkeit von Personen, die lernten, regelmäßig zu joggen, gezeigt, dass diese den Stress ihres Alltagslebens jetzt weitaus besser verarbeiten konnten als vorher. Nicht nur ihre körperlichen, auch ihre geistig-emotionalen Erschöpfungssymptome nahmen deutlich ab, ihr Selbstbewusstsein und ihr Selbstvertrauen wuchsen, ihre Kreativität und ihre Konfliktlösekompetenzen nahmen zu, ihre intellektuelle Leistungsfähigkeit steigerte sich deutlich, sogar starke Depressionen gingen nach einigen Wochen Joggen zurück (Bartmann 1991).

Die Hauptursache für die gerade bei vielen in akademischen Berufen und im Management tätigen Menschen mittleren Lebensalters nur unzureichende körperliche Fitness ist nicht körperliche Über-, sondern Unterforderung.

Wir verlangen unserem Körper heute vielfach nicht zu viel, sondern zu wenig Leistung ab. Wir bewegen uns zu wenig, vor allem fordern wir unserem Organismus das notwendige Bewegungspensum nicht regelmäßig ab.

Bewegungsmangel, fehlende Möglichkeit und vor allem die fehlende Notwendigkeit zu körperlicher Anstrengung sind die Hauptrisikofaktoren unserer Wohlstandsgesellschaft im Ablauf des Stressgeschehens. Die heute weit verbreitete bewegungs- und anstrengungsarme Lebensweise ist das Ergebnis einer in wenigen Jahrzehnten vollzogenen Technisierung und Automation: Wir gehen selbst kurze Wege kaum noch zu Fuß, sondern fahren mit dem Auto. Wir verfügen über zahlreiche Maschinen und Apparate, die uns die körperliche Arbeit zum Beispiel im Haus oder im Garten abnehmen. Wir müssen nicht einmal mehr bis zum nächsten Briefkasten laufen, sondern verschicken vom Schreibtisch aus unsere E-Mails, erledigen von hier aus unsere Bankgeschäfte, unsere Einkäufe etc. Unser »Kreislauf« ist weitgehend zum Stillstand gekommen.

Unsere Lebensweise hat sich grundlegend verändert, nicht aber unsere biologische Ausstattung. Für unseren Organismus gilt noch immer die biologische Grundregel, dass die Struktur und die Leistungsfähigkeit eines jeden Organs von der Quantität und der Qualität seiner Beanspruchung abhängen. Bewegungsmangel führt, auf längere Sicht gesehen, zu einer Schwächung des Gesamtorganismus und zu einer verminderten Widerstandskraft gegenüber Krankheiten und anderen Belastungen. Ein großer Teil der heutigen Zivilisationskrankheiten wie Übergewicht, Schlafstörungen, Herz-Kreislauf-Erkrankungen, Osteoporose oder frühzeitige Abnutzungserscheinungen im Bereich der Wirbelsäule geht auf sein Konto. Bewegungsarmut kann also selbst zu einem starken physiologischen Stressor werden, der dann seinerseits wieder über die Angst vor Krankheit, verminderter Leistungsfähigkeit oder vorzeitigem Altern psychischen Stress verursacht. Aus all dem ergeben sich folgende Konsequenzen:

- Um einen möglichst vollständigen Ablauf der physiologischen Stressreaktion zu erreichen und sicherzustellen, dass die bereitgestellten Energiepotenziale abgebaut und der hohe Adrenalinspiegel wieder auf das Normalniveau zurückgeführt wird, ist es notwendig, dass wir jede Möglichkeit zu körperlicher Aktivität ausnutzen, die sich uns in unserem Alltagsleben bietet.
- Um unseren Organismus auf Dauer widerstandsfähiger gegen Stress und schädliche Umwelteinflüsse zu machen, ist es notwendig, die körperliche Belastbarkeit und das Dauerleistungsvermögen des Herz-Kreislauf-Systems zu stärken, die allgemeine Fitness zu erhöhen.

Dabei ist es wichtig, sich klarzumachen, dass Fitness und körperliche Gesundheit keine Waren sind, die man käuflich erwerben kann. Für den Zustand des eigenen Körpers sind nicht nur der Arzt, die medizinische Wissenschaft und auch nicht ausschließlich die Rahmenbedingungen unseres Alltagslebens verantwortlich, sondern in erster Linie wir selbst.

Wer sich seine körperliche Leistungsfähigkeit auf Dauer erhalten will, muss selbst etwas dafür tun, muss zumindest teilweise seine bisherige Art zu leben umstellen, seine Bequemlichkeit überwinden und manche lieb gewordene Gewohnheit durch neue Selbstverständlichkeiten ersetzen.

Die Kraft und der Zeitaufwand, die hierfür notwendig sind, sind in aller Regel wesentlich geringer, als wir meinen, und sie zahlen sich mehrfach aus. Das gerade von beruflich stark engagierten Menschen immer wieder vorgebrachte Argument, ihr Arbeitspensum ließe ihnen einfach nicht die Zeit für sportliche Aktivitäten, konnte in sportwissenschaftlichen Untersuchungen eindeutig widerlegt werden (Otte 1994, S. 93): Führungskräfte, die regelmäßig Sport trieben, fühlten sich durch die hohen Belastungen und das schnelle Arbeitstempo an ihrem Arbeitsplatz wesentlich weniger gestresst als ihre untrainierten Kollegen. Sie trauten sich wesentlich höhere Leistungen zu, hatten ein größeres Vertrauen in ihre beruflichen Qualitäten. Besonders positiv empfanden sie die durch die sportliche Betätigung erzielte Steigerung ihrer Konzentrations- und Durchsetzungsfähigkeit. Alle diese Effekte waren nicht, wie zunächst vermutet, die Folge einer vorübergehenden Euphorie. Im Gegenteil, je länger die untersuchten Personen Sport trieben, desto größer und desto stabiler war der positive Nutzen. Das Argument der fehlenden Zeit ist damit eindeutig widerlegt.

Wenn Sie sich den Ablauf eines normalen Arbeitstages einmal daraufhin ansehen, werden Sie schnell erkennen, dass hier mehr Bewegungschancen enthalten sind, als Sie gedacht haben. Wenn Sie diese konsequent nutzen, haben Sie sich bereits viele Gelegenheiten eröffnet, mobilisierte Energie- und Spannungspotenziale schnell wieder zu reduzieren.

- So könnten Sie zum Beispiel regelmäßig morgens einige Minuten für gymnastische Übungen einplanen.
- Sie könnten statt mit dem Auto mit dem Fahrrad fahren oder zu Fuß zu ihrem Arbeitsplatz gehen.
- Sie könnten dort auf den Fahrstuhl verzichten und stattdessen die Treppen zu ihrem Büro nehmen.
- Sie könnten beim Telefonieren aufstehen, während der Unterredung mit Ihrem Mitarbeiter im Raum umhergehen statt an Ihrem Schreibtisch zu sitzen.
- Sie könnten vor oder nach dem Essen ein paar Minuten auf dem Firmengelände oder im nahen Park herumlaufen.
- Sie könnten ab und an Ihre Arbeit unterbrechen und in Ihrem Büro einige Dehnungs- und Streckübungen machen.
- Sie könnten sich angewöhnen, vor und vor allem auch nach Situationen, die Sie besonders stark belasten, über die sich ärgern oder auf regen, vor denen Sie Angst haben, einige Minuten in

raschem Tempo an der frischen Luft zu gehen oder, falls dies nicht möglich ist, einige gymnastische Bewegungsübungen (zum Beispiel Kniebeugen, Stretching- und Lockerungsübungen) durchführen. Es gibt heute eine große Auswahl entsprechender Literatur, in der Sie Übungen, die ohne großen Aufwand auch im Büro durchführbar sind, anschaulich beschrieben finden.

- Sie könnten sich – auch während der Woche – die Zeit nehmen für einen Spaziergang am Abend vor dem Schlafengehen.
- Sie könnten an einem oder zwei Tagen in der Woche aktiv Sport treiben, statt ihn passiv vor Ihrem Fernseher zu konsumieren.
- Sie könnten in Ihrer Freizeit in Ihrem Garten arbeiten und dabei bewusst auf das eine oder andere elektrische Gerät verzichten.
- Sie könnten ganz bewusst auf das eine oder andere elektrische Gerät in Ihrem Haus verzichten und stattdessen die Arbeit selbst ausführen.

Wenn Sie alle diese Möglichkeiten realisieren, haben Sie bereits viel für den Erhalt Ihrer Beweglichkeit getan. Sie werden merken, dass bereits diese Aktivitäten eine Hilfe bei der Bewältigung Ihrer Alltagsbelastungen darstellen. Es wird Ihnen jetzt besser gelingen, nach einer Stresssituation die homöostatische Balance Ihres Organismus wiederherzustellen. Sie werden feststellen, dass Sie die negativen Stressfolgen weniger stark empfinden und schneller überwinden.

Eine Steigerung der körperlichen Gesamtleistungsfähigkeit, der körperlichen Fitness, lässt sich, wie ausgedehnte Untersuchungen gezeigt haben, allerdings *nur* durch ein konsequentes maßvolles *Bewegungstraining* erreichen, bei dem der Organismus regelmäßig über einen längeren Zeitraum hinweg auf ein gewisses Anstrengungsniveau gebracht wird und so allmählich seine Leistungsfähigkeit ausweitet. Gelegentliches Sporttreiben oder einmalige Höchstleistungen (zum Beispiel Bergsteigen oder Skifahren im Urlaub) haben kaum positiven Einfluss auf die Dauerleistungsfähigkeit unseres Organismus, sie können im Gegenteil zu Schädigungen führen.

Regelmäßiges Fitnesstraining schützt vor Stress

Da sich die positiven Auswirkungen intensiver körperlicher Betätigung nicht länger als einige Tage speichern lassen, ist Fitnesstraining ein Lebensprogramm.
Es ist die unverzichtbare Grundvoraussetzung für jede ganzheitliche Antistress-Strategie. Denn: Wer körperlich fit ist, bietet dem Alltagsstress weniger Angriffsmöglichkeiten.

Die gesundheitlichen Auswirkungen eines regelmäßigen, maßvollen Bewegungstrainings lassen sich bereits nach einigen Wochen medizinisch nachweisen.

- **Ökonomisierung der Herzarbeit:** Blutdrucksenkung, Herzfrequenzabnahme, verringerter Sauerstoffbedarf des Herzens;
- **Verbesserung des Fettstoffwechsels:** LDL-Cholesterinabnahme, HDL-Cholesterinzunahme;
- **Abbau von Übergewicht:** vermehrter Kalorienverbrauch, Abnahme des Körperfettanteils;
- **Verbesserung des Zuckerstoffwechsels:** Vermeidung von Altersdiabetes;
- **Stressabbau:** Abnahme der Stresshormone;
- **Erhöhung der allgemeinen Vitalität:** geringere vorschnelle geistige Ermüdung, Erhöhung von Konzentrationsvermögen, allgemeiner Leistungsfähigkeit und Wohlbefinden;
- **Stärkung des Immunsystems** (Laws/Treixler 1997, S. 42).

Der wichtigste Effekt eines über einen längeren Zeitraum hin durchgeführten körperlichen Trainings ist die Verbesserung der Sauerstoffversorgung aller Gefäße und Organe. Hierdurch hebt sich deutlich das gesundheitliche Gesamtbefinden: Die Skelettmuskulatur wird besser durchblutet. Stoffwechselprodukte werden rascher abgebaut und es kommt nicht so schnell zu Ermüdungserscheinungen. Die wichtigsten Organe, vor allem Herz, Lunge und Blutgefäße, kräftigen sich, das Gefäßsystem wird wieder elastischer. Das

Atemvolumen erhöht sich, die Lunge nimmt pro Atemzug mehr Luft auf und nützt gleichzeitig den Sauerstoffgehalt optimaler aus. Das Schlagvolumen des Herzens wird größer, die Herzschlagfrequenz verlangsamt sich. Das Herz pumpt pro Schlag mehr Blut durch den Körper. Es arbeitet also zugleich langsamer und effektiver. Außerdem wird durch regelmäßige körperliche Anstrengung allmählich Fettgewebe ab- und stattdessen Muskelgewebe aufgebaut. Bewegungssport stärkt, vor allem wenn er an der frischen Luft durchgeführt wird, insbesondere das Immunsystem. Zum einen wird durch die körperliche Aktivität die Zunahme der Immunzellen angeregt, zum anderen erhöhen sich deren Aktivität und Funktionsfähigkeit. Wer sich regelmäßig an frischer Luft bewegt, ist zum Beispiel weniger anfällig gegenüber den jährlich wiederkehrenden Erkältungs- und Grippewellen.

Der Organismus wird also insgesamt kräftiger und widerstandsfähiger und kann infolgedessen auch Belastungen besser bewältigen:

- die individuelle Belastbarkeit erhöht sich,
- Spannungen, wie sie durch unbewältigten Stress entstehen, werden während des Trainings abgebaut,
- die körperliche und auch die geistig-emotionale Ermüdbarkeit nehmen ab,
- das Leistungsvermögen nimmt zu, anfallende Aufgaben werden leichter und schneller bewältigt,
- das Selbstwertgefühl und die positive Einstellung dem Leben gegenüber nehmen zu.

Ein maßvolles, regelmäßiges Fitnesstraining ist also keineswegs nur etwas für aktive Sportler, Bodybuilder oder Gesundheitsfanatiker. Besonders in einer Zeit reduzierter natürlicher körperlicher Anstrengungen ist es für die Gesunderhaltung unseres auf regelmäßige Bewegung angelegten Organismus unverzichtbar.

Beispiele von Menschen, die durch regelmäßige körperliche Betätigung auch im hohen Alter noch außerordentlich leistungsfähig waren, reichen von Goethe (Eislaufen, Reiten, Wandern, Schwimmen, Bergsteigen) über Max Planck, der sich noch mit über 80 Jahren durch regelmäßiges Bergsteigen seine körperliche und geistige Frische bewahrt hatte, bis zu Konrad Adenauer, der noch in seinen letzten Lebensjahren mehrmals täglich die hundert Stufen zu seinem Haus hinaufging, oder dem Düsseldorfer Artisten Konrad Thurano, der noch heute, im Alter von 91 Jahren regelmäßig als Seilakrobat auftritt. Mehr und mehr Personen aus Wirtschaft und Politik haben in den letzten Jahren den Wert eines regelmäßigen, konsequenten Bewegungstrainings für sich erkannt. Wir alle kennen die Fernsehbilder eines in der Öffentlichkeit joggenden amerikanischen Ex-Präsidenten Clinton oder des an einem Marathon-Lauf teilnehmenden deutschen Außenministers Fischer. Beide haben in Interviews überzeugend dargestellt, in welch hohem Maße die sportliche Anstrengung ihnen hilft, mit den enormen körperlichen und geistigen Anforderungen ihres Berufes fertig zu werden.

Neueste Untersuchungen haben ergeben, dass die kardiovaskuläre Belastung keineswegs besonders hoch sein muss, um eine optimale gesundheitsfördernde und die gefürchteten Stressfolgen minimierende Wirkung zu erzielen. Wir müssen nicht alle zu Marathonläufern, Langstreckenschwimmern oder Akrobaten werden. Es geht auch nicht darum, unserem Körper Höchstleistungen abzuzwingen, im Gegenteil: Eine von den meisten Fitnessbewussten als zu gering geschätzte Belastung ist wahrscheinlich völlig ausreichend. 30 Minuten körperliche Bewegung pro Tag (beispielsweise zügiges Spazierengehen, Gartenarbeit) auf mittlerem Aktivitätsniveau sind genügend, um sich die Vorteile körperlicher Bewegung zu sichern. Bei größeren körperlichen Anstrengungen besteht sogar die Gefahr, dass sie ihrerseits wieder als belastender Stress wirken und beispielsweise das Immunsystem schwächen (Ernst 2000a, S. 20). »Nicht maximales Training ist notwendig, sondern optimales.« (Laws/Treixler 1997, S. 47) So sollte man zum Beispiel beim Laufen sich nur so stark anstrengen, dass einem noch genug Luft bleibt, um sich unterhalten zu können.

Wer sich entschließt, seine bisherigen Lebensgewohnheiten umzustellen und von nun an regelmäßig ein maßvolles Bewegungstraining in seinen Tagesablauf aufnimmt, wird sehr bald merken, wie seine Trainingserfolge sein Selbstwertgefühl steigern und ihm das Gefühl geben, sein Leben wieder fest in der Hand zu haben. Er wird mit Sicherheit auch feststellen, dass seine zunehmende körperliche Fitness auch positive Effekte auf seinen beruflichen und privaten Alltag hat: Die Anforderungen sind zwar objektiv immer noch genauso hoch, die Probleme noch genauso zahlreich, der Zeitdruck noch genauso stark, subjektiv wird er sie aber von Tag zu Tag als weniger belastend und kraftzehrend erleben. Manches, was ihm noch vor kurzem als kaum zu bewältigender negativer Stress erschien, wird er jetzt als positive Herausforderung erleben. Probleme und Konflikte werden ihm nicht mehr so viel ausmachen. Er wird an sich selbst feststellen, dass seine Belastbarkeit, seine innere und äußere Gelassenheit, sein Selbstvertrauen, seine Geduld und seine Frustrationstoleranz allmählich größer werden, seine Erregbarkeit, seine innere Unruhe und seine Selbstzweifel mehr und mehr verschwinden. Und er wird feststellen, dass seine eigene wachsende Stressstabilität ihrerseits positive Auswirkungen auf das Stresserleben seiner Mitarbeiter und Kollegen hat.

Ein Mitarbeiter oder ein Vorgesetzter, der um sich Hektik und Spannungen verbreitet, ist für alle, die mit ihm zusammenarbeiten eine permanente Stressquelle.

Mitarbeiter und Vorgesetzte, die den Anforderungen des beruflichen Alltags mit Gelassenheit begegnen und sie als positive Herausforderungen annehmen, tragen daher viel dazu bei, den beruflichen Stress für Mitarbeiter und Kollegen zu reduzieren.

Diesen Effekt macht man sich zum Beispiel schon seit einiger Zeit bei der Pariser Métro zunutze: Hier ist es inzwischen selbstverständlich, dass die Angestellten des Sicherheitsdienstes, alles körperlich durchtrainierte Menschen, jeden Morgen vor Arbeitsbeginn eine Stunde lang intensiv Sport betreiben. Dadurch wird erreicht, dass sie Stress und Belastungen, die sie unter Umständen von außen in den Berufsalltag mit hineingebracht haben, durch körperliche Bewegung abbauen und so mit größerer Gelassenheit und Stresstoleranz ihre schwierige Arbeit beginnen können.

Um bei Ihrem Fitness-Training möglichst optimale Effekte zu erzielen, sollten Sie bei der Zusammenstellung Ihres persönlichen Übungsprogramms die folgenden Gesichtspunkte berücksichtigen:
• Suchen Sie sich eine Sportart aus, die Ihnen liegt, von der Sie sich vorstellen können, dass Sie Ihnen Spaß macht. Der Sport

sollte nicht nur Ihre Leistungsfähigkeit steigern, sondern auch Ihre Lebensfreude. Vergessen Sie dabei auch nicht den Aspekt der Geselligkeit (beispielsweise beim Tanzen oder bei Mannschaftsballspielen).

- Planen Sie die für Ihre Aktivitäten benötigte Zeit im Voraus fest in Ihren Tages- und Wochenplan ein. Bei der Umstellung auf neue Lebensgewohnheiten ist Regelmäßigkeit eine wichtige Hilfe. In der Anfangsphase sollten entweder zwölf Minuten täglich oder dreimal 30 Minuten pro Woche trainiert werden. Später kann die Übungsdauer dann verlängert werden. Probieren Sie aus, welche Tageszeit für Sie am besten geeignet ist.

- Besorgen Sie sich bequeme Sportkleidung. Achten Sie vor allem auf geeignete Lauf- oder Sportschuhe, um beim Laufen Ihre Gelenke und Bänder nicht zu überlasten.

- Hüten Sie sich vor Gewaltleistungen und Überforderung. Muten Sie sich vor allem am Anfang nicht zu viel zu. Übertreibungen können nicht nur negative gesundheitliche Folgen haben, sie sind auch wieder ein neuer Stressor, der die positiven Auswirkungen Ihres Trainings zunichte machen würde. Vor allem Menschen über vierzig sollten das Training auf relativ niedrigem Niveau beginnen und die Leistung nur langsam steigern, um keine gesundheitlichen Schäden zu riskieren. Beraten Sie sich im Zweifelsfall mit Ihrem Arzt. Achten Sie während des Trainings immer auch auf die Signale Ihres Körpers. Hören Sie auf, wenn Sie merken, dass Ihnen die Anstrengung zu viel wird, oder reduzieren Sie das Tempo. Legen Sie beim Joggen beispielsweise ein paar Minuten ein, in denen Sie langsamer gehen.

- Achten Sie darauf, dass bei der von Ihnen gewählten Sportart möglichst große Muskelgruppen beansprucht werden, wie dies zum Beispiel beim Wandern, Laufen, Schwimmen oder Radfahren der Fall ist.

- Falls Sie unsicher sind, sich zu überfordern, sollten Sie zumindest in der Anfangszeit am Ende Ihrer Trainingszeit Ihren Puls kontrollieren. Die optimale Frequenz für eine stressreduzierende körperliche Aktivität berechnen Sie nach folgender Formel: 220 minus Lebensalter, davon 65–80 Prozent. Für einen 45-Jährigen bringt also eine Pulsfrequenz zwischen 114 und 140 pro Minute eine optimale Fitness und Anti-Stress-Wirkung. Vor allem in der Anfangsphase sollten Sie sich an dieser Formel orientieren. Mit der Zeit werden Sie selbst ein Gefühl dafür entwickeln, welcher Grad an Anstrengung für Sie der optimale ist.

- Bewegen Sie sich so oft als irgend möglich an frischer Luft – auch bei schlechtem Wetter.
- Nutzen Sie neben Ihrem Trainingsprogramm alle Möglichkeiten zu körperlicher Bewegung und Anstrengung, die Ihnen Ihr Alltag bietet. Hier sind Phantasie und Einfallsreichtum gefragt.
- Vergessen Sie nicht das Spazierengehen. Steigern Sie dabei allmählich die Gangart.
- Freuen Sie sich über jeden Erfolg, den Sie erzielt haben. Genießen Sie ihn.
- Vergessen Sie nicht, am Ende Ihres Trainingspensums ausreichend Zeit zur Erholung einzuplanen. Sie sollten nach jedem Training bewusst größere Mengen an Flüssigkeit zu sich nehmen, um den Flüssigkeitsverlust rasch wieder auszugleichen. Aber belohnen Sie sich nicht mit Alkohol.

Der Entschluss, die eigene Bequemlichkeit aufzugeben, ist meistens leichter gefasst als realisiert. Gerade wer beruflich stark in Terminzwänge eingespannt ist, glaubt häufig, ein regelmäßiges Training sei mit den spezifischen Anforderungen seines beruflichen Alltags nicht vereinbar. Die Beispiele des amerikanischen Präsidenten und des deutschen Außenministers zeigen, dass dem nicht so sein muss. Die Chancen lassen sich auch für einen beruflich extrem stark geforderten Menschen erheblich verbessern, wenn er sich dafür von Beginn an vielfältige soziale Unterstützung sichert – in der Familie, im Bekanntenkreis, im beruflichen Umfeld. Jeder Rückfall in die früheren, gesundheitsabträglichen Gewohnheiten, würde dann sozusagen zu einem »öffentlichen« Rückfall. Und auf der anderen Seite wird ihm jeder Erfolg auch soziale Anerkennung und damit zusätzlichen Gewinn bringen. Eine solche Verstärkung ist vor allem in den frühen, besonders rückfallgefährdeten Phasen der Lebensumstellung eine ganz wesentliche Hilfe.

Unterrichten Sie deshalb andere von Ihrem Vorhaben: Informieren Sie zum Beispiel Ihre Sekretärin und Ihre Kollegen, dass Sie künftig jeden Dienstag und Freitag früher Schluss machen, weil Sie anschließend mit Freunden zum Joggen oder Schwimmen gehen. Suchen Sie sich in Ihrem Kollegen- und Bekanntenkreis »Mitstreiter«, mit denen Sie gemeinsam regelmäßig etwas für Ihre Fitness tun. Animieren Sie Ihre Kollegen, künftig mit Ihnen gemeinsam auf den Firmenaufzug zu verzichten und gelegentlich auch einmal eine Besprechung bei einem Spaziergang an frischer Luft zu erledigen.

Aber: Lassen Sie sich nicht von anderen zu Anstrengungen und Leistungen anspornen, die Ihre eigenen Ressourcen überfordern würden. Nicht die anderen und auch nicht irgendwelche von der Werbung suggerierten Leitbilder sind Ihr Maßstab, sondern ausschließlich Ihr eigener Körper, Ihr eigenes Wohlbefinden. Alles andere würde nur wieder weiteren Stress bedeuten und somit die angestrebten positiven Wirkungen ins Gegenteil verkehren.

Die ersten Schritte auf dem Weg zu körperlicher Fitness

Überprüfen Sie Ihre gegenwärtige Lebensweise und beantworten Sie folgende Fragen:
Wann haben Sie sich zum letzten Mal so intensiv an frischer Luft bewegt, dass Sie dabei ins Schwitzen gekommen sind?

_____

_____

_____

_____

_____

_____

Gibt es bereits Alarmsignale Ihres Körpers, die auf mangelnde Fitness und/oder erste Krankheitssymptome hinweisen, die ihre Ursache in zu geringer körperlicher Bewegung haben?

_____

_____

_____

_____

_____

Sind Sie selbst mit Ihrer Leistungsfähigkeit noch völlig zufrieden, oder beunruhigt es Sie gelegentlich, dass Sie heute nicht mehr so viel schaffen wie früher, dass Sie schneller ermüden und längere Zeit brauchen, um sich von Anstrengungen wieder zu erholen?

_____

_____

_____

_____

Schaffen Sie sich Klarheit über Ihren Fitnesszustand, indem Sie zunächst einmal die folgenden Aussagen bestätigen oder verneinen.

Aussagen zur körperlichen Belastbarkeit	Ja	Nein
Wenn ich eine Treppe mit mehr als 15 Stufen hinaufgehe, gerate ich außer Atem.		
Es dauert heute wesentlich länger als früher, mich von solchen körperlichen Anstrengungen wie Treppensteigen wieder zu erholen.		
Nach einer relativ kurzen körperlichen Anstrengung, zum Beispiel einem Bus hinterherzurennen, fühle ich mich wie ausgepumpt.		
Ich leide häufig an Muskelverspannungen.		
Eine halbe Stunde intensiv Tennis oder Fußball zu spielen, würde ich zurzeit kaum durchhalten können.		
Wenn ich mich einmal sportlich betätige, leide ich danach oft tagelang an Muskelkater.		
Am Ende eines Arbeitstages bin ich meistens so erschöpft, dass ich keine Energie mehr habe, irgendetwas zu unternehmen.		
Ich bin häufig auch tagsüber müde und körperlich erschöpft.		
Ich bin heute reizbarer als noch vor ein paar Jahren.		
Die Reaktionen meines Körpers auf körperliche Anstrengungen (starkes Herzklopfen, Atemnot usw.) machen mir Angst.		

Nur wenn Sie alle Fragen wahrheitsgemäß mit »Nein« beantworten konnten, ist Ihr Fitnesszustand so gut, dass es nichts mehr zu verbessern gibt. Sie müssten jetzt lediglich noch dafür sorgen, dass dies auch in Zukunft so bleibt.

Jede »Ja«-Antwort ist ein Grund mehr, möglichst bald damit anzufangen, Ihre körperliche Fitness zu verbessern.

Sollten Sie aufgrund Ihres Testergebnisses den Entschluss gefasst haben, dass es gut für Sie wäre, Ihren derzeitigen Lebensstil aufzugeben und etwas mehr für den Erhalt Ihrer Gesundheit zu tun, sollten Sie möglichst bald mit den Vorbereitungen zur Realisierung beginnen:

- Besprechen Sie Ihr Vorhaben mit Ihrem Arzt oder einem qualifizierten Fitnessberater. Lassen Sie sich vor allem unbedingt dann von einer Fachkraft beraten, wenn Sie gesundheitliche Probleme im Herz-Kreislauf-Bereich oder im Bereich der Wirbelsäule haben.
- Überlegen Sie, ob es in Ihrer Umgebung Personen (Familie, Bekannte, Kollegen) oder Institutionen (Sportverein, Fitnessclub, Lauftreff) gibt, die Sie bei Ihrem Vorhaben unterstützen können. Bei Problemen im Bereich der Wirbelsäule sollten Sie sich unbedingt zunächst einmal nach einem Kurs in einer Rückenschule erkundigen.
- Überlegen Sie, ob und gegebenenfalls wie sich Ihr Vorhaben mit den Hobbys Ihrer Familie verbinden lässt.
- Verlangen Sie bei der Umstellung Ihrer Lebensgewohnheiten nicht zu viel auf einmal von sich; am sichersten werden Sie Ihr Ziel auf dem Weg der kleinen Schritte erreichen; denken Sie immer daran, dass Umlernen wesentlich schwieriger ist und auch länger dauert als Neulernen.

Setzen Sie Ihr Vorhaben in die Realität um:

- Wenn Sie sich einmal für ein bestimmtes Fitness-Programm, eine bestimmte Sportart entschieden haben, sollten Sie eine längere Zeit bei dieser Methode bleiben. Wenn Sie dann feststellen, dass sie für Sie nicht geeignet ist, versuchen Sie einen neuen Weg.
- Versuchen Sie, Ihr Training möglichst regelmäßig zur gleichen Tageszeit durchzuführen. Sie schaffen sich so schneller neue Verhaltensroutinen und können auf diese Weise leichter gelegentliche Trägheitsmomente überwinden.
- Halten Sie sich bei Ihrem täglichen Pensum an das Motto »Langsam – aber ausdauernd«.
- Freuen Sie sich über Ihre Fortschritte. Genießen Sie sie, seien Sie stolz auf das, was Sie bereits erreicht haben. Aber seien Sie auch langmütig mit sich bei gelegentlichen Rückfällen in alte Gewohnheiten, und versuchen Sie, aus diesen zu lernen.
- Lassen Sie sich nicht entmutigen, auch wenn Sie immer mal wieder auf Unverständnis stoßen sollten.

Ernährung

Die Art und Weise, wie wir uns ernähren, kann ebenso wie das körperliche Bewegungstraining wesentlich zur Erhaltung von Gesundheit und Wohlbefinden und zur Stärkung unserer Abwehrkräfte gegen schädigende Stresseinflüsse beitragen. Sie kann aber auch das genaue Gegenteil bewirken: In medizinischen Veröffentlichungen wird immer wieder darauf hingewiesen, dass sich das Schadenspotenzial von Stress durch falsche Ernährung drastisch erhöht, während es sich auf der anderen Seite durch optimal auf die jeweiligen Bedürfnisse unseres Organismus abgestimmte Nahrung und Essgewohnheiten deutlich verringern lässt.

Die Zusammenhänge zwischen Ernährung und Stress sind allerdings komplizierter und nicht so eindeutig nachzuweisen wie die zwischen Stress und körperlicher Aktivität. Unbestritten ist in der Wissenschaft aber, dass eine Ernährungsweise, die der menschliche Organismus bei normaler Belastung gut, das heißt, ohne Schaden zu nehmen, verkraftet, in Belastungssituationen zu einem gesundheitlichen Risiko werden kann und damit die negativen Auswirkungen unbewältigter Stresserlebnisse verstärkt werden. Das folgende Beispiel macht diese Zusammenhänge deutlich:

 Sie haben ein Frühstück zu sich genommen, das relativ viele Kohlehydrate enthielt (Brötchen, Butter, Marmelade, Honig). Diese werden im Magen und Dünndarm zu einfachen Zuckerstoffen aufgeschlossen, gelangen von hier in die Blutbahn und lassen dort den Blutzuckergehalt rasch steil ansteigen. Wird dieser anschließend nicht durch körperliche Aktivität verbraucht, weil Sie beispielsweise mit dem Auto statt mit dem Fahrrad ins Büro fahren, dort den Lift benutzen und dann für längere Zeit am Schreibtisch sitzen, kommt es zu einer Übersäuerung des Blutes, die sich bald als Ermüdung bemerkbar macht.

Wenn Sie nun mit einer Stresssituation konfrontiert werden, reagiert Ihr Körper mit einer vermehrten Adrenalinausschüttung. Der Blutzuckerspiegel steigt weiter an, die Übersäuerung nimmt weiter zu. Ohne im eigentlichen Sinne müde zu sein, fühlen Sie sich zunehmend müder. Um wieder »fit« zu werden, greifen Sie jetzt vielleicht zu einem hochkalorischen »Energiespender«, der seinerseits hauptsächlich aus Zucker besteht. Der in solchen Situationen häufige Griff zur Zigarette lässt dann, infolge der erhöhten Nikotinwerte im Blut, den nun schon sehr hohen Blutzuckerspiegel noch einmal weiter ansteigen. Sie verspüren nicht nur keinen Hunger, sondern eine, trotz Ihrer Gegenmaßnahmen ständig zunehmende Ermüdung und Konzentrationsschwäche. Sie sind jetzt in einem Zustand, in dem bereits kleine, unbedeutende Ereignisse eine starke Stresswirkung entfalten. Sie werden zunehmend gereizter gegenüber Ihren Mitarbeitern, fühlen sich lustlos und abgespannt, ärgern sich über sich selbst, weil Sie mit Ihren Aufgaben nicht weiterkommen etc.

Langfristig wird ein Zuviel an Zucker im Körpergewebe als Depotfett gespeichert (Zucker als Dickmacher) und in die Gefäßwände eingebaut (Gefahr der Arteriosklerose).

Hätte Ihr Frühstück an diesem Morgen dagegen überwiegend aus Eiweiß (Quark, Joghurt) und so genannten komplexen Kohlehydraten (Vollkornprodukte) bestanden, wären Sie in die gleichen Stresssituationen physiologisch wesentlich unbelasteter hineingegangen und hätten sie vermutlich leichter bewältigt. Wären Sie nach Ihrem Kohlehydrat-Frühstück statt ins Büro für einige Stunden auf den Golfplatz gegangen, hätte Ihr Organismus den bereitgestellten Blutzucker vermutlich vollständig verbrannt.

Bestimmte Nahrungsmittel, wie Ihr Brötchen mit Butter und Honig, sind also nicht generell ungesund. Es kommt auf die Quantität an, die wir von ihnen zu uns nehmen, und darauf, welche körperlichen und geistigen Anforderungen unser Organismus in der Folgezeit zu bewältigen hat.

Unbestritten ist ferner die Tatsache, dass viele Menschen dazu neigen, gerade in solchen Situationen, in denen es darauf ankäme, den Organismus nicht noch zusätzlich zu belasten, verstärkt zu gesundheitsabträglichen Essgewohnheiten neigen: Menschen, die starkem Stress ausgesetzt sind, essen häufig nur unregelmäßig, achten nicht auf die Zusammensetzung ihrer Nahrung, trinken häufig zu große Mengen an Alkohol und Kaffee. Viele lassen sich beim Essen kaum Zeit, vergessen häufig die eine oder andere Mahlzeit, betäuben ihr Hungergefühl durch erhöhten Nikotinkonsum.

Während manchen Menschen Stress, Aufregungen und Angst »auf den Magen schlagen«, ihnen den Appetit nehmen, sodass ihr Organismus die gerade jetzt dringend benötigten Brennstoffe nicht erhält, neigen andere in vergleichbaren Situationen zur gegenteiligen Reaktion: Sie essen unkontrolliert zu viel, zu süß, zu fett. Sie trösten sich sozusagen mit Nahrung über Misserfolge und Kummer hinweg, »fressen ihren Ärger in sich hinein«. Ihr Organismus sieht sich einem ihn zusätzlich belastenden Überangebot gegenüber.

Die Gewohnheit, sich über Kummer oder Enttäuschung durch Essen hinwegzutrösten, wird häufig schon im frühen Kindesalter erlernt: Eltern interpretieren das Schreien ihres Säuglings oft als Anzeichen von Hunger. Das Kind, das eigentlich weint, weil es Angst hat und Trost und Zuwendung braucht, erhält stattdessen etwas zu essen. Das nachfolgende Gefühl der Sattheit und Müdigkeit reduziert die kindlichen Angstgefühle, es schreit nun nicht mehr. Allmählich lernt es auf diese Weise, dass sich aufkommende Ängste mit Essen beseitigen lassen. Dieser scheinbare Kausalzusammenhang kann sich im weiteren Leben so verselbstständigen, dass man in allen Konflikt- und Angstsituationen verstärkt Hunger zu verspüren glaubt und entsprechend viel isst. Der allgemeine physiologische Erregungszustand der Stresssituation wird nun fälschlicherweise als Hunger interpretiert und entsprechend wird reagiert.

Eine der Folgen: Gerade Menschen, die in ihrem Alltag vielen Stressoren und hohen Anforderungen ausgesetzt sind, leiden überproportional häufig an Übergewicht und Fettstoffwechselstörungen. Nach einer Untersuchung an 6.000 Führungskräften waren 38 Prozent übergewichtig und bei 75 Prozent wurde eine Fettstoffwechselstörung diagnostiziert (Wojtakowski 1997, S. 57).

Trotz aller gesundheitlichen Aufklärung nehmen also noch immer viel zu viele Menschen, gemessen an dem tatsächlichen Bedarf eines weitgehend bewegungsarmen Lebensstils, zu viele Kalorien zu sich. Sie essen zu viel und sie verzehren gleichzeitig zu fette und zu süße Lebensmittel, sie trinken zu große Mengen an kalorienreichen alkoholischen Getränken oder stark überzuckerten Erfrischungs- und Energie-Drinks, während auf der anderen Seite der Anteil an naturbelassenen, ballast- und vitalstoffreichen Lebensmitteln stark abnimmt. Die Folge ist ein in immer weiteren Kreisen der Bevölkerung stark ansteigender Cholesterinspiegel und damit ein Anstieg des Infarkt-Risikos: Während zu Beginn der 80er-Jahre in Deutschland bei Männern die Cholesterinkonzentration bei durchschnittlich 203 Milligramm/dl lag, war sie gut zehn Jahre später bereits auf 216 Milligramm angestiegen (Otte 1994, S. 85).

Eine der Ursachen für diese Ernährungsweise liegt in der ständigen Zunahme industriell vorgefertigter, qualitativ neuartiger Lebensmittel mit häufig extrem hoher Nährstoffdichte, die nicht nur in vielen Kantinen serviert werden, sondern auch, vor allem aus Gründen der Bequemlichkeit, in immer mehr privaten Haushalten verwendet werden, ohne dass man Genaueres über ihre gesundheitliche Wirkung weiß.

Ein weiterer Grund für die weite Verbreitung gesundheitsabträglicher Ernährungsgewohnheiten ist in der den Laien meist eher verwirrenden Fülle wissenschaftlicher Einzelergebnisse über angeblich eindeutig nachgewiesene positive oder negative Wirkungen bestimmter Lebensmittel zu sehen, die allerdings oft nur wenige Monate gültig sind und dann wieder durch häufig gerade entgegengesetzte »Wahrheiten« ersetzt werden: »Rotwein gegen Herzinfarkt«, »Tomaten gegen Krebs«, »Grüner Tee gegen Bluthochdruck«, »Mittelmeerkost für ein langes Leben«, »Gesund bis ins hohe Alter mit der asiatischen Küche«, »keine Butter, höchstens pflanzliche Margarine«, »Butter als Quelle der Gesundheit«, so oder ähnlich lauteten die in den letzten Jahren in Fachzeitschriften und Medien publizierten ernährungswissenschaftlichen »Erkenntnisse«. Sie sind sicher nicht falsch, übersehen aber häufig, dass zum Beispiel im Zusammenhang mit einem hohen Lebensalter die gesamte Lebensweise wichtig ist. Die Zusammensetzung der Nahrung ist hier nur ein Faktor unter vielen.

Für die meisten Verbraucher sind solche Informationen eher verwirrend als aufklärend. Wer kann sich schon alle diese Einzelratschläge merken? Und so bleibt man den einmal erlernten Ernährungsgewohnheiten treu, ohne zu bedenken, dass sich nicht nur die wissenschaftlichen Erkenntnisse, sondern auch die eigenen Lebensgewohnheiten und damit der Nahrungsmittelbedarf des eigenen Körpers in den letzten Jahren verändert haben.

Unser Essen dient heute kaum noch, wie bei unseren Großeltern, dem Zweck des Sattessens, sondern vor allem dem Genuss. Wir leben heute in allen hoch entwickelten Ländern in einer Esskultur des Überflusses mit einem ständig verfügbaren Überangebot an Nahrungsmitteln. »*Wir haben satt zu essen, und doch schadet uns dieser Überfluss, weil wir allzu oft der Physiologie unserer Geschmacksnerven unterliegen*« (Wojtakowski 1997, S. 57) und so mehr zu uns nehmen als unser Körper benötigt. Unser Organismus ist aber so programmiert, dass er jedes Zuviel für Notzeiten als Fettreserve speichert.

Unter den durch unsere Essgewohnheiten verursachten gesundheitlichen Risikofaktoren steht heute das *Übergewicht* an erster Stelle. Übergewicht ist aber nicht nur eine starke physiologische Belastung, die unsere physiologischen Ressourcen im Umgang mit den Stressoren unseres Alltagslebens schmälert, es wird häufig auch zu einem starken psychischen Stressor: Übergewichtige haben es zunehmend schwerer, einen ihren Fähigkeiten entsprechenden Job zu bekommen. Und sie sehen sich permanent einem von der Werbung forcierten Schlankheitskult gegenüber, der suggeriert, dicke Menschen seien »out«, nur der schlanke Mensch sei vital, attraktiv, angesehen, beliebt und erfolgreich. Und so übernehmen nicht wenige Übergewichtige kritiklos die in den Medien veröffentlichten ständig wechselnden Diät-Tipps, zwingen sich zu einer Schlankheitskur nach der anderen. Mit häufig nur geringem Erfolg quälen sie sich durch eine Zeit starker psychischer Belastungen, in denen ihre Gedanken oft fast zwanghaft auf die Vorstellung all der Köstlichkeiten, die ihnen jetzt verboten sind, fixiert sind. Vor allem die heroischen Hungerprogramme beinhalten nicht nur ein hohes Gesundheitsrisiko, sie bringen auch kaum dauerhafte Erfolge. Unser Körper stellt sich nämlich sehr schnell auf die reduzierte Kalorienzufuhr ein, indem er sie nun besser verwertet. Wenn man danach wieder seine gewohnten Mengen isst, hat der Körper gelernt, jede Kalorie vollständig auszunutzen und speichert jetzt wesentlich mehr als früher in den körpereigenen Fettdepots. Langfristig erreicht man also gerade das Gegenteil dessen, was man sich erhoffte (Yo-Yo-Effekt). Ein Misserfolg, der obwohl physiologisch bedingt, von den meisten als persönliches Versagen und damit als starke psychische Belastung erlebt wird. Immer mehr Menschen, früher vor allem Frauen, in letzter Zeit zunehmend auch Männer, ziehen daraus die Konsequenz, sich noch stärker zu kasteien, noch konsequenter ihren Kalorienverbrauch einzuschränken. Der erhoffte Erfolg bleibt nun nicht aus: Ihr Körper verliert kontinuierlich Pfunde, er magert langsam, aber stetig ab. Irgendwann fehlen ihm dringend benötigte Nährstoffe, sind seine für die Bewältigung der Alltagsbelastungen unbedingt notwendigen Ressourcen aufgebraucht, sowohl die körperliche als auch die geistige Leistungsfähigkeit nehmen ab, das Erkrankungsrisiko erhöht sich.

Eine wachsende Zahl psychischer Erkrankungen bei Menschen aller sozialen Schichten und Altersstufen wie die Magersucht (Anorexia nervosa) und die mit zwanghaftem Erbrechen einhergehende »kaschierte« Fettsucht (Bulimie) sind Folge dieses omnipräsenten Schlankheitsideals.

Die wirksamsten Mittel gegen ein zu hohes Körpergewicht sind regelmäßige sportliche Betätigung und eine Ernährung, die optimal auf die Bedürfnisse des Organismus abgestimmt ist, die all die Stoffe enthält, die unser Organismus benötigt, die ihm aber nicht mehr und auch nicht weniger zur Verfügung stellt, als er braucht.

Als Baustein des Stressmanagements sollte die persönliche Ernährung vor allem zwei zentralen Forderungen gerecht werden:

- Die Nahrung sollte in Quantität und Qualität so zusammengestellt sein, dass sie Körper und Geist nicht zusätzlich belastet, sondern die Abwehrkräfte gegenüber gesundheitlichen Beeinträchtigungen dauerhaft stabilisiert.
- Die täglichen Mahlzeiten sollten nicht nur den Organismus mit Nährstoffen versorgen, sondern gleichzeitig Phasen im Tagesablauf sein, in denen wir Abstand gewinnen von den Anstrengungen des Tages, Entspannung finden und Genuss erleben.

Patentrezepte für eine »richtige« Ernährung gibt es nicht, wohl aber einige Punkte, die Sie bei einer Umstellung auf eine stressarme Ernährung berücksichtigen sollten:

● **Sorgen Sie vor allem dafür, dass Ihr Körper regelmäßig genügend Flüssigkeit bekommt.**
Zwei bis drei Liter sollten es täglich sein, bei anhaltendem Stress auch mehr. Gewöhnen Sie sich an, möglichst nur kalorienfreie Getränke zu sich zu nehmen: Mineralwasser, ungesüßte Tees, zuckerfreie Obst- und Gemüsesäfte etc. Verteilen Sie die Flüssigkeitszufuhr möglichst gleichmäßig über den ganzen Tag. Stellen Sie sich zum Beispiel morgens zwei Flaschen Wasser auf den Schreibtisch und achten Sie darauf, dass Sie sie bis zum Feierabend gelehrt haben. Nehmen Sie bei jeder Mahlzeit auch ein Getränk zu sich. Reduzieren Sie Ihren Alkoholkonsum. Machen Sie alkoholische Getränke wieder zu einem Genussmittel für besondere Gelegenheiten. Trinken Sie auch Kaffee nicht als »Muntermacher«, sondern zu Ihrem persönlichen Genuss.

● **Achten Sie darauf, dass Ihr Organismus ein möglichst vielfältiges und abwechslungsreiches Nährstoffangebot aus qualitativ hochwertigen Lebensmitteln bekommt.**
Bevorzugen Sie dabei zum Sattessen vor allem pflanzliche Produkte, die möglichst naturbelassen, unbearbeitet und frei von Schadstoffen sind: Getreideprodukte aus Vollkorn, frisches Gemüse, Kartoffeln, frisches Obst sollten jeden Tag auf Ihrem Speiseplan stehen. All diese Lebensmittel enthalten nicht nur die von unserem Organismus benötigten Brennstoffe und viele Ballast- und Vitalstoffe (Vitamine, Mineralstoffe, Spurenelemente), sie geben auch die in ihnen enthaltenen Kalorien, im Unterschied etwa zu Zucker, verzögert weiter und sorgen so dafür, dass der Organismus gleichmäßig versorgt wird und so eine ausgewogene Dauerleistung erbringen kann. Eine Eigenschaft, die nicht nur für Sportler, sondern vor allem auch für Geistesarbeiter wichtig ist.

- **Schränken Sie Ihren Zucker- und Fettkonsum ein.**
  Denken Sie daran, dass gerade viele vorgefertigte Lebensmittel oft einen hohen Anteil an versteckten Zucker- und Fettbestandteilen haben. Zucker erhöht, wie bereits beschrieben, sehr schnell den Blutzuckerspiegel und führt, wenn die Energie nicht benötigt wird, zu vorschneller Ermüdung. Fette, die nicht benötigt werden, führen nicht nur zu Übergewicht, sie sind, über das in ihnen enthaltene Cholesterin, auch Mitverursacher koronarer Erkrankungen. Um Ihren Cholesterinspiegel nicht gefährlich zu erhöhen, sollten Sie unbedingt darauf achten, dass die von Ihnen verzehrten Fette einen möglichst hohen Anteil an so genanntem High-Densitiy-Lipoprotein (HDL) haben. Man weiß heute, dass Cholesterin in zwei verschiedenen Arten vorkommt. Das Low-Densitiy-Lipoprotein lagert sich an den Gefäßwänden ab, wodurch diese sich im Laufe der Zeit verhärten und verengen bis hin zur so genannten Arterienverkalkung. Da die Herzkranzgefäße hiervon besonders stark betroffen sind, ist der Herzinfarkt häufig die Folge eines langjährigen hohen Verzehrs von LDL-haltigen Lebensmitteln. Das HDL hat demgegenüber wesentlich positivere Eigenschaften: Es wird nicht an den Gefäßwänden abgelagert, sondern kann diese sogar wieder von bereits vorhandenen Ablagerungen befreien. Allerdings wird auch hiervon jedes nicht benötigte Quantum im Fettgewebe gespeichert. Meiden Sie also größere Mengen an Butter, Schweineschmalz, Mayonnaise und alle Lebensmittel, von denen Sie nicht wissen, welche Anteile von Fetten sie enthalten, und bevorzugen Sie stattdessen Öle und Margarinen mit einem hohen Anteil an mehrfach ungesättigten Fettsäuren. Achten Sie bei Ihrem Fleisch- und Fischverzehr auf möglichst fettarme Gerichte: Geflügel und mageres Kalbfleisch statt Schweinefleisch mit hohem Fettanteil, Seelachs, Scholle und Hering statt Aal, Kaviar oder Fischfrikadellen (Otte 1994, S. 87).
- **Gewöhnen Sie sich an, regelmäßig Milchprodukte zu sich zu nehmen, die ebenfalls möglichst fettarm sein sollten.**
  Quark, Joghurt, Buttermilch etc. enthalten wichtige tierische Proteine, die unser Organismus für den Aufbau und die Funktionsfähigkeit der inneren Organe, des Knochenbaus und der

Skelettmuskulatur dringend benötigt. Wertvolle pflanzliche Proteine sind vor allem in Getreide und Hülsenfrüchten vorhanden.

- **Achten Sie darauf, dass Ihre Nahrung so zubereitet wird, dass keine wertvollen Bestandteile zerstört werden.**
  Ihr Organismus kann dann die Nährstoffe optimal verwerten. Verzichten Sie möglichst auf vorgefertigte und tiefgekühlte Gerichte, bevorzugen Sie stattdessen frisch zubereitete Speisen aus frischen Zutaten.

- **Gewöhnen Sie sich an regelmäßige Mahlzeiten und nehmen Sie sich genügend Zeit zum Essen.**
  Außerdem sollten Sie darauf achten, dass Sie Ihre Abendmahlzeit nicht erst kurz vor dem Schlafengehen einnehmen. Lassen Sie sich beim Essen nicht hetzen. Essen und trinken Sie mit Genuss und Freude, aber schalten Sie dabei Ihren Verstand nicht aus. Genießen Sie auch die Vorfreude auf ein gutes Essen und das Ambiente eines schön gedeckten Tisches und appetitlich angerichteter Speisen. Lassen Sie sich nicht von anderen zu Speisen animieren, die Sie nicht essen möchten. Übernehmen Sie nicht kritiklos so genannte »Patentrezepte«, die es angeblich möglich machen sollen, alles zu essen, was man möchte, und trotzdem sein Gewicht zu reduzieren.

- **Achten Sie darauf, nur so viel zu essen, wie Ihr Organismus tatsächlich verbrennen kann.**
  Werden Sie dabei aber nicht zum Sklaven Ihrer Kalorientabelle. Damit würden Sie nur wieder zusätzliche Stressoren (zum Beispiel Schuldgefühle, dass Sie nicht durchhalten) in Ihren Alltag einfügen. Wenn Sie gelegentlich »sündigen«, dann sollten Sie deswegen kein schlechtes Gewissen haben. Schlemmerei ist eine lässliche Sünde, solange Sie nicht zu Regel wird. Freuen Sie sich an dem erlebten Genuss und versuchen Sie stattdessen, am folgenden Tag bewusst etwas weniger zu essen und vielleicht ein zusätzliches Bewegungstraining durchzuführen.

- **Essen Sie nie aus Kummer oder Enttäuschung oder um sich über einen Misserfolg hinwegzutrösten.**
  Essen Sie also immer ganz bewusst und nicht aus Langeweile zum Beispiel vor dem Fernseher.

● **Überzeugen Sie auch Ihre Familie und Ihre Kollegen von der stressreduzierenden und gesundheitsfördernden Wirkung einer verantwortungsbewussten Ernährung.**
Falls Sie dazu die Möglichkeit haben, sollten Sie unbedingt auf die Zusammensetzung und die Art der Zubereitung der Speisen in Ihrer Kantine Einfluss nehmen. Wenn Sie gemeinsam mit Ihren Kollegen zum Essen gehen, sollten Sie darauf hinwirken, dass die Essenpause für alle Beteiligten zu einer Erholungs- und Entspannungszeit werden kann und von niemandem als Stress erlebt werden muss. Vermeiden Sie deshalb während der Mahlzeit Fachgespräche, Diskussionen um anstehende Probleme und dergleichen. Veranstalten Sie keine so genannten »Arbeitsessen«. Wenn irgend möglich, sollten Sie Ihre Mittagspause mit einem kurzen Spaziergang abschließen.

Die Qualität und Beschaffenheit der Lebensmittel und Getränke, ihre Vielfältigkeit und ihre ausgewogene Zusammenstellung sowie ein fester Mahlzeitenrhythmus, genügend Zeit und eine entspannte Atmosphäre während des Essens sind die wichtigsten Kriterien gesunder und »lustvoller« Ernährung (Wojtakowski 1997, S. 64). Wenn Sie diese in Ihrem persönlichen Stressmanagement-Konzept berücksichtigen, erhöhen Sie damit nicht nur die Widerstandskraft Ihres Organismus gegenüber den negativen Auswirkungen von Stress und Ihre Leistungsfähigkeit, Sie bereichern auf diese Weise Ihren Alltag auch um wichtige Momente des Erlebens von Freude, Genuss und Entspannung.

Die ersten Schritte auf dem Weg zu einer stressreduzierenden Ernährung

Überprüfen Sie Ihre bisherigen Ernährungsgewohnheiten:

- Ist es für Sie selbstverständlich, dass Sie Ihre Mahlzeiten regelmäßig annähernd zu den gleichen Zeiten zu sich nehmen?
- Lassen Sie sich immer genügend Zeit zum Essen?
- Wissen Sie immer, was Sie bei der letzten Mahlzeit zu sich genommen haben, wann Sie zum letzten Mal etwas gegessen haben?
- Nehmen Sie ausreichende Mengen an Flüssigkeit zu sich?
- Haben Sie Probleme beim Umgang mit Alkohol?
- Achten Sie darauf, dass Ihre Ernährung Ihren Körper mit genügend Vital- und Ballaststoffen versorgt?
- Essen Sie in der Regel mehr als bei der Art Ihrer Tätigkeit notwendig wäre?
- Haben Sie Gewichtsprobleme? Wie viele Diäten haben Sie schon ausprobiert und mit welchem Erfolg?
- Wann haben Sie das letzte Mal eine Mahlzeit so richtig genossen?

Wenn Sie jetzt zu dem Ergebnis gekommen sind, dass die Art und Weise Ihrer Ernährung mit dazu beiträgt, dass Sie in letzter Zeit weniger leistungsfähig sind, schneller ermüden, sich nicht mehr so gut konzentrieren können und Gewichtsprobleme haben, dann sollten Sie diesem Bereich im Rahmen Ihres Stressmanagements einen zentralen Platz einräumen:

- Gehen Sie bei den geplanten Veränderungen schrittweise vor. Planen Sie in längeren Zeiträumen.
- Verändern Sie nicht alles auf einmal. Setzen Sie sich realistische Ziele. Wenn Sie zum Beispiel bisher regelmäßig abends zur Entspannung einige Gläser Wein getrunken haben, wird es Ihnen kaum gelingen, sofort mit dieser Gewohnheit aufzuhören. Sinnvoller wäre es, von nun an nur noch ein Glas Wein pro Abend zu trinken. Haben Sie dann diese neue Gewohnheit verinnerlicht, können Sie schrittweise weitermachen. Vielleicht probieren Sie aus, ein paar Tage ohne Stimulanzien wie Kaffee oder Alkohol auszukommen. Beobachten Sie, wie Sie sich dabei fühlen. Falls Sie feststellen, dass Sie auch ohne diese Hilfen konzentriert arbeiten können, vielleicht sogar entspannter und weniger nervös sind und besser schlafen können – warum sollten Sie dann nicht dabei bleiben?

- Fangen Sie mit den Punkten an, die Ihnen am leichtesten fallen (beispielsweise täglich ein bis zwei Flaschen Mineralwasser trinken), aber bleiben Sie nicht hierbei stehen. Wagen Sie sich auch an die für Sie schwierigen Punkte.
- Bewahren Sie sich bei allen Ihren Veränderungsvorhaben die Freude am Essen, machen Sie sich nicht zu Sklaven von Kalorientabellen und rigorosen Diätvorschriften.
- Essen Sie das, was Ihnen schmeckt, nur in entsprechend kleinen Mengen. Erhöhen Sie schrittweise den Anteil der gesunden Lebensmittel.
- Vergessen Sie bei allen geplanten Veränderungsmaßnahmen nicht: Lebensmittel sind immer auch Genussmittel. Essen und Trinken sollen nicht nur die notwendigen Brennstoffe liefern, sondern auch Leib und Seele gut tun. Gestalten Sie Ihren Speiseplan so, dass Ihnen im Ernährungsalltag immer auch Möglichkeiten zum Genuss bleiben. Bedenken Sie dabei: Genuss braucht Muße, Konzentration und das Wissen um das rechte Maß. Auch die beste Speise, den edelsten Wein kann man nicht hastig und nebenbei genießen, beide verlieren ihren Genusswert, wenn man sie täglich zu sich nimmt.
- Falls Sie Probleme mit Ihrem Gewicht haben, sollten Sie die für Sie geeigneten Maßnahmen unbedingt mit einem Arzt besprechen und von ihm kontrollieren lassen. Lassen Sie sich auf nichts ein, was unter Umständen Ihrer Gesundheit dauerhaft schaden könnte. Hüten Sie sich vor dem Yo-Yo-Effekt.

Kapitel 6
Baustein 2: Entspannung, Muße und Erholung

Vor allem in Zeiten, in denen wir starken persönlichen Belastungen ausgesetzt sind, uns nach einem langen, hektischen Arbeitstag völlig ausgelaugt und erschöpft fühlen, können wir abends häufig nur schwer einschlafen. Wir kommen innerlich nicht richtig zur Ruhe, wachen nachts immer wieder auf und fühlen uns selbst nach acht Stunden Schlaf morgens wie gerädert. Auch ein arbeitsfreies Wochenende, ein Kurzurlaub oder der mit großen Erwartungen herbeigesehnte Jahresurlaub bringen oft nicht die erhoffte Erholung und Regeneration. Es fällt uns im Gegenteil schwer, danach wieder in Schwung zu kommen und zu unserer gewohnten Leistungsfähigkeit zurückzufinden.

Warum haben solchen und ähnliche Erholungsmaßnahmen gerade in Stresszeiten nicht die erhofften Erholungseffekte? – Die Gründe hierfür liegen zum einen in den Besonderheiten der psychophysischen Stressreaktion und zum anderen in dem oft nur unzureichenden Wissen über die in Stresssituationen angemessenen Erholungsbedingungen und Entspannungstechniken.

Psychischer Stress lässt uns, vor allem dann, wenn wir der Überzeugung sind, ihn nicht bewältigen zu können, in einem Zustand starker psychischer Anspannung zurück. Unser psychophysisches Erregungsniveau befindet sich nicht im gewohnten Gleichgewichtszustand. Wir fühlen uns vor allem geistig-emotional erschöpft, ohne im eigentlichen Sinne müde zu sein, wir sehnen uns nach Entspannung, können aber innerlich nicht zur Ruhe kommen, unser Erregungsniveau lässt dies nicht zu. Vor allem in beruflichen Stresssituationen zwingen wir uns häufig dazu, trotz unserer Erschöpfung weiterzuarbeiten, weil wir glauben, uns eine Erholungspause nicht leisten zu können. Das ohnehin schon hohe Erregungsniveau schaukelt sich allmählich immer weiter auf. Wenn solche Belastungssituationen über einen längeren Zeitraum andauern, entsteht, zusätzlich verstärkt durch immer häufiger auftretende Ängste, Sorgen und Selbstzweifel, eine psychovegetative Funktionslage, die eine optimale Nutzung von Erholungszeiten praktisch unmöglich macht. Allmählich verliert unser Organismus die Fähigkeit, von sich aus wieder ins Gleichgewicht zurückzufinden, und es kommt zu gesundheitlichen Störungen.

Erschwerend kommt noch hinzu, dass wir mit wachsendem Alter vielfach verlernt haben, das zu tun, was uns gerade in diesem Moment die notwendige Distanzierung, Entspannung und Erholung bringen würde – eine Fähigkeit, die wir noch als Kinder besessen haben. Es mangelt uns an der jetzt notwendigen »Erholungs- und Entspannungskompetenz«, der Fähigkeit, zum rechten Zeitpunkt von der Stressphase auf die Erholungs- bzw. Entspannungsphase umzuschalten und diese effektiv zu nutzen, »*sodass die Entstehung von Erholungsschuld und gesundheitlich beeinträchtigendem Dauerstress vermieden wird*« (Allmer 1996, S. 76). Für Allmer zählt diese Kompetenz zu den wichtigsten personbezogenen Ressourcen, auf die wir im Stressmanagement zurückgreifen können. Wichtige Komponenten dieser Erholungs- und Entspannungskompetenz sind

- die *Erholungsintention*, die Bereitschaft, sich zu einem bestimmten Zeitpunkt erholen und entspannen zu wollen;
- *erholungsbezogene Kontrollüberzeugungen* (»Wenn ich mir jetzt die Zeit nehme, mich intensiv zu erholen und zu entspannen, werde ich anschließend wieder genügend Energien haben, um nachfolgenden Anforderungen problemlos gewachsen zu sein«);
- und die Verfügbarkeit von *adäquaten Entspannungstechniken und Erholungsmaßnahmen,* mit denen sich die angestrebten Erholungs- und Entspannungseffekte auch tatsächlich erzielen lassen (Allmer 1996, S. 77).

Sind diese Kompetenzen vorhanden »*und können diese situationsangemessen genutzt werden, wird der Stressausgleich durch Erholung effektiv verlaufen und der Gesundheitsförderung dienlich sein. Erholung und Entspannung als stressregulierende und gesundheitsförderli-*

che Ressourcen versetzen den Einzelnen in die Lage, mit Stresssituatio-nen in ›gesunder‹ Weise ausgleichend umzugehen und protektiv auf die Gesundheitserhaltung Einfluss zu nehmen.« (Allmer 1996, S. 78)

Es ist also wichtig, dass wir uns bereits im Vorfeld unseres persönlichen Stressmanagements über diese Voraussetzungen im Klaren sind und uns darum bemühen, uns diese Kompetenzen so anzueignen, dass sie uns jederzeit zur Verfügung stehen und im Notfall problemlos abgerufen werden können.

Bewusste Entspannung

Nur wenige Menschen verfügen von sich aus über ein Naturell, das es ihnen ermöglicht, auch länger anhaltende Perioden starker Belastung und Anspannung ohne größere Beeinträchtigungen von Gesundheit und Lebensfreude zu bewältigen, sich zum Beispiel trotz der permanenten Hektik und der manchmal extrem hohen Anforderungen ihres Berufslebens ihr Engagement und ihren Lebensoptimismus zu bewahren und weiterhin auch außerberuflich ein aktives, kreatives und sinnerfülltes Leben zu führen, in dem die ganze Spannbreite ihrer eigenen Bedürfnisse und Interessen weiterhin zum Tragen kommt. Sie wissen in jeder Lebenslage, wann es für sie an der Zeit ist, ihrem Körper oder ihrer Psyche eine Pause zu gönnen, und sie setzen, häufig ohne darüber nachgedacht zu haben, die für sie richtigen Maßnahmen ein, um, selbst unter ungünstigen Umständen, den für eine wirkliche Entspannung und Erholung notwendigen Abstand zu finden. Sie sind in der Lage, sich trotz Stress den für sie persönlich optimalen Gleichgewichtszustand zwischen Anspannung und Entspannung zu erhalten, der eine der wesentlichen Voraussetzungen für ein erfolgreiches Selbstmanagement ist.

Doch auch wenn man nicht zu diesen glücklichen Menschen gehört, die bereits mit einer optimalen Entspannungs- und Erholungskompetenz geboren zu sein scheinen, kann man diese Fähigkeit erlernen. Voraussetzung ist, dass man selbst bereit ist, die persönliche Verantwortung für sein Leben und sein Wohlbefinden zu akzeptieren, und sich Möglichkeiten erschließt, die positiven Kräfte im Selbst zu aktivieren und zu stärken. Dies verlangt allerdings ein gewisses Maß an beharrlichem persönlichen Einsatz und geduldigem Arbeiten an sich selbst. Genauso wenig wie andere Fähigkeiten, etwa die, ein Instrument zu spielen, entwickelt sich auch die Entspannungs- und Erholungskompetenz nicht ohne eigene Anstrengung.

Da viele Erholungsmaßnahmen (Urlaub, Musikhören, Lesen oder Fernsehen am Feierabend) wegen des übermäßig erhöhten psychophysischen Erregungsniveaus unter Stress oft nicht den angestrebten Erholungseffekt haben bzw. haben können, sollte man im Rahmen seines persönlichen Stressmanagements zunächst einmal dem *Erwerb effektiver Entspannungskompetenzen* unbedingte Priorität einräumen.

Spannung und Entspannung sind zwei Gegenpole unseres Befindens. Ein gleichmäßiger Wechsel zwischen beiden, ein ausgewogenes Verhältnis von Spannung und Entspannung ist Voraussetzung für unser psychophysisches Wohlbefinden. Anhaltende Störungen dieses Gleichgewichts, wie sie für Zeiten anhaltenden Stresses kennzeichnend sind, führen zu Beeinträchtigungen, die sich zum Beispiel als Verspannungen, Kopfschmerzen, Nervosität, innere Unruhe oder Angstgefühle manifestieren können. Vor allem in Phasen der Entspannung können wir unmittelbar erleben, dass Körper und Psyche eine untrennbare Einheit bilden: Es ist nahezu unmöglich, uns körperlich zu entspannen, solange wir psychisch unter Druck stehen. Wir können beispielsweile nicht entspannt in unserem Sessel sitzen, während wir gleichzeitig eine schwierige Diskussion mit unserem Vorgesetzten oder eine Auseinandersetzung mit unserem Sohn führen.

Wenn wir dagegen tagsüber körperlich gearbeitet haben und abends mit schweren, aber relativ entspannten Gliedern ins Bett sinken, haben wir meistens kaum Probleme, schnell und gelöst einzuschlafen, ohne uns vorher mit belastenden Gedanken quälen zu müssen.

Diese enge Wechselbeziehung zwischen körperlicher und seelischer An- und Entspannung eröffnet uns die Möglichkeit, durch Entspannungsmaßnahmen, die an dem einen der beiden Pole ansetzen, auch den anderen Pol mit zu beeinflussen. Fast jeder Jogger kennt die beinahe euphorischen Gefühle der inneren Gelöstheit, des vollkommenen Wohlbefindens, die nach einem Ausdauerlauf, zu dem er sich vorher vielleicht überwinden musste, entstehen können. Weitere subjektive Empfindungen, die während der Entspannung auftreten können, sind ein Gefühl der Leichtigkeit oder der wohltuenden Schwere und Wärme, der inneren Ruhe und Gelassenheit.

Entspannung lässt sich definieren als ein Zustand des ganzheitlichen Wohlbefindens, der körperlichen und geistig-seelischen Gelöstheit. Entspannung ist ein Zustand der psychophysischen Regeneration, in dem unser Organismus die Möglichkeit erhält, verbrauchte Energien wieder aufzufrischen und aufzutanken:

- Der Muskeltonus, der Spannungszustand der Skelettmuskulatur, nimmt deutlich ab, Verspannungen, Verkrampfungen lösen sich auf.
- Die Kreislaufregulation wird auf einem niedrigeren Niveau stabilisiert, Blutdruck und Herzfrequenz nehmen ab.
- Die Atemfrequenz verringert sich, die Atmung wird insgesamt ruhiger und tiefer.
- Die Blutgefäße in der Peripherie werden erweitert, es kommt zu einem intensiven Wärmegefühl. Diese Wärmeentwicklung ist eindeutig messbar. Sie beträgt zwischen zwei und fünf Grad Celsius. Gleichzeitig lässt die Aktivität der Schweißdrüsen nach.
- Die Hirnstromaktivität verringert sich und ähnelt jetzt der während des Schlafes.
- Durch die allgemein reduzierte Aktivität kommt es zu einer Senkung des Energieverbrauchs um bis zu 30 Prozent.

Bewirkt werden diese entspannenden Veränderungen im Organismus durch einen bestimmten Teil des vegetativen Nervensystems, den so genannte *Parasympathikus*, den Gegenspieler des *Sympathikus*, der seinerseits bei der physiologischen Stressreaktion eine entscheidende Rolle spielt: Er bereitet unseren Organismus auf Belastung und Arbeit vor, indem er unter anderem den Herzschlag beschleunigt, die Muskulatur aktiviert, Blutdruck und Atemfrequenz steigert.

Im Rahmen des Stressmanagements ist die Fähigkeit zu körperlicher und psychischer Entspannung eine wichtige Ressource. Sie hilft uns, das durch die Einwirkung belastender Stressoren hochgeschaukelte Erregungsniveau wieder zu abzubauen. Überhöhte Spannungszustände werden auf ihr Normalmaß zurückgeführt. Das psychosomatische System kann sich wieder auf seinem normalen Gleichgewichtszustand stabilisieren. Ängste, Gereiztheit, Nervosität, depressive Verstimmungen, Aggressivität, Erschöpfungsgefühle, Konzentrations-, Gedächtnis- oder Schlafstörungen lassen allmählich nach. Gleichzeitig wächst die Sensibilität für die Zusammenhänge zwischen körperlicher und psychischer Befindlichkeit. Wir lernen, die Alarmsignale von anhaltendem Stress frühzeitig zu erkennen, und können so künftigen Erregungszuständen gezielter vorbeugen.

Aktive Entspannung

Sich aktiv entspannen zu können hat nicht zu tun mit Passivität, Flucht vor der Realität oder Rückzug aus dem aktiven Leben, sondern bedeutet, fähig zu sein zu Gelöstheit und schöpferischer Ruhe, zu Gelassenheit und aktiver Erholung.

Auf dem Weg dahin können die von Medizinern und Psychologen entwickelten *Methoden zur systematischen Entspannung* – vor allem das autogene Training, die Methode der progressiven Muskelentspannung und die unterschiedlichsten Meditationstechniken – eine wichtige Hilfe sein. Das Ziel jeder dieser Entspannungsmethoden besteht darin, einen als angenehm erlebten psychophysischen Zustand zu erzeugen. Die einzelnen Verfahren unterscheiden sich dadurch, wie sie die Entspannungsreaktion hervorrufen: entweder durch überwiegend körperliche Aktivitäten wie bei der progressiven Muskelentspannung, dem Feldenkrais-Training und dem asiatischen Tai Chi oder durch vorwiegend gedankliche Prozesse, wie dies beim autogenen Training, dem Yoga und der Meditation der

Fall ist. Einige Meditationsverfahren, wie zum Beispiel die transzendentale Meditation, haben ihren Ursprung in fernöstlichem religiös-weltanschaulichem Gedankengut und lassen sich nur schwer mit unserem westlichen Lebens- und Weltbild in Übereinstimmung bringen.

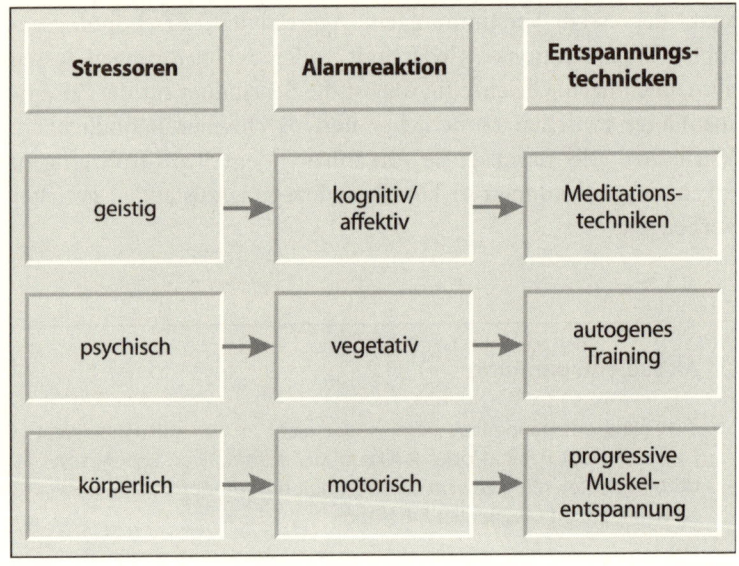

Wirkungsfelder der Entspannungstechniken

Für welche der im Folgenden beschriebenen Methoden man sich entscheidet, hängt letztlich von eigenen Vorlieben ab. Man sollte deshalb zunächst einmal ausprobieren, welches Verfahren einem am meisten zusagt, der eigenen Mentalität am ehesten entgegenkommt.

Für Menschen, die starken beruflichen Anforderungen ausgesetzt sind und nur über wenig freie Zeit in ihrem Alltag verfügen, kommen in erste Linie solche Entspannungsverfahren in Frage,

- die einfach und ohne großen Zeitaufwand zu erlernen sind,
- die im Alltag bei Bedarf jederzeit eingesetzt werden können, vor oder während einer schwierigen Sitzung, bei einem Stau auf der Autobahn, beim Warten im Flughafen oder im Wartezimmer des Arztes, im privaten oder beruflichen Umgang mit anderen Menschen oder wenn wir nachts nicht einschlafen können.

Grundsätzlich empfiehlt es sich, im Rahmen des Stressmanagements solche Entspannungsverfahren zu bevorzugen, deren Verlauf man selbst beeinflussen kann. Aktives Entspannen ist auf längere Sicht gesehen immer wirkungsvoller als passives Geschehenlassen von Entspannung. Die so genannten »fremdsuggestiven« Entspannungsmethoden, wie zum Beispiel Massage und vor allem die »Mind Machines«, bei denen man durch den kombinierten elektronischen Einsatz von Musik, Farbe, Wärme und Suggestivformeln in eine Art gelösten Trancezustand versetzt wird, erfordern zwar kein langwieriges, geduldiges Üben, lassen aber auch keinen Raum für Selbstbestimmung. Man lässt sich entspannen und begibt sich dabei gleichzeitig in neue Fremdbestimmtheit und neue Abhängigkeit. Außerdem haben diese Verfahren den Nachteil, dass man sie gerade dann, wenn beispielsweise im Verlauf eines hektischen Arbeitstages das Bedürfnis nach ein paar Minuten der Ruhe und Entspannung besonders stark ist, nicht anwenden kann, weil die hierfür notwendige Apparatur zu Hause steht.

Diese Verfahren sollten deshalb nur vorübergehend angewendet werden – zum Beispiel in Zeiten extremer Überforderung, in denen man selbst keine Kraft zur aktiven Selbstentspannung mehr aufbringen kann.

Wer sich über einen längeren Zeitraum hinweg intensiv mit einem Entspannungsverfahren beschäftigt, wird sehr bald merken, dass sich mit wachsender Fähigkeit zu innerer Ruhe und Gelöstheit nicht nur die Intensität des aktuellen Stresserlebens verändert, sondern nach und nach auch die innere Grundhaltung. Je stärker das mit dem Zustand körperlich-geistiger Gelöstheit einhergehende Gefühl eines ganzheitlichen Wohlbefindens in unser Erleben eintritt, desto stärker wird sich das Bedürfnis entwickeln, diesen Zustand möglichst oft zu erleben.

Stress-Test

Jeder Mensch reagiert in Stresssituationen anders: Der eine bekommt Kopfschmerzen oder Nackenverspannungen, der andere reagiert mit Magenbeschwerden, Angstgefühlen oder Unsicherheit. Stress attackiert immer die schwächsten Punkte von Körper und Seele.

Der folgende Test sagt Ihnen nicht, ob Sie stressanfälliger sind als andere Menschen. Er liefert Ihnen aber Hinweise auf Ihre typischen Stressreaktionen und bahnt sich so den Weg für eine angemessene Stressprophylaxe und -therapie.

Es folgen auf der gegenüberliegenden Seite 24 Aussagen:

- Prüfen Sie bei jeder Aussage, inwieweit diese für Sie ganz persönlich zutrifft.

- Bewerten Sie, dabei bedeuten:
  - 6 Punkte = oft
  - 4 Punkte = häufiger
  - 2 Punkte = ab und zu
  - 0 Punkte = nie

- Kreuzen Sie dann die entsprechende Stelle an.

- Halten Sie sich nicht zu lange mit den einzelnen Aussagen auf. Gehen Sie zügig vor.

	6	4	2	0
1. Ich bin innerlich unruhig und nervös.				
2. Morgens wache ich völlig zerschlagen auf.				
3. Ich leide unter Appetitlosigkeit.				
4. Mich quälen düstere Gedanken und ich bin ängstlich gestimmt.				
5. Ich leide unter Kurzatmigkeit.				
6. Mich plagen Nacken- und Schulterschmerzen (bzw. Kreuz- und Rückenschmerzen).				
7. Ich bin physisch schnell erschöpft.				
8. Ich ertappe mich dabei, umaufmerksam und vergesslich zu sein.				
9. Magen- bzw. Verdauungsbeschwerden kommen bei mir vor.				
10. Es fällt mir schwer, mich auf eine Sache zu konzentrieren.				
11. Ich spüre ein Ziehen oder Schmerzen in der Brust.				
12. Ich schlafe schlecht.				
13. Ich habe das Gefühl, einfach die Übersicht zu verlieren.				
14. Herzklopfen oder Herzstechen treten unvermittelt auf.				
15. Es fällt mir schwer, mich so richtig zu entspannen.				
16. Ich leide unter kalten Händen oder Füßen.				
17. Ich habe Sodbrennen.				
18. Während der Arbeit hänge ich gedankenverloren irgendwelchen Wunschträumen nach.				
19. Ich fühle mich körperlich verspannt.				
20. Wenn ich etwas Schweres hebe, zittern mir Arme und Beine.				
21. Ich schwitze übermäßig.				
22. Es gibt Tage, an denen habe ich Schwierigkeiten mit meinem Gedächtnis.				
23. Es kommt vor, dass Muskeln einfach zucken oder sich verkrampfen.				
24. Es gibt Tage, an denen mir einfach keine guten Ideen oder Einfälle kommen.				

Auswertung

1. Tragen Sie nun in jedem der drei Blöcke unter die Nummer der jeweiligen Aussage den Wert ein, bei dem Sie Ihr Kreuz gesetzt haben.

A:

1	4	8	10	13	18	22	24

Summe A:

B:

3	5	9	12	14	16	17	21

Summe B:

C:

2	6	7	11	15	19	20	23

Summe C:

2. Bilden Sie nun für jeden Block die Summe über die eingetragenen Werte.
3. Die drei Summenwerte stellen Hinweise auf Ihre persönliche Bereitschaft dar, bei Stressreaktionen die eine oder die andere Ebene zu bevorzugen:

_____ **Summe in Block A: Kognitive Ebene**
_____ **Summe in Block B: Vegetative Ebene**
_____ **Summe in Block C: Motorische Ebene**

Der Block mit dem höchsten Summenwert weist auf diejenige Reaktionsebene hin, auf der Ihre Stressanfälligkeit am höchsten ist.

Gegen Stressfolgen auf der motorischen Ebene hilft vor allem die Methode der progressiven Muskelentspannung. Die vegetative Ebene lässt sich gezielt mit autogenem Training stabilisieren. Meditationstechniken bewirken vor allem positive Veränderungen der kognitiven Ebene.

Das autogene Training

Das autogene Training ist die in Deutschland bekannteste und wohl auch am häufigsten praktizierte Entspannungsmethode. Es wurde in den 30er-Jahren von dem Berliner Psychiater Johannes H. Schultz entwickelt. Der Begriff »autogenes Training« kommt aus dem Griechischen und bedeutet »aus dem Selbst entstehendes Üben«. Schultz selbst bezeichnete sein Verfahren als »Methode der konzentrativen Selbstentspannung« und verstand es als eine »Hilfe zur Selbstentfaltung und Selbsterziehung« (Schultz 1982).

Das autogene Training beruht im Wesentlichen auf einer der Hypnose verwandten Technik: der Autosuggestion. Das Ziel ist, mit Hilfe selbsthypnotischer Formeln, die man sich immer wieder vorsagt, und durch konzentrierte gedankliche Begleitung und Beobachtung der während dieser Selbsthypnose stattfindenden körperlichen Befindlichkeits-Veränderungen das vegetative Gleichgewicht wiederherzustellen. Die Wirksamkeit dieses Verfahrens beruht vor allem auf zwei Grundprinzipien:

- Konzentration und
- Passivität.

Die Konzentration soll durch das beständige Wiederholen von immer gleichen Vorstellungsinhalten (»Mein rechter Arm ist ganz schwer«, »Meine Beine sind ganz schwer und warm«) erreicht werden.

Passivität bedeutet, dass der Übende nicht bewusst in den Entspannungsprozess eingreift, sondern ihn mit sich geschehen lässt und sich darauf beschränkt, die stattfindenden Veränderungen zu registrieren, ohne sie zu bewerten (»Ich merke, wie mein rechter Arm allmählich warm und viel schwerer als vorher ist«).

Vor allem das Gebot der Passivität einzuhalten fällt den meisten Anfängern sehr schwer. Gerade in der Anfangsphase ist man noch besonders ungeduldig, möchte das Gefühl der Wärme oder der Schwere unbedingt spüren und ist häufig enttäuscht, weil man aufgrund der eigenen Aktivität (»Ich muss doch endlich etwas spüren«) das angestrebte Ziel nicht erreicht. Entspannung zu erlernen erfordert Zeit und Geduld mit sich selbst. Für das autogene Training sollte man eine Lernzeit von zirka einem halben Jahr einkalkulieren, vorausgesetzt man übt täglich.

Wegen der tief greifenden vegetativen Veränderungen, zu denen es im Verlauf des autogenen Trainings kommen kann, sollte man dieses Verfahren allerdings nicht ohne Anleitung und Kontrolle erlernen. Einführungskurse in diese Technik werden heute überall unter anderem von Krankenkassen und Volkshochschulen angeboten.

Das Standardprogramm des autogenen Trainings, von Schultz als »Grundstufe« bezeichnet, umfasst die folgenden sechs Übungen, die nacheinander ausgeführt werden sollen:

- die Schwereübung,
- die Wärmeübung,
- die Atemübung,
- die Herzübung,
- die Sonnengeflechtsübung und
- die Stirnkühleübung.

Bei jeder Einzelübung wird mit Hilfsformeln zunächst nur für einen und anschließend für mehrere Teile des Körpers ein Zustand (Schwere, Wärme etc.) herbeigeführt, der mit Entspannung einhergeht. Als Beispiel soll Ihnen die »Grundübung Schwere« illustrieren, wie Sie sich die Vorgehensweise beim autogenen Training vorzustellen haben.

Autogenes Training: »Grundübung Schwere«

Sie liegen mit geschlossenen Augen in einem ruhigen Raum entspannt auf einer nicht zu weichen Unterlage oder sitzen ruhig und entspannt auf einem Hocker. Konzentrieren Sie sich jetzt intensiv auf die Vorstellung »Mein rechter Arm ist ganz schwer«. Sprechen Sie sich diesen Satz gelassen und langsam immer wieder vor, und nehmen Sie wahr, was jetzt mit Ihnen bzw. Ihrem Arm passiert. Falls Sie nach einigen Minuten keine Veränderung erlebt haben, sollten Sie nicht enttäuscht sein, sondern die gleiche Übung später noch einmal wiederholen.

Wenn Sie ein Schweregefühl in Ihrem rechten Arm wahrnehmen, dehnen Sie die Formel auf beide Arme und anschließend nacheinander auf beide Beine aus.

Führen Sie diese Übung regelmäßig ein bis zwei Wochen lang mindestens einmal täglich aus.

Wenn sich danach das Gefühl der Schwere in Ihren Gliedmaßen zuverlässig einstellt, können Sie zur nächsten Übung, der Wärmeübung, weitergehen. Gehen Sie dabei in der gleichen Weise vor: rechter Arm, linker Arm, rechtes Bein, linkes Bein. Kombinieren Sie in Ihrer Vorstellung das Gefühl der Schwere mit dem der Wärme: »Mein rechter Arm ist ganz schwer und ganz warm.«

Im anderen Fall sollten Sie ruhig und gelassen noch einige Zeit bei der »Grundübung Schwere« verweilen. Versuchen Sie nichts zu erzwingen. Seien Sie sich selbst gegenüber gelassen.

Die Einzelübungen sind so aufeinander abgestimmt, dass sie in ihrer Gesamtheit in eine tiefe Entspannung des gesamten vegetativen Bereichs münden. Vom Blutkreislauf über die Atmung bis hin zum Verdauungssystem sollen nach und nach alle inneren Organe auf Ruhe umgestellt und so eine Erholung des Gesamtorganismus erreicht werden. Die Übungen können sowohl im Liegen als auch im Sitzen ausgeführt werden. Vor allem in der Anfangsphase ist es wichtig, dass man sich daran gewöhnt, sein Übungsprogramm regelmäßig, nach Möglichkeit immer zur gleichen Tageszeit, durchzuführen. Pro Tag sollte man etwa zehn Minuten dafür einplanen.

Für Menschen, die das autogene Training auch zur Stressbewältigung im Alltag einsetzen wollen, hat sich die so genannte Droschkenkutscherhaltung bewährt. Sie hat den Vorteil, dass man nach einiger Übung in der Lage ist, praktisch überall und jederzeit eine Entspannungspause einzulegen, am Schreibtisch im Büro, beim Warten im Vorzimmer des Vorgesetzten, im Flugzeug, während der U-Bahn-Fahrt, bei einem längeren Stau im Auto usw. Dabei sitzt man, ohne sich anzulehnen, die Unterarme locker auf dem Oberschenkeln ruhend mit leicht gespreizten Beinen, den Kopf leicht nach vorne gebeugt und die Augenlider geschlossen, entspannt auf einem nicht zu hohen Stuhl oder Hocker. Dem Geübten genügen schon wenige Minuten in dieser Haltung, in denen er sich die entsprechenden Formeln gedanklich vorspricht, um eine tiefe und erholsame Entspannung zu erzielen.

Wer die sechs Grundübungen des autogenen Trainings zuverlässig beherrscht, kann anschließend sein Übungspensum auf die so genannten Oberstufenübungen ausweiten. Hierbei werden, nachdem man den Zustand einer Entspannung des Gesamtorganismus erreicht hat, konkrete formelhafte Imaginationen eingesetzt. Dies sind kurze, prägnante Sätze, die Vorsätze zum Inhalt haben, die dem Einzelnen ganz persönlich für sein Wohlbefinden wichtig sind oder ihm helfen sollen, seine speziellen Alltagsprobleme zu bewältigen (zum Beispiel »Alkohol/Nikotin ist mir ganz gleichgültig«; »Der Konflikt mit meinem Kollegen ist lösbar«). Diese formelhaften Vorsätze lassen sich in ihrer Wirkungsweise mit den »posthypnotischen Aufträgen« in der Hypnose vergleichen.

Welche Themenbereiche man zum Inhalt seiner formelhaften Vorsätze macht, ist ganz den persönlichen Wünschen und Bedürfnissen überlassen. Wichtig ist, dass die formulierten Aussagen für den Übenden wahr sind und seiner Persönlichkeit entsprechen.

Wenn man eine für sich persönlich wichtige Formel gefunden hat, sollte man sie über mehrere Wochen hinweg täglich in seinem Übungsprogramm anwenden und dabei darauf achten, dass man sich nicht zu viele Formeln zur gleichen Zeit zumutet. Bei mehr als zwei bis drei verschiedenen Formeln gleichzeitig wird man kaum noch einen merkbaren Erfolg erreichen können. Wichtig ist nicht in erster Linie, wie viele Vorsätze man in welcher Zeit verwirklichen konnte, sondern dass man das, was man erreicht hat, in Geduld und Gelassenheit gegenüber sich selbst bewirkt hat.

Die progressive Muskelentspannung

Obwohl die Methode der progressiven Muskelentspannung etwa zur gleichen Zeit wie das autogene Training von dem Amerikaner Edmund Jacobsen (1938) entwickelt wurde und seitdem in den Vereinigten Staaten viele Anhänger hat, ist sie in Deutschland immer noch relativ wenig bekannt. Dabei hat diese Methode gegenüber allen anderen Entspannungsverfahren den Vorteil,

- dass sie relativ schnell erlernbar ist,
- praktisch von der ersten Anwendung an deutlich wahrnehmbare Erfolge zeigt und
- so auch Skeptiker von ihrer Wirksamkeit unmittelbar überzeugt.

Jacobsen ging bei der Entwicklung seiner Entspannungsmethode von der Beobachtung aus, dass Muskelverspannung und Angst unmittelbar miteinander zusammenhängen, dass alle Gefühle von Unruhe, Angst und Erregung mit einer deutlich messbaren Erhöhung des Muskeltonus einhergehen: Wir können zum Beispiel an der Haltung eines Menschen, der im Vorzimmer seines Chefs sitzt, ablesen, ob er voller Unruhe und mit einer gewissen Angst dem kommenden Gespräch entgegensieht, oder ob er innerlich gelöst und angstfrei ist.

Aufgrund solcher Beobachtungen entwickelte Jacobsen seine progressive Muskelentspannung als unmittelbar wirksame Möglichkeit der Angst- und Spannungsreduzierung. Sie basiert auf dem einfachen Grundgedanken, dass muskuläre Entspannung und psychische Anspannung, Erregung und Angst miteinander unvereinbar sind und dass eine Entspannung der Muskulatur zwangsläufig eine Senkung des Erregungsniveaus im gesamten Organismus zur Folge hat: Niemand kann völlig entspannt in seinem Sessel sitzen und gleichzeitig innerlich hochgradig angespannt sein.

Jacobsen fand nun ein sehr einfaches und einleuchtendes Verfahren, das es uns ermöglicht, unsere Muskulatur schnell und effektiv zu entspannen: das systematische, bewusste und intensive Anspannen. Dabei machte er sich die Tatsache zunutze, dass jeder

Muskel die Tendenz hat zu ermüden, wenn er vorher intensiv belastet wurde. Sie können diese Eigenart unserer Muskeln ganz leicht selbst überprüfen: Ballen Sie einmal eine Hand zur Faust und drücken Sie sie allmählich immer fester zusammen. Zählen Sie nun ganz langsam bis sieben und nehmen Sie jetzt die Spannung möglichst vollständig zurück. Machen Sie Ihre Hand ganz locker. Sie werden merken, dass Ihnen dies jetzt viel leichter und intensiver gelingt, als wenn Sie die Hand vorher nicht angespannt hätten. Sicher kennen Sie auch aus eigenem Erleben das Gefühl entspannter Müdigkeit und wohltuender Wärme, wenn man abends nach intensiver körperlicher Anstrengung ins Bett sinkt.

Diesen Ermüdungseffekt macht sich die Technik der progressiven Muskelentspannung bei den einzelnen Übungen systematisch und gezielt zunutze: Progressiv, das heißt fortschreitend von einer Muskelgruppe zur anderen, lernt der Übende, nacheinander die wichtigsten Muskelgruppen seines Körpers zunächst bewusst anzuspannen und anschließend zu entspannen. Bei regelmäßiger Übung erreicht er auf diese Weise ein Stadium, im welchem Ruhe und Entspanntheit fast automatisch erhalten bleiben.

Man beginnt zunächst mit der Entspannung der Hände, anschließend folgen nacheinander die beiden Unterarme, dann die Oberarme, dann der Schulter-Nacken-Bereich, das Gesicht, der Rücken, Bauch, Brust und Gesäß und schließlich die beiden Beine bis hinein in die Zehen. Immer sollte die Spannung so intensiv wie möglich sein, fünf bis zehn Sekunden gehalten und dann schlagartig losgelassen werden. Das Beispiel »Entspannung des Gesichtes« veranschaulicht Ihnen, wie man dabei im Einzelnen vorgeht.

Progressive Muskelentspannung: »Entspannung des Gesichts«

Diese Übung können Sie folgendermaßen durchführen.

- **Die Stirn:** Ziehen Sie die Augenbrauen hoch und legen Sie die Stirn langsam immer intensiver in Falten. Kneifen Sie die Augen zusammen und lassen Sie immer stärkere Steilfalten entstehen.
- **Die Augen:** Reißen Sie die Augen weit auf. Entspannen Sie sie danach geöffnet. Schließen Sie die Augen und pressen Sie dabei die Lider immer stärker zusammen, bis beide Augen zugekniffen sind.
- **Die Nase:** Ziehen Sie Ihre Nase so kraus wie möglich.
- **Der Mund:** Pressen Sie bei gespitztem Mund die Lippen fest aufeinander (sprechen Sie ein spitzes Ü). Pressen Sie anschließend die Lippen mit nach außen gezogenen Mundwinkeln aufeinander (sprechen Sie ein breites E).
- **Der Kiefer:** Pressen Sie zunächst die Backenzähne aufeinander. Pressen Sie die Zunge gegen den Gaumen.

Führen Sie sämtliche Übungen zunächst einzeln und dann alle gemeinsam durch. Entspannen Sie so das ganze Gesicht auf einmal. Wiederholen Sie die Übung so oft, bis sich das intensive Entspannungsgefühl deutlich und zuverlässig einstellt. In der Regel geschieht dies nach drei- bis viermaligem Üben.

Das bewusste An- und Entspannen einzelner Muskeln und Muskelgruppen hat zusätzlich noch einen weiteren Effekt: Es schult unsere Wahrnehmung und erhöht dabei unsere Wahrnehmungsfähigkeit für Spannungsunterschiede im Bereich der Skelettmuskulatur. Wir werden auf diese Weise allmählich sensibler für den Spannungszustand unseres Organismus. Wir schulen nach und nach unseren »Muskelsinn« und lernen Anspannungs- und Entspannungszustände genauer zu unterscheiden. Damit wird es uns möglich, Anspannungen und beginnende Verspannungen früher als bisher wahrzunehmen und gezielt mit bewusster Entspannung darauf zu reagieren. Zudem erleichtert das Anspannen die Konzentration auf einen bestimmten Bereich unseres Körpers, da es sich hierbei um Wahrnehmungen handelt, die konkret und eindeutig beobachtbar sind.

Gerade für beruflich stark engagierte Menschen, für die es darauf ankommt, in Stresssituationen aufkommende Erregung und Anspannung möglichst schnell wieder zu beseitigen, ist die progressive Muskelentspannung häufig die unkomplizierteste und am schnellsten zu erlernende Form einer effektiven Schnellentspannung. Da dem hier zum Tragen kommenden primär physiologischen Wirkungsprinzip meist mit weniger Skepsis und Vorbehalten begegnet wird, empfiehlt es sich, Menschen, die solchen Methoden zunächst kritisch oder ablehnend gegenüberstehen, ihr Entspannungstraining zunächst mit dieser Methode beginnen zu lassen und erst danach einzelne Elemente aus Verfahren, die wie das autogene Training oder Meditationstechniken eine stärkere mentale Bereitschaft verlangen, in das Entspannungsprogramm einzubauen.

Meditationstechniken

Meditation ist eine uralte Technik der Kontemplation und Entspannung. Techniken der Meditation wurden praktisch von allen großen Kulturen entwickelt. Fast alle zurzeit in entsprechenden Kursen vermittelten Methoden wie Yoga oder unterschiedliche Formen der Zen-Meditation stammen ursprünglich aus fernöstlichen Kulturen. Daneben hat es aber immer auch eine christlich-abendländische Meditationstradition gegeben. Viele Klöster bieten zum Beispiel für Menschen, die mit dem Stress und den Problemen ihres Alltags nicht mehr zurechtkommen, »Exerzitientage« an, in denen man die Möglichkeit bekommt, in klösterlicher Abgeschiedenheit und Stille durch die Teilnahme an geistigen Versenkungs- und Kontemplationsübungen innere Verspannungen zu lösen, wieder zu sich selbst zu finden und aus dieser Selbstfindung heraus Kraft zu schöpfen für die Anforderungen des Alltags.

Der Begriff »meditieren« leitet sich von dem lateinischen Verb »meditari« ab und meint sowohl nachdenken, nachsinnen und überdenken als auch sich vorbereiten, sich einüben in eine neue Form des Denkens, Empfindens und Handelns.

Jenseits ihrer unterschiedlichen philosophischen und religiösen Wurzeln weisen alle Meditationsschulen große Gemeinsamkeiten auf. Alle haben sowohl »Techniken der Betrachtung« und »Techniken der so genannten Tiefenmeditation« entwickelt.

Bei den Betrachtungstechniken konzentriert sich der Meditierende auf ein bestimmtes »Meditationsobjekt«. Dies kann ein beliebiger, möglichst einfacher Gegenstand aus seiner Umwelt sein, wie zum Beispiel eine Blume, ein Stein, eine brennende Kerze, ein Musikstück, ein Wort, ein Gedicht, eine abstrakte geometrische Figur (Mandala), der eigene Atem oder auch eine »rätselhafte« Aussage, die rational nicht interpretiert werden kann (Koân).

Nach Meinung vieler Autoren sind Betrachtungen für einen Europäer als Einstieg in die Meditation am ehesten geeignet. Die Aufgabe für den Meditierenden besteht nun darin, diesem Objekt seine konzentrierte Aufmerksamkeit zuzuwenden, sich über eine längere Zeit völlig der Betrachtung hinzugeben, möglichst an nichts anderes zu denken, und so nach und nach seinen Geist von allen belastenden und ablenkenden Gedanken frei zu machen.

Die Tiefenmeditation verzichtet demgegenüber auf alle materiellen Vorlagen. Ihr Inhalt sind Vorstellungen und Gedanken, vor allem Fragen des Seins, Sinnfragen. Das Ziel ist das Erreichen der Sphäre des »reinen Bewusstseins«. Sie ist die höchste Stufe der Meditation und erst nach jahrelangem, intensivem Üben und Bemühen erreichbar. Wer sich für diesen Weg der beständigen Sinnsuche und Sinnfindung entscheidet, entscheidet sich immer auch für ein Leben, dessen Mitte außerhalb des allgemeinen Alltagslebens liegt. Intensive Tiefenmeditation wird eigentlich immer nur von Menschen betrieben, die wie zum Beispiel die buddhistischen oder christlichen Mönche ein Leben abgeschieden von der Welt führen.

Im Rahmen des Stressmanagements kann vor allem das konzentrierte Betrachten eines einfachen Gegenstandes oder das kontemplative Hören eines Musikstückes, dem man ganz bewusst über mehrere Minuten hinweg in entspanntem Zustand seine volle Aufmerksamkeit zuwendet, eine gute Hilfe sein, um sein Denken und seinen Geist von Fixierungen zu befreien: Wenn wir uns in entspanntem Zustand intensiv einem einzigen Gegenstand zuwenden und uns, wenn unsere Gedanken uns »davonlaufen«, immer wieder beharrlich zu der gestellten Aufgabe (beispielsweise eine Rose zu betrachten) zurückrufen, dann werden wir auf diese Weise allmählich erleben, wie unsere Abwehrkraft gegenüber Zerstreuungen und unsere Fähigkeit, uns auf das Wesentliche einer bestimmten Situation zu konzentrieren, zunehmen. Hektik und Stress werden uns dann weniger leicht aus dem Gleichgewicht bringen.

Der Weg zu einem entspannteren Umgang mit alltäglichen Belastungen

Die ersten Schritte auf dem Weg zu einem ausgewogenen Verhältnis von Anspannung und Entspannung könnten wie folgt aussehen:

- Nehmen Sie sich nochmals den Stresstest aus Kapitel 2 (s. S. 41) vor.
- Falls Sie dabei erkennen, dass Ihr gegenwärtiger Stresspegel auch Ihr psychisches Wohlbefinden negativ beeinflusst und Sie innerlich kaum noch zur Ruhe kommen, sollten Sie der Entspannung in Ihrem Stressmanagement-Programm hohe Priorität einräumen.
- Doch auch wenn Ihr derzeitiges Stresserleben vergleichsweise problemlos ist, sollten Sie diesen »Baustein« nicht in die Kategorie »kann vernachlässigt werden« abschieben. Gerade Zeiten relativer Stressfreiheit sind die beste Gelegenheit, um prophylaktisch eine wirksame Entspannungstechnik zu erlernen. Irgendwann werden Sie sie sicher brauchen.
- Erkundigen Sie sich, welche Möglichkeiten es für Sie gibt, eines der hier beschriebenen Entspannungsverfahren unter Anleitung eines erfahrenen Trainers zu erlernen.
- Falls Sie hierzu keine Gelegenheit haben, sollten Sie sich Literatur zum Selbstlernen beschaffen und möglichst bald mit den ersten Übungen beginnen.
- Rechnen Sie damit, dass Sie vermutlich mehrere Wochen benötigen werden, bis Sie Ihre Übungen so weit beherrschen, dass Sie sie jederzeit bei Bedarf mit Erfolg anwenden können. Bleiben Sie sich selbst gegenüber gelassen. Denken Sie immer daran, dass Ärger und Verspannung eng miteinander verbunden sind.
- Planen Sie Ihren beruflichen und privaten Tagesablauf so, dass Sie mehrmals täglich eine kurze Entspannungspause (ungefähr fünf bis zehn Minuten) einlegen können und Ihnen außerdem genügend Zeit bleibt, Ihr Entspannungsverfahren zu trainieren. Achten Sie auch hier wieder auf Regelmäßigkeit.
- Damit Sie in dieser Zeit auch wirklich entspannen können, sollten Sie vorsorgen, dass Sie jetzt nicht gestört werden (keine Besucher, keine Telefonate etc.).

So lange Sie noch keine Entspannungsübungen beherrschen, können Sie Ihr Erregungsniveau auch durch die folgende einfache Atemübung absenken.

Atemübung zur Schnellentspannung

Öffnen Sie Ihr Fenster und setzen Sie sich entspannt in Ihren Sessel. Schließen Sie die Augen und versuchen Sie, sich ganz auf Ihr Atmen zu konzentrieren, allerdings ohne dabei den Rhythmus zu beeinflussen. Zählen Sie Ihre Atemzüge bis zehn und dann wieder rückwärts. Beginnen Sie danach wieder von vorn. Wählen Sie eine Stelle Ihres Körpers, zum Beispiel Ihre Nase oder Ihre Bauchdecke, und beobachten Sie, was hier während des Atmens passiert. Kümmern Sie sich nicht um irgendwelche Gedanken, die Ihnen vielleicht durch den Kopf gehen. Versuchen Sie, trotzdem bei Ihrem Zählrhythmus zu bleiben.

Setzen Sie die Übung so lange fort, wie es Ihnen angenehm ist.

Aktive und passive Erholung

Im Grunde haben wir alle eine ziemlich genaue Vorstellungen darüber, was Erholung ist, wann wir sie benötigen und ob eine bestimmte Maßnahme (der nächtliche Schlaf, die Wanderung am Wochenende, der Konzertbesuch oder der Urlaub in der Karibik) die erwünschte Erholung gebracht hat oder nicht. Aus Erfahrung wissen wir, dass Erholungsmaßnahmen dann besonders wirksam sind, wenn wir sie selbstbestimmt ausführen können, wenn wir also genau das tun, was wir möchten und uns vorgestellt haben. Und dabei sollte es sich um Tätigkeiten handeln, die möglichst keine Verbindung zu den vorangegangenen Beanspruchungen und Alltagsbelastungen haben.

Erholung soll, nach Meinung der meisten Menschen, vor allem dem Ziel dienen, vorangegangene Belastungen und Kräfteverluste wieder auszugleichen und Ermüdungs- bzw. Erschöpfungssymptome zu beseitigen. Dabei herrscht die Vorstellung vor, während des Erholungsprozesses würden die Energiespeicher unseres Organismus wieder neu aufgetankt und beanspruchungsbedingte Stoffwechselprodukte abgebaut; Erholung sorge für den Ersatz aufgebrauchter Energien und dafür, dass wir unsere Leistungsfähigkeit wieder zurückgewinnen.

Dieser Prozess kann einerseits passiv, ohne dass wir bewusst darauf Einfluss nehmen, ablaufen (zum Beispiel während des Schlafes oder während wir auf der Couch liegend fernsehen). Er kann andererseits aber auch durch aktives Handeln (Freizeitaktivitäten) beeinflusst und gesteuert werden. Ob wir uns im Einzelfall für eine passive oder eine aktive Erholungsmaßnahme entscheiden, hängt zum einen von persönlichen Präferenzen, zum anderen aber auch von der Art und der Intensität der Ermüdung und Erschöpfung ab. Untersuchungen zur Wirksamkeit der unterschiedlichen Erholungsformen kamen zu folgenden Ergebnissen.

- **Bei genereller Ermüdung und Erschöpfung bringt die passive Erholung, deren wichtigste Komponenten ausreichender Schlaf und Muße sind, die zuverlässigsten Regenerationserfolge.**
  Die passive Erholung ist in diesem Fall die am besten geeignete Maßnahme, um »*die körperlichen und geistigen Funktionstüchtigkeiten*« (Allmer 1996, S. 176) möglichst schnell wieder herzustellen. Ihre volle Wirkung kann sie allerdings erst dann entfalten, wenn das psychophysische Erregungsniveau annähernd seine Normallage erreicht hat. Wer innerlich stark erregt oder angespannt ist, sollte daher seinen passiven Erholungsmaßnahmen systematische Entspannungsübungen vorschalten.
- **Bei partieller Ermüdung und Erschöpfung haben dagegen aktive Erholungsmaßnahmen die besten Ergebnisse.**
  Optimale Erholung wird vor allem dann erreicht, wenn es gelingt, die unterschiedlichen Beanspruchungen wie Ermüdung, psychischer Stress, psychische Sättigung oder Monotonie auszugleichen und Voraussetzungen dafür zu schaffen, dass man den kommenden Anforderungen wieder besser gewachsen ist.

Während es bei der generellen Ermüdung vor allem darum gehen muss, verbrauchte Energien wieder aufzufrischen, das Hauptziel aller Erholungsmaßnahmen also die Regeneration ist, sollten bei der partiellen Erschöpfung und Ermüdung je nach vorangegangener Beanspruchung unterschiedliche Erholungsziele angestrebt werden (Allmer 1996, S. 177–182).

- **Stimulierende Freizeitaktivitäten:** Erholung durch Stimulation benötigen vor allem diejenigen, die in ihrem Arbeitsalltag körperlich und kognitiv unterfordert werden, weil sie beispielsweise einen Beruf mit überwiegend monotonen Tätigkeiten ausüben. Stimulierende Freizeitaktivitäten sind aber auch für alle diejenigen wichtig, die in der Gefahr stehen, dass durch allzu starke Fixierung auf Beruf und Karriere wichtige Bereiche ihrer Persönlichkeit nach und nach verkümmern. In beiden Fällen ist es wichtig, für die Erholungsphase Aktivitäten zu finden, die geeignet sind, die im Arbeitsalltag brachliegenden Kräfte und Energien zu aktivieren und zu stimulieren, Unterforderungen zu kompensieren und »etwas Licht und Farbe in die triste und eintönige Alltäglichkeit zu bringen«, wie zum Beispiel erlebnisintensive Urlaubsreisen in fremde Länder, die neuartige Eindrücke vermitteln, anregende Theater-, Konzert- oder Kinobesuche oder auch sportliche Aktivitäten und Hobbys, die eine gewisse körperliche und/oder intellektuelle Herausforderung beinhalten. Im Rahmen des Stressmanagements sind vor allem solche Aktivitäten besonders erholungswirksam, die eine Loslösung von Alltagsroutinen, Tagesaufgaben und belastendem Stress durch *»Bindung der Bewusstseinskapazität an andere Inhalte unterstützen«* (Richter/Hacker 1998, S. 110).
- **Herausfordernde Freizeitaktivitäten:** Menschen, die in ihrem beruflichen und privaten Leben zunehmend das Gefühl haben, dass ihnen keine Anforderungen mehr gestellt werden, die sie als Herausforderung erleben, oder solche, die bereits unter den Folgen des Burn-out-Syndroms leiden, sollten zum Ausgleich ihrer nicht befriedigten Ansprüche und Bedürfnisse vor allem herausfordernde Erholungsaktivitäten bevorzugen. Wer sich selbst mit neuen persönlichen Herausforderungssituationen und neuen Erfahrungsfeldern konfrontiert und dabei versucht, die Grenzen seiner Möglichkeiten zu testen und neu festzulegen, indem er zum Beispiel darauf hinarbeitet, in zwei Jahren an ei-

nem Marathonlauf teilzunehmen, oder beschließt, ein Instrument zu erlernen, bereichert damit sein Leben um die für die Entlastung und Erholung von der inneren Leere notwendigen »lustvollen Spannungszustände« und kann dabei sogar »*Momente des Glücks*« erleben (Csikszentmihalyi 1992, S. 25).

● **Entspannende Freizeitaktivitäten:** In Lebenssituationen, in denen die Erschöpfung und Ermüdung von anhaltendem psychischen Stress ausgehen, sind entspannende Erholungsaktivitäten, durch die das überhöhte Aktivierungsniveau wirksam reduziert wird, die optimale Erholung. Beispiele dafür sind neben der bereits beschriebenen systematischen Entspannung Spaziergänge und Wanderungen in der Natur, sportliche Aktivitäten, sofern sie nicht stressinduzierend betrieben werden, und vor allem ablenkende soziale Aktivitäten. Wer hat nicht schon einmal selbst erlebt, wie plötzlich die Anspannungen und der berufliche Ärger des Tages wie weggeblasen waren, als am Feierabend unerwartet ein lange nicht gesehener guter Freund zu Besuch kam. Eine relaxierende Wirkung haben im Grunde alle Freizeitaktivitäten, die wir selbst bestimmt und mit Freude ausüben, die mit positiven Erlebnissen wie Entspannung und innerlich zur Ruhe kommen verknüpft sind und die unsere innere Aufmerksamkeit von den belastenden Situationen ablenken.

Die Erholungsfunktion der arbeitsfreien Zeit besteht also keineswegs nur darin, arbeitsbedingte Ermüdungserscheinungen zu beseitigen. Zusätzlich geht es immer auch darum, Beanspruchungsfolgen wie Unterforderung, Monotonie, psychische Sättigung und vor allem psychischen Stress auszugleichen und dem Einzelnen neben der reinen Regeneration neue Möglichkeiten für Selbstbestätigung und Lebensfreude zu erschließen.

Im Rahmen des persönlichen Stressmanagements wird es vor allem darauf ankommen, dass man die für sich persönlich in der momentanen Lebenssituation optimale Mixtur aus passiven und aktiven Erholungsmaßnahmen herausfindet, und vor allem bei den aktiven Erholungsmaßnahmen darauf achtet, dass alltags- und berufsbedingte Defizite möglichst umfassend kompensiert werden.

Erholsamer Schlaf

Nach einer Nacht, in der wir ausreichend lange, tief und ohne belastende Albträume geschlafen haben, fühlen wir uns erholt und gestärkt. Wir sehen den auf uns zu kommenden Anforderungen vergleichsweise optimistisch entgegen, fühlen uns ihnen gewachsen. Anders dagegen nach einer Nacht, in der wir nur schwer einschlafen konnten und immer wieder für längere Zeit wach lagen, weil uns entweder ständig ungelöste Probleme oder Befürchtungen durch den Kopf gingen, oder weil wir noch spät abends ein opulentes Essen zu uns genommen, einen aufregenden Film gesehen hatten. An solchen Tagen fühlen wir uns oft bereits beim Aufwachen »wie gerädert«, unsere Belastbarkeit ist so gering, dass wir bereits kleine Zusatzanforderungen als starken Stress erleben.

Schlafprobleme machen uns besonders dann zu schaffen, wenn wir im Alltag starken psychischen Belastungen ausgesetzt sind, wenn wir intensiven beruflichen oder privaten Stress zu bewältigen haben. Gerade dann, wenn wir einen erholsamen Schlaf besonders dringend brauchen, lässt er uns häufig im Stich.

Dies liegt zum einen daran, dass unbewältigter Stress das psychophysische Erregungsniveau so stark erhöht, dass unser Organismus nicht mehr in der Lage ist, von sich aus auf Entspannung umzuschalten. Zum anderen könnte es mit der in Stresssituationen vermehrten Adrenalinausschüttung zusammenhängen. So fand man in Untersuchungen an Arbeitnehmern, die über längere Zeit hinweg Überstunden geleistet hatten, heraus, dass deren Blut die höchsten Adrenalinwerte in den späten Abendstunden aufwies; das Maximum des abendlichen Adrenalinspiegels wurde sogar erst vier Wochen nach dem Maximum der Überstunden gemessen (Richter/Hacker 1998, S. 108). Dies könnte erklären, warum manche Menschen nicht in aktuellen Stresssituationen als vielmehr dann, wenn diese Situationen längst vorbei sind, unter massiven Schlafstörungen leiden.

Ein in Dauer und Qualität ausreichender Schlaf ist der Hauptweg zur Erholung von psychischer und körperlicher Ermüdung und Erschöpfung und er ist die wohl wichtigste Ressource gegen die schädigenden Auswirkungen von psychischem Stress. Systematischer Schlafentzug ist eines der grausamsten Folterinstrumente.

Das Kernproblem bei der Ressource »Schlaf« besteht allerdings darin, dass wir uns, anders als bei der Ernährung und der körperlichen Bewegung, das für uns optimale Quantum an Schlaf nicht bewusst beschaffen können. Wir können uns lediglich die Voraussetzungen dafür schaffen.

Schlafstörungen können zwar auch Begleiterscheinung körperlicher Erkrankungen sein, die weitaus meisten Schlafstörungen haben aber psychische Ursachen.

- Psychische Erschöpfungszustände,
- unbewältigter starker Stress (hohes Erregungsniveau, innere Unruhe, Grübeleien) und
- schlafhindernde Gewohnheiten

sind in der überwiegenden Zahl der Fälle dafür verantwortlich, dass viele Menschen mehr oder weniger häufig unter Ein- und/oder Durchschlafstörungen leiden.

Aus Untersuchungen in »Schlaflabors« weiß man heute, dass Schlaf nicht, wie früher angenommen, eine Art Bewusstlosigkeit ist, sondern im Gegenteil eine Phase reger geistiger Aktivität. Dabei lassen sich deutlich verschiedene Phasen unterschiedlicher Schlaftiefe unterscheiden. So hat zum Beispiel jeder Mensch mehrere Traumphasen pro Nacht, auch dann, wenn man sich beim Aufwachen an keinen Traum erinnern kann. Die erste beginnt etwa 45–90 Minuten nach dem Einschlafen; ihr folgen dann noch 3–5 weitere. Insgesamt träumen wir pro Nacht etwa 1½–2 Stunden. Während des Träumens lassen sich eine Reihe von körperlichen Veränderungen nachweisen. Die auffälligsten sind eine Beschleunigung des Herzschlags und schnelle Augenbewegungen. Wegen dieser so genannten »rapid eye movements« wird die Traumphase auch als »REM-Phase« bezeichnet. EEG-Messungen zeigen, dass der Schlaf in den REM-Phasen nicht besonders tief ist, dennoch kann man in dieser Phase nur schwer aufgeweckt werden, vermutlich weil wir während des Träumens Außenreize in den Trauminhalt mit hineinnehmen. Im Allgemeinen wachen wir in dieser Phase nur bei Angstträumen, ausgelöst durch damit verbundene Körperreaktionen (Schwitzen, Herzrasen), auf. Danach ist es dann oft schwer, wieder einzuschlafen, vor allem, wenn die körperlichen Begleiterscheinungen ihrerseits neue Ängste auslösen (zum Beispiel die Angst, herzkrank zu sein).

Außerhalb der REM-Phasen ähnelt die geistige Aktivität gelegentlich jenen Grübeleien, die uns manchmal vor dem Einschlafen im Zustand der Überreizung nicht zur Ruhe kommen lassen. Dies ist, wie EEG-Messungen gezeigt haben vor allem dann der Fall, wenn man gerade eine Zeit starker psychischer Belastung durchlebt. Dieses Phänomen ist unter Umständen der Grund dafür, dass wir häufig glauben, wir hätten die ganze Nacht wach gelegen. Wir können dann die Grübeleien, die uns bereits am Einschlafen hinderten, nicht von den Gedankenfetzen unterscheiden, die uns während des Schlafes beschäftigten.

Subjektive Empfindungen sind bei Schlafstörungen meist ein höchst unzuverlässiges Kriterium. Studien in Schlaflabors kamen immer wieder zu dem Ergebnis, dass Versuchspersonen, die sich darüber beklagten, die ganze Nacht wach gelegen zu haben, in Wirklichkeit vier bis fünf Stunden länger geschlafen hatten als sie selbst vermuteten (Otte 1994, S. 117). Ebenso falsch sind auch die noch immer weit verbreiteten Vorstellungen, jeder Mensch benötige mindestens acht Stunden Schlaf und dieser solle möglichst vor Mitternacht beginnen. Man weiß heute, dass vor allem die ersten Schlafstunden die größte Erholungswirkung haben, gleichgültig, ob sie vor Mitternacht liegen oder nicht. Und man weiß auch, dass Menschen sich hinsichtlich ihres Schlafbedürfnisses beträchtlich voneinander unterscheiden.

Wichtiger als das Festhalten an veralteten Regeln ist daher, dass man seinen eigenen Schlafbedarf, den eigenen Schlaftypus (Morgenmensch, Abendmensch) sowie seinen biologischen Tagesrhythmus kennt und versucht, seine Schlafgewohnheiten daran auszurichten. Am leichtesten einschlafen wird man immer dann, wenn man an einem Tiefpunkt seines Tagesrhythmus zu Bett geht.

Wenn man nicht gerade eine Phase starker psychischer Belastungen durchlebt, kann man sich bei gelegentlichen Schlafstörungen im Allgemeinen darauf verlassen, dass sich unser Körper auch ohne äußere Hilfsmittel wie Schlaftabletten oder Alkohol spätestens nach einigen Tagen selbst zu seinem Recht auf Schlaf verhelfen wird. Schlafmittel verhindern zwar das Wachliegen, sie beseitigen aber nicht die Ursachen der Schlafstörung. Der durch sie hervorgerufene Schlaf gleicht eher einem Betäubungszustand. Das normale Schlafmuster ist gestört, die für die Rekreation unverzichtbaren REM-Phasen sind deutlich verkürzt, man wacht meistens kaum erholt auf. Schlafmittel sollten deshalb nur bei akuten oder chronischen Erschöpfungszuständen (Chronique Fatigue Syndrom) und auch dann nur über wenige Tage hinweg eingenommen werden.

Die natürliche Regenerationsfähigkeit unseres Organismus ist so groß, dass schon eine einzige Nacht ausreichen kann, das Schlafdefizit einer ganzen Woche wieder auszugleichen.

Auch kurze Ruhepausen während des Tages können, vor allem wenn sie mit umfassenden Entspannungsübungen verbunden werden, nächtlichen Schlafmangel zumindest teilweise kompensieren. Auf höchst eindrucksvolle Weise hat dies zum Beispiel der Einhandsegler Lindemann (1973) erlebt, als er allein in einem Faltboot den Atlantik überquerte. Da Schlaf in seiner Situation viel zu gefährlich gewesen wäre, ersetzte er ihn wochenlang durch autogenes Training.

Nicht selten werden Schlafstörungen auch durch falsche eigene Erwartungen verursacht: Man hat tagsüber intensiv körperlich gearbeitet, fühlt sich todmüde und erwartet, nun bestimmt und ohne Probleme sofort einschlafen zu können. Man weiß, dass am kommenden Tag wichtige Entscheidungen bevorstehen, für die man top-fit sein muss, und wartet nun darauf, endlich einzuschlafen, schaut ständig auf die Uhr und befiehlt sich immer wieder, nun doch endlich einzuschlafen. Solche Erwartungen und Selbstgespräche führen mit an Sicherheit grenzender Wahrscheinlichkeit nicht zu dem erhofften Ziel. Sie erzeugen im Gegenteil eine innere Anspannung. Sie aktivieren den Organismus – und gerade dies macht ein Einschlafen unmöglich. Erfolg versprechender wäre es, sich ganz bewusst zu entspannen und die Übungen des autogenen Trainings durchzuführen, wobei man sich zusätzlich die Formel »Es macht gar nichts, wenn ich jetzt nicht einschlafe. Das entspannte Gefühl tut mir ebenso gut« vorsagen kann.

Einschlafen

Einschlafen ist eine Spontanreaktion des Organismus, die nur im entspannten Zustand eintritt.

Wichtig für ein problemloses Einschlafen ist, dass man sich bewusst darum bemüht, bevor man ins Bett geht Ärger, Spannungen und Erregungen, die sich während des Tages aufgebaut haben, so weit wie irgend möglich abzubauen. So sollte man es sich zur Gewohnheit machen, die Ereignisse des Tages grundsätzlich nicht im Bett Revue passieren zu lassen, sondern dafür einen Zeitpunkt in den frühen Feierabendstunden reservieren: entweder am Schreibtisch, bevor man den Arbeitsplatz verlässt, auf dem Nachhauseweg oder auf einem Abendspaziergang. Man hat dann den Kopf frei, im Bett an Dinge zu denken, die angenehm und entspannend sind.

Grundsätzlich sollten Menschen mit Schlafproblemen es sich zur Gewohnheit machen, erst ins Bett zu gehen, wenn sie glauben, jetzt so müde zu sein, dass sie sofort einschlafen werden. Wenn sie dann merken, dass sie entgegen ihrer Erwartung doch nicht einschlafen können, weil die Probleme sie nicht loslassen, sollten sie, falls auch Entspannungsübungen und das Denken an angenehme Dinge nicht zum Ziel führen, wieder aufstehen, ein paar Minuten im Zimmer auf und ab gehen, eventuell lesen oder entspannende Musik hören und erst dann wieder ins Bett gehen, wenn sie das Gefühl haben, dass ihnen die Augen zufallen.

Unter Umständen kann es hilfreich sein, sich einen festen »Ins-Bett-Geh-Ritus«, aufzubauen, um den Organismus sozusagen auf Schlaf zu programmieren. Dazu gehört, dass man eine Zeit lang jeden Abend zur gleichen Zeit ins Bett geht, die Vorbereitungen zum Schlaf täglich in genau der gleichen Weise ablaufen lässt und jeden Morgen zur gleichen Zeit und auf die gleiche Art und Weise aufsteht. Wenn man auf diese Weise einige Zeit ohne Probleme ein- und durchschlafen konnte, kann man die starren Regeln nach und nach wieder lockern. Man wird feststellen, dass man diesen ganzen Bereich jetzt viel gelassener angehen kann.

Der Weg zu einem erholsamen Schlaf

Die ersten Schritte auf dem Weg zu einem erholsamen Schlaf können wie folgt aussehen:

- Finden Sie heraus, wie viele Stunden Schlaf Sie benötigen, um am nächsten Tag ausgeschlafen und erholt zu sein. Dieses Quantum sollten Sie auf längere Sicht weder über- noch unterschreiten.
- Finden Sie heraus, ob Sie eher zu den Morgen- oder den Abendmenschen gehören, und versuchen Sie, Ihren Schlaf-Wach-Rhythmus, soweit dies möglich ist, daran auszurichten.
- Falls Sie generell Probleme haben, abends einzuschlafen, verzichten Sie auf zusätzliche Schlafpausen während des Tages. Nutzen Sie jede Möglichkeit zu körperlicher Bewegung, treiben Sie Sport.
- Machen Sie es sich zur Regel, Belastungen und Probleme des Tages grundsätzlich nicht im Bett zu überdenken. Reservieren Sie dafür einen Zeitpunkt, der einige Stunden vor Ihrer Schlafenszeit liegt. Halten Sie die Abendstunden möglichst von Aufregungen frei.
- Gestalten Sie Ihren Feierabend so, dass Ihnen viel Raum für Abstand von den Problemen und Belastungen Ihres Alltags, für Muße, Entspannung und positive Erlebnisse bleibt: Führen Sie zum Beispiel Ihr Ausdauertraining in den frühen Abendstunden durch; essen Sie nicht zu spät und nicht zu gehaltvoll zu Abend; genießen Sie das Essen in entspannter Umgebung; meiden Sie anregende Speisen und alkoholische Getränke, beschäftigen Sie sich mit Dingen, die Ihnen Freude machen, die Sie entspannen und beruhigen; nehmen Sie sich ab und zu Zeit für soziale Aktivitäten, beispielsweise für Gesellschaftsspiele und Gespräche mit guten Freunden; machen Sie gelegentlich vor dem Schlafengehen noch einen kurzen Spaziergang. Lassen Sie den Tag bewusst ausklingen.
- Gehen Sie erst dann zu Bett, wenn Sie wirklich müde sind.
- Schaffen Sie sich einen festen »Ins-Bett-Geh-Ritus«, an den Sie sich zumindest so lange halten, bis Ihre akuten Schlafprobleme abgeklungen sind.
- Gewöhnen Sie sich gar nicht erst an Schlafmittel. Auch Alkohol ist keine erholungsfördernde Einschlafhilfe. Bevorzugen Sie stattdessen die alten Hausmittel wie ein Glas warme Milch, einen beruhigenden Tee oder ein warmes Bad.
- Wenn Sie merken, dass Sie innerlich nicht zur Ruhe kommen, versuchen Sie, sich mit Hilfe Ihrer Entspannungsübungen zu entspannen. Ärgern Sie sich nicht darüber, dass Sie immer noch nicht schlafen. Bleiben Sie sich selbst und Ihrem Einschlafproblem gegenüber gelassen. Versuchen Sie, an etwas Angenehmes zu denken.

- Falls Sie dann nach 15 Minuten immer noch wach sind, sollten Sie wieder aufstehen, in ein anderes Zimmer gehen und erst dann wieder zurückkommen, wenn Sie wirklich müde sind.
- Eventuell wiederholen Sie diesen Schritt noch einige Mal; genießen Sie dabei die Ruhe in Ihrer Wohnung und draußen vor dem Haus.
- Gewöhnen Sie sich an, jeden Morgen zur gleichen Zeit aufzustehen, auch dann, wenn Sie das Gefühl haben, in der vergangenen Nacht kaum geschlafen zu haben.

Erholung und Regeneration im Urlaub

Im Urlaub endlich einmal richtig ausschlafen zu können, die Belastungen des Alltags vergessen, es sich gut gehen zu lassen, sich den Tag frei einteilen zu können, selbst bestimmt und frei von äußeren Zwängen spontan das tun zu können, wozu man gerade Lust hat – und all dies in einer Umgebung mit blauem Himmel und angenehmen Temperaturen – sind die am häufigsten genannten Urlaubswünsche.

Aktive Erholung im Urlaub

Während der Schlaf unsere wichtigste passive Maßnahme zur psychophysischen Regeneration ist, ist der Urlaub die wichtigste aktive Erholungsmaßnahme.

Die Erholungswirkung, die wir uns von unserem Urlaub erhoffen, umfasst die gesamte Breite der aktiven und passiven Erholungsfunktionen. Wir erwarten uns von unserem Urlaub,

- dass wir in dieser Zeit die im Alltag verbrauchten Energien wieder zurückgewinnen und das verloren gegangene Gleichgewicht sich wieder stabilisiert, dass wir innerlich zur Ruhe kommen und insgesamt widerstandsfähiger, belastbarer und stressstabiler an unseren Arbeitsplatz und in unseren Alltag zurückkehren (= *Regeneration und Relaxation*);

- dass er unser Leben auch über die Urlaubszeit hinaus bereichert, indem wir neue Eindrücke gewinnen, neue Gegenden, Kulturen, Menschen kennen lernen, uns selbst und unsere Möglichkeiten in neuen Herausforderungssituationen neu erfahren oder Muße haben, uns ausgiebig mit Dingen zu beschäftigen, die in der Hektik des Alltags zwangsläufig zu kurz kommen (= *Stimulation und Herausforderung*).

Urlaub und Erholung sind aber keineswegs per se miteinander identisch. Die dem Urlaub zugeschriebenen Erholungsfunktionen stellen sich nicht automatisch ein. Voraussetzung ist,

- dass wir unseren Urlaub so planen und gestalten, dass er frei ist von Hektik, Stress und belastenden Anforderungen, und
- dass wir uns in dieser Zeit bewusst bemühen, die den Berufsalltag bestimmende Leistungsorientierung abzulegen.

Um sich im Urlaub optimal zu erholen und gleichzeitig seine Abwehrkräfte gegen die negativen Folgen von psychischer Belastung möglichst dauerhaft zu stärken, genügt es nicht, wenn wir uns bei unseren Urlaubsplanungen ausschließlich um das geographische Ziel und die äußeren Bedingungen des Aufenthaltes kümmern. Wichtig ist vor allem, dass man sich vorher ausführlich mit den persönlichen Zielen und Bedürfnissen beschäftigt:

- In welchem Bereich ist Erholung für mich in diesem Jahr vor allem wichtig? Hat eher die körperliche Regeneration Priorität oder das Wiedergewinnen der psychischen Stabilität und Ausgeglichenheit oder die geistige Anregung?
- Welche Urlaubsformen hätten für mich in meiner derzeitigen Befindlichkeit nur geringen Erholungswert?
- Wie müsste der Urlaub zeitlich, geographisch und inhaltlich gestaltet sein, damit sich die in ihn gesetzten Erwartungen auch erfüllen können?
- Wie kann ich sicherstellen, dass die Urlaubswochen für mich nicht zu einem weiteren Stressor werden (Klima, Art der An- und Abreise, Urlaubsdauer, geplante Aktivitäten etc.)?

• Wie lassen sich meine persönlichen Urlaubsziele und diejenigen meiner Familienangehörigen, mit denen ich den Urlaub verbringen werde, miteinander vereinbaren? Was müssen wir beachten, damit der gemeinsame Urlaub für alle zu einer optimalen Erholung werden kann?

Der Urlaub ist die einzige Zeit im Jahr, in der wir uns von den vielen Einflüssen, sozialen Zwängen und der Hektik unseres Alltagslebens frei machen können. Wir sollten diese Chance nicht vertun, indem wir uns allzu sehr von anderen fremdbestimmen lassen. Wir sollten versuchen, wenigstens diese Wochen im Jahr so zu gestalten, dass sie für uns persönlich zu einer wirksamen Antistress-Maßnahme werden können. Und dies kann Urlaub nur sein, wenn er in seinem Verlauf möglichst frei von neuem Stress ist und uns gleichzeitig ein möglichst großes Maß an Selbstentfaltung, positiver Selbstbestätigung, Befriedigung wichtiger Bedürfnisse und schöpferischer Aktivierung unserer physischen und psychischen Kräfte vermittelt.

Die Möglichkeiten einer individuellen aktiven Urlaubsgestaltung sind so vielfältig wie die menschlichen Neigungen, Interessen und Bedürfnisse. Ob Sie im Winter oder im Sommer, in der näheren Umgebung oder in einem fernen Land Urlaub machen, ob Sie Ihre Urlaubstage damit verbringen, Sport zu treiben, auf einem Segelboot im Mittelmeer zu kreuzen, vor Korallenriffen zu tauchen, interessante Städte, Landschaften und Kulturen zu erkunden, Museen zu besichtigen, stundenlang spazieren zu gehen, erlesene Getränke und Speisen zu genießen, zu lesen, zu malen, zu fotografieren oder einfach nur ausgiebig zu faulenzen, ist allein eine Sache Ihrer persönlichen Entscheidung. Wichtiger als das »Was« ist das »Wie«. Denn Erholung und Entspannung findet man immer dann, wenn man etwas tut, das einem selbst Freude macht und dazu verhilft, Abstand von den Problemen und Anforderungen des Alltags zu bekommen.

Wenn keine Krankheit eine ganz bestimmte Art des Urlaubs notwendig macht oder dazu zwingt, bestimmte geographische oder klimatische Besonderheiten zu beachten, kommt es eigentlich nur auf vier Punkte an:

- dass man herausfindet, was man selbst am liebsten tun würde;
- dass man sich so weit als möglich an den eigenen Bedürfnissen orientiert und auf alle unnötigen Fremdbestimmtheiten verzichtet;
- dass man versucht, Gewohnheiten des Berufslebens und mit diesen verbundene gesellschaftliche Rollen und Normen nicht mit in den Urlaub hineinzunehmen; und
- dass man sich, seinem Körper und seiner Psyche, die Zeit, die sie für eine umfassende Erholung benötigen, auch zugesteht.

Vor allem ein mehrere Wochen langer Urlaub gibt uns die Chance, uns einmal in ganz neuen Lebensweisen kennen zu lernen und zu erproben, indem wir bewusst Dinge unternehmen, die wir, aus welchen Gründen auch immer, im Alltag nicht tun oder nicht tun können. Dabei sollten wir keine Scheu haben, auch unkonventionelle Lebensformen und Erlebensmöglichkeiten auszuprobieren, einmal für ein paar Tage oder Wochen bewusst »Urlaub« zu nehmen von eingefahrenen Verhaltensmustern und Gewohnheiten. Wir gewinnen dabei nicht nur neue Erfahrungen über uns selbst. Das selbst bestimmte Leben auf Zeit kann uns auch die innere Gelassenheit und Selbstsicherheit zurückgeben, die wir für die Bewältigung unserer Alltagsanforderungen so dringend benötigen.

Wer jeden Morgen früh aufstehen muss, freut sich, dass er jetzt einmal tagelang so lange im Bett bleiben kann, wie es ihm gefällt, während der Nachtarbeiter vielleicht schon im Morgengrauen aufsteht, um die Schönheit eines Sonnenaufgangs zu genießen. Wer täglich während der »Rushhour« mit dem Auto unterwegs sein muss, verbringt seinen Urlaub vielleicht auf einer autofreien Insel, verwirklicht sich den Jugendtraum einer Fahrt im Orient-Express oder bucht eine Schiffskreuzfahrt. Wer seine Arbeitstage in klimatisierten Büroräumen verbringen muss, sucht seine Erholung und Entspannung bei Sport und Wandern in frischer Luft. Wer viel im Freien arbeiten muss oder beruflich ständig mit anderen Menschen zu tun hat, erholt sich unter Umständen dann am nachhaltigsten, wenn er einmal tagelang niemanden sehen, mit niemandem sprechen muss oder ungestört in einem Zimmer ein Buch lesen oder Musik hören kann. Wer beruflich so stark in Anspruch genommen ist, dass er über Wochen hinweg seine Familie kaum sieht, erfüllt eventuell sich und seinen Kindern den lange gehegten Traum, einmal einige Nächte auf einer abgelegenen Bergwiese zu zelten. Wer jeden Tag in bestimmter Weise gekleidet sein muss, für den beginnt Erholung bereits mit der Freizeitkleidung. Wer beruflich häufig in Hotels übernachtet und speist, verzichtet möglicherweise im Urlaub bewusst auf den gewohnten Komfort und entscheidet sich stattdessen für eine Treckingtour im Himalaja oder eine Fahrt im Wohnwagen durch einsame Regionen Europas.

Jede dieser Urlaubsformen kann dazu beitragen, ein neues Gleichgewicht zu finden, eine andere Einstellung zu uns selbst und zu den täglichen Anforderungen unseres beruflichen und privaten Lebens, zum Leben in der Gemeinschaft und zur Kommunikation mit anderen Menschen. Jede von ihnen kann uns helfen, frei zu werden von Zwängen unseres bisherigen Lebens, neue Lösungen zu finden für eine weniger belastende Gestaltung unseres Alltags.

Um sich die Erholungswirkung eines gelungenen Urlaubs möglichst lange zu erhalten, sollte man – möglichst noch bevor man wieder in die Alltagsroutinen eintaucht – im Rahmen seines umfassenden Stressmanagement-Programms nach realisierbaren Möglichkeiten suchen, die hier gewonnenen Erfahrungen künftig auch für die Gestaltung seines Alltags nutzbar zu machen:

- Nehmen Sie sich zum Beispiel an einem der letzten Urlaubstage ein paar Stunden Zeit und gehen Sie in Gedanken einmal einen typischen Arbeitstag und ein typisches Wochenende des letzten Jahres durch.
- Haben Sie wirklich alle Möglichkeiten einer selbst bestimmten und für Sie erholsamen Freizeitgestaltung ausgenutzt?
- Was hat Sie daran gehindert, Dinge zu tun, von denen Sie jetzt wissen, dass sie Ihnen gut tun? Was könnten Sie ohne große Schwierigkeiten an Ihren bisherigen Lebensgewohnheiten ändern, um in Ihrer Freizeit künftig häufiger Erholung und positive Herausforderungen zu erleben?
- Gibt es in Ihrer Nähe Menschen, mit denen Sie sich verbünden können, um gemeinsam möglichst oft ein paar erholsame Stunden oder Wochenenden zu erleben?

Der Weg zu einem erholsamen Urlaub

Die ersten Schritte zu einem erholsamen Urlaub könnten so aussehen:

- Nehmen Sie sich bei Ihren Urlaubsplanungen ausreichend Zeit, um in aller Ruhe darüber nachzudenken, welche Erholungswirkungen Sie realisieren wollen. Lassen Sie sich nicht von anderen zu Urlaubsformen überreden, von denen Sie nicht selbst überzeugt sind.
- Erst wenn Sie hier Klarheit haben, können Sie entscheiden, wo Sie Ihren Urlaub verbringen wollen, in welcher Jahreszeit, wie Sie Ihr Urlaubsziel erreichen, wie lange Sie bleiben und was Sie unternehmen wollen, um sich in dieser Zeit optimal zu erholen. Suchen Sie nach der für Sie richtigen Mischung an regenerativen, entspannenden, anregenden und herausfordernden Urlaubsaktivitäten. Achten Sie darauf, dass Sie sich nicht unter zu hohen Erwartungsdruck setzen. Lassen Sie genügend Freiraum für spontane Entscheidungen und Unerwartetes.
- Falls Sie sich für einen Urlaub mit intensiven sportlichen Aktivitäten entscheiden sollten oder sogar vorhaben, sich in einer der zunehmend beliebter werdenden Extremsportarten auszuprobieren, sollten Sie unbedingt rechtzeitig vor Urlaubsbeginn für die nötige Fitness sorgen. Informieren Sie sich genau über die Belastungen, die Sie erwarten. Beraten Sie sich eventuell mit Ihrem Arzt oder einem ausgewiesenen Sportexperten. Beginnen Sie frühzeitig mit einem angemessenen Ausdauer- und Fitnesstraining. Haben Sie den Mut, rechtzeitig »nein« zu sagen, wenn Sie während des Urlaubs feststellen, dass Sie den Belastungen nicht gewachsen sind. Gehen Sie keine unbedachten Risiken ein.
- Planen Sie für Ihren Jahresurlaub genügend Zeit ein. Drei bis vier Wochen sind das optimale Maß.
- Achten Sie bei Ihrer Planung darauf, dass die Urlaubstage, aber auch die An- und Abreise möglichst stressfrei verlaufen können. Fahren Sie nicht am Ende eines Arbeitstages los, sondern legen Sie zwischen Arbeitsende und Urlaubsbeginn mindestens einen Tag des Abschaltens. Lassen Sie sich Zeit, um Ihren Körper und Ihre Psyche allmählich an die veränderten Bedingungen (Klima, Zeitumstellung, Essen etc.) zu gewöhnen. Beschließen Sie Ihre Urlaubszeit mit einem freien Tag zu Hause, damit Ihr Organismus Zeit bekommt, sich erneut umzustellen.
- Alles, was Sie im Urlaub unternehmen, sollte vor allem Ihnen gut tun. Orientieren Sie sich daher nicht allzu sehr am Urlaubsverhalten anderer, und kümmern Sie sich nicht darum, wenn Ihre Form der Urlaubsgestaltung bei anderen auf Unverständnis stoßen sollte.
- Versuchen Sie, positive Erfahrungen, die Sie im Urlaub gemacht haben, auch bei der Gestaltung Ihrer Freizeit mit zu berücksichtigen, damit Sie sich die Erholungswirkung möglichst lange erhalten.

Kapitel 7
Baustein 3: Agieren statt Reagieren

Arbeitszufriedenheit und Wohlbefinden

Viele Jahre lang ist die berufliche Tätigkeit für die meisten Menschen das absolute Zentrum ihres Lebens. Dies gilt umso mehr, je weiter sie auf der Karriereleiter nach oben kommen.

Einerseits verdanken wir unserem beruflichen Erfolg soziales Ansehen, Status, soziale Sicherheit und gesicherten Lebensstandard, Anerkennung, Erfolgserlebnisse, soziale Kontakte und Anregungen. Andererseits ist gerade der Beruf für immer mehr Menschen über Jahre hinweg die stärkste Gesundheit, Wohlbefinden und Lebenszufriedenheit bedrohende und gefährdende Stressquelle. Je länger sie berufstätig sind, desto stärker spüren sie, wie ihre Kräfte nachlassen. Selbstwertgefühl, Engagement, Einsatz- und Lebensfreude nehmen – anfangs noch fast unbemerkt, doch allmählich immer weniger übersehbar – ab, psychische Befindensbeeinträchtigungen wie Gereiztheit, Ungeduld, Nervosität und psychosomatische Beschwerden nehmen zu. Bald reichen auch Wochenenden und Urlaub nicht mehr aus, die verbrauchten Ressourcen zu regenerieren.

Karoshi muss nicht sein

Zwar ist es unbestritten, dass die beruflichen Anforderungen in den letzten Jahren ständig zugenommen haben und dies auch weiterhin tun werden, dennoch ist der Weg in stressbedingte Leistungseinbußen, psychosomatische Erkrankungen, vorzeitige Arbeitsunfähigkeit oder gar »Karoshi« keine unabwendbare Begleiterscheinung des modernen Arbeitslebens.

Die Analyse des Stressgeschehens (s. S. 28ff.) hat eindeutig gezeigt, dass das alltägliche Stresserleben nur zu einem Teil durch objektive Stressreize am jeweiligen Arbeitsplatz (Hitze, Kälte, Lärm, toxische Stoffe oder ungünstige äußere Arbeitsbedingungen wie Dichte oder Isolation) verursacht wird. Der überwiegende Anteil entsteht, wie Lazarus und Folkman nachgewiesen haben, nicht in der Außenwelt, sondern in unserem Kopf. Er ist das Ergebnis unserer persönlichen Einstellungen, Erwartungen, Hoffnungen und Befürchtungen, unserer Ansprüche an uns selbst und an andere, unserer Bewertungsmuster und Interpretationen. Intensität und Häufigkeit des individuellen Stresserlebens werden bestimmt von unseren individuellen Denk-, Handlungs- und Verhaltensgewohnheiten und von unserer jeweiligen psychophysischen Befindlichkeit und Belastbarkeit.

Diese Tatsache eröffnet uns die realistische Chance, die Häufigkeit und die Intensität gerade auch des berufsbedingten Stresserlebens aktiv zu beeinflussen und uns im Rahmen unseres Persönlichkeitsmanagements gezielt um Möglichkeiten einer effektiven Stressprophylaxe an unserem Arbeitsplatz zu bemühen. Dabei werden wir sehr bald erkennen, dass wir den Stressoren der modernen Arbeitswelt keineswegs so hilflos ausgeliefert sind, wie wir vielleicht meinen. Wir haben nur nicht alle Möglichkeiten, uns wirksam vor drohenden Überforderungen, Belastungen und Beeinträchtigungen unseres Wohlbefindens zu schützen, ausgeschöpft.

Unser Leiden an berufsbedingtem Stress hat viel damit zu tun, dass wir nicht oder nur unzureichend gelernt haben, uns selbst zu führen. Wir lassen viel zu häufig unser Handeln von der jeweiligen Situation bestimmen, statt zu versuchen, diese selbst aktiv mitzugestalten. Wir reagieren, wo wir agieren könnten und sollten. Allzu häufig sind wir erst dann alarmiert, wenn Stresssymptome bereits unübersehbar manifest geworden sind, statt dass wir versuchen würden, den zu erwartenden Belastungen und Konflikten zuvorzukommen. Nicht selten geraten wir bei der Erledigung von beruflichen Aufgaben und Pflichten in eine Zeitnot, die wir durch unser Arbeitsverhalten selbst verursacht haben. Wir scheuen uns vor anstehenden Entscheidungen, weil wir versäumt haben, uns rechtzeitig um eine solide Kenntnis aller relevanten Fakten zu bemühen.

Wir können wegen eines Problems, das mit Unterstützung eines kompetenten Kollegen leicht zu lösen wäre, wochenlang nicht mehr schlafen, nur weil unser Selbstanspruch uns daran hindert, andere um Hilfe zu bitten. Wir setzen uns der Gefahr aus, arbeitsüchtig zu werden oder vorzeitig auszubrennen, nur weil wir nie gelernt haben, auch einmal »nein« zu sagen, wenn andere immer mehr von uns verlangen.

Ein erheblicher Teil der Belastungen unseres Berufslebens ließe sich vermeiden, wenn wir über ausreichende Kenntnisse der Möglichkeiten verfügen würden, unser Arbeitsverhalten, unsere Arbeitshaltung und unsere beruflichen Kompetenzen zu verbessern, und gelernt hätten, dieses Wissen konsequent und gezielt im beruflichen Alltag einzusetzen. Stressmanagement des beruflichen Alltags bedeutet,

- für sich selbst, aber auch für diejenigen, mit denen man zusammenarbeitet, so weit wie möglich die Bedingungen für psychisches Wohlbefinden am Arbeitsplatz zu schaffen und zu erhalten,
- alles zu tun, um für den Umgang mit den unvermeidbaren Stressoren des Arbeitsalltags besser gerüstet zu sein und die persönlichen Ressourcen zu erhöhen.

Das persönliche Arbeitsverhalten

Wohlbefinden im beruflichen Alltag bedeutet: abends oder am Wochenende mit dem Gefühl nach Hause zu kommen, die gestellten Arbeitsanforderungen erfolgreich bewältigt zu haben – für viele Berufstätige eher die Ausnahme als die Regel. Häufig verlassen sie ihren Arbeitsplatz mit dem unguten Gefühl, wieder einmal nicht alles, was sie sich für diesen Tag vorgenommen hatten, geschafft zu haben, Wichtiges in der allgemeinen Hektik zum wiederholten Male auf einen späteren Termin verschoben zu haben, vieles angefangen, aber kaum etwas zum Abschluss gebracht zu haben.

Termindruck und Hektik gehören zu den stärksten Stressoren des Berufslebens. Sie sind so allgegenwärtig, dass es bereits zum guten Ton gehört, keine Zeit zu haben. Zeitnot ist nur allzu oft die Begründung für immer wieder aufgeschobene wichtige Entscheidungen und intensive Auseinandersetzung mit den wirklich dringlichen Problemen. Dabei wird dann übersehen, dass ein großer Teil des Zeitmangels und der Überbelastung, über die heute so viel geklagt wird, seine Ursachen im Arbeitsverhalten und bestimmten Persönlichkeitseigenschaften der betreffenden Person haben: Viele Menschen haben nie gelernt, konzentriert zu arbeiten. Sie neigen dazu, sich in der Fülle der zu erledigenden Aufgaben zu verzetteln, fangen immer wieder neue Dinge an, ohne die früheren zu Ende geführt zu haben. Vielfach sind sie auch nicht in der Lage, Wichtiges von weniger Wichtigem zu unterscheiden und klare Prioritäten zu setzen. Routinetätigkeiten, Nebensächliches und Wichtiges werden von ihnen praktisch gleichrangig behandelt; ihr einziges Prioritätskriterium ist die Dringlichkeit.

Andere geraten ständig in Zeitnot, weil sie Schwierigkeiten haben, sich selbst zu organisieren bzw. den für die Erledigung bestimmter Aufgaben erforderlichen Zeitaufwand realistisch zu kalkulieren. Sie setzen damit nicht nur sich selbst, sondern häufig auch ihre Mitarbeiter immer wieder starkem Stress aus.

Aus Angst vor Machtverlust und einer Neigung zum Perfektionismus heraus tendieren vor allem Menschen in Führungspositionen häufig dazu, Aufgaben, die eigentlich von ihren Mitarbeitern erledigt werden können, weiterhin selbst auszuführen. Sie verbringen viel Zeit mit Randtätigkeiten, weil es ihnen am notwendigen Vertrauen in die Kompetenz ihrer Mitarbeiter fehlt.

Menschen, die sich bereits in einem Zustand erhöhter Anspannung befinden, sind oft der Überzeugung, sie könnten nur unter Zeitdruck, unter Druck von außen produktiv handeln. Sie schieben Wichtiges immer wieder vor sich her, bis aus wichtigen Aufgaben plötzlich dringliche geworden sind. Sie manövrieren sich damit selbst in einen Zustand, in dem sie nur noch reagieren aber nicht mehr agieren können, und erzeugen so selbst den Stress, unter dem sie leiden.

Sicherlich lassen sich viele der alltäglichen Routinetätigkeiten dringlich »reaktiv« bewältigen, die meisten Problemlösungen im Führungsbereich verlangen aber ein »aktives« Handeln. Geschieht dies nicht und wird das Wichtige plötzlich aktuell, dann sind meistens nicht mehr genügend Zeit und Distanz vorhanden, um optimale Entscheidungen zu treffen. Stressreduzierung im Berufsalltag heißt,

- die Zukunft zur Gegenwart zu machen, bereits heute das als wichtig erkennen und behandeln, was morgen dringlich sein könnte,
- Problemlösungen nicht unter Zeit- und Termindruck anzugehen, sondern bereits dann, wenn das Problem als wichtig erkannt worden ist.

Denn vieles, was wir als stresshafte Überbelastung erleben, ist nichts weiter als ein reaktives »Wegschaufeln« dringlicher, aktueller Aufgaben.

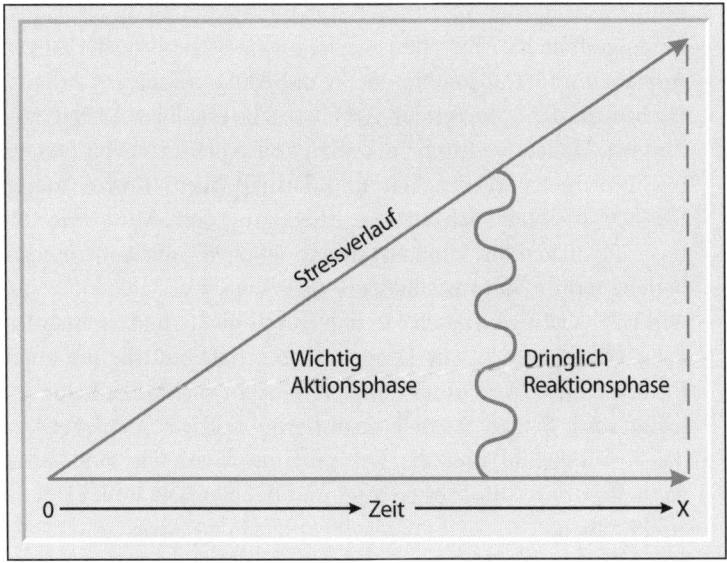

Stress und Planung, aus: Linneweh, K. 1991, Bevor es mich zerreißt, S. 198

Spätestens dann, wenn uns am Ende eines Arbeitstages immer häufiger die Frage durch den Kopf geht »Was habe ich heute eigentlich Wichtiges geleistet?«, sollte uns deutlich werden, dass wir selbst mit unseren Einstellungen und Verhaltensweisen viele der Stressfallen errichtet haben, in denen wir uns dann – wieder einmal – gefangen haben.

Die wichtigsten Schritte auf dem Weg zu einem weniger stresshaften Arbeitsverhalten und damit zu mehr Zufriedenheit und Wohlbefinden am Arbeitsplatz sehen folgendermaßen aus.

- **Das Setzen klarer Prioritäten:** Erstellen Sie eine Liste Ihrer beruflichen Aufgaben und Tätigkeiten. Prüfen Sie bei jeder anstehenden Aufgabe, ob deren Erledigung wirklich unbedingt notwendig, dringlich oder wichtig ist, ob sie eventuell aufgeschoben werden kann, ob Sie diese unbedingt selbst übernehmen müssen oder anderen übertragen können. Wenn Sie sich im Einzelfall nicht sicher sind, sollten Sie sich immer wieder fragen, ob Ihr Arbeitgeber Sie wirklich für die Erledigung dieser Aufgabe eingestellt hat. Erstellen Sie eine Prioritätenliste derjenigen Aufgaben und Tätigkeiten, die Sie unbedingt an diesem Arbeitstag bzw. in der kommenden Arbeitswoche erledigen wollen oder müssen. Halten Sie Ihren Tagesplan konsequent frei von Dingen nachgeordneter Wichtigkeit und Dringlichkeit. Konzentrieren Sie sich ausschließlich auf die Erledigung der »Muss-Prioritäten«. Versuchen Sie, zunächst die dringlichen Aufgaben zu bearbeiten, damit Sie anschließend den Kopf frei haben für das wirklich Wichtige. Lassen Sie sich durch nichts und niemanden dazu verleiten, sich mit Dingen zu beschäftigen, die auf Ihrer Prioritätenliste weit unten rangieren, bevor nicht die oberen erledigt sind. Setzen Sie sich realistische Teilziele. Genießen Sie das Erfolgsgefühl und die Befriedigung, wenn Sie am Abend feststellen, dass Sie vieles erledigt und dabei relativ wenig Hektik erlebt haben.
- **Das konsequente Delegieren:** Es wäre ideal, wenn Sie sämtliche dringlichen Aufgaben an Ihre Mitarbeiter delegieren könnten, um selbst frei zu sein für die eigentlich wichtigen Tätigkeiten. Was hindert Sie eigentlich daran, dies zu tun? Sind es wirklich

organisatorische Zwänge oder nicht vielleicht doch persönliche Vorbehalte? Was würden Sie riskieren, wenn Sie damit beginnen würden, einen Teil Ihrer Aufgaben an Ihre Mitarbeiter zu übertragen? Was würden Sie gewinnen? Fragen Sie sich bei allen Aufgaben, deren Erledigung Sie als notwendig eingestuft haben, ob es wirklich unbedingt erforderlich ist, dass Sie sie selbst übernehmen. Fangen Sie in kleinen Schritten an, delegieren Sie zunächst einmal solche Aufgaben, bei denen es um die Klärung von Detailfragen oder die Vorbereitung von Projekten geht. Geben Sie Ihren Mitarbeitern klare Anweisungen, setzen Sie ihnen Zwischentermine, an denen Sie sich über den Fortgang der Arbeit, eventuell aufgetauchte Schwierigkeiten etc. informieren lassen. Zeigen Sie Ihren Mitarbeitern, dass Sie Vertrauen in deren Kompetenz und Einsatzbereitschaft haben. Gestehen Sie auch anderen das Recht zu, gelegentlich Fehler zu machen, und versuchen Sie, gemeinsam aus diesen zu lernen.

- **Die Rationalisierung und die realistische Planung des Arbeitsablaufs:** Planen Sie Ihren Tagesablauf realistisch, reservieren Sie mindestens ein Drittel der täglichen Arbeitszeit als Zeitpuffer für Unvorhergesehenes. Sorgen Sie für einen stressfreien, übersichtlichen Arbeitsplatz – ein voller Schreibtisch ist weniger ein Zeichen der eigenen Wichtigkeit als vielmehr der mangelnden Arbeitsorganisation! Nutzen Sie bei der Gestaltung Ihres Arbeitsumfeldes konsequent alle Möglichkeiten der modernen Technik (persönliche Datenbank, E-Mail-Korrespondenz statt Briefe oder langwierige Telefonate etc.) Schützen Sie sich konsequent vor sach- und personbezogenen Störfaktoren: Gewöhnen Sie Ihre Mitarbeiter an feste Sprechzeiten; begrenzen Sie von vornherein die Dauer von Besprechungen und Gesprächen; nutzen Sie Ihre Sekretärin als »Stresspuffer« gegenüber internen und externen Störungen. Haben Sie den Mut, auch einmal »nein« zu sagen, wenn Sie merken, dass andere Sie stören oder Ihnen Aufgaben übertragen, die es Ihnen unmöglich machen, das eigentlich Wichtige zu erledigen. Finden Sie den für Sie persönlich optimalen Tagesrhythmus heraus. Berücksichtigen Sie dabei die Hochs und Tiefs Ihrer täglichen Leistungskurve. Erledigen Sie die wichtigen Aufgaben mit hoher Priorität grundsätzlich in Zeiten Ihrer Leistungshöhepunkte, für Routineaufgaben reichen auch die leistungsschwächeren Stunden völlig aus. Fassen Sie ähnliche Tätigkeiten zusammen und erledigen Sie sie in Blöcken. Achten Sie darauf, regelmäßig Pausen zu machen – mindestens sechs Minuten nach jeder Stunde konzentrierten Arbeitens und auf jeden Fall immer dann, wenn Sie spüren, dass Ihre Konzentration nachlässt. Machen Sie während dieser Zeit zum Beispiel Ihre Atem- oder Entspannungsübungen. Versuchen Sie, sich gedanklich von dem anstehenden Problem zu distanzieren, Ihren Körper zu entspannen, geben Sie ihm die Chance, neue Kraft zu schöpfen. Wenn Sie bei schwierigen Arbeiten, die viel kreatives Denken erfordern, merken, dass Sie nicht mehr weiterkommen, sollten Sie aufhören, Abstand suchen und erst später, wenn Ihre Leistungskurve wieder angestiegen ist oder am nächsten Tag daran weiterarbeiten. Nehmen Sie sich genügend Zeit, um Dinge von Anfang an »richtig« zu erledigen. Sie ersparen sich so, das Ganze später noch einmal überarbeiten zu müssen. Überprüfen Sie am Ende jeden Arbeitstages, inwieweit es Ihnen gelungen ist, Ihr Arbeitspensum stressfreier zu bewältigen. Freuen Sie sich über jeden Erfolg, den Sie erreicht haben, und nehmen Sie sich vor, am kommenden Tag wieder einen oder zwei der Fehler, die Ihnen heute noch unterlaufen sind, zu vermeiden.

Wege aus der Arbeitssucht

Im Unterschied zu Alkohol- oder Drogenabhängigen, deren Sucht als Krankheiten anerkannt wird und für deren Behandlung bereits langjährige Erfahrungen mit stationären und ambulanten Entzugsprogrammen vorliegen, werden Workaholics bei ihrem Bemühen, ihre Suchtabhängigkeit zu überwinden, noch immer weitgehend allein gelassen. Anders als in den USA oder Japan gibt es bei uns auch noch kein funktionierendes Netz von Selbsthilfegruppen, das, ähnlich wie die Anonymen Alkoholiker, den Arbeitssüchtigen während und vor allem nach seinem Entzug auffängt und weiterhin stützt und ermutigt. Hilfe setzt in der Regel erst dann ein, wenn Begleitsymptome der Sucht eine medizinische und psychologische Behandlung unumgänglich machen. Bei der Prävention und in den ersten Stadien seines Abhängigwerdens von der Droge »Arbeit« ist der Workaholic weitgehend auf sich selbst verwiesen.

Für Menschen, die durch ihr berufliches Umfeld, die Art ihrer Berufstätigkeit und/oder aufgrund ihrer Persönlichkeitsstruktur besonders gefährdet sind, besteht die Hauptaufgabe ihres individuellen Persönlichkeitsmanagements darin,

- bereits die ersten Anzeichen einer eigenen Gefährdung zu erkennen und so früh als irgend möglich sinnvolle Gegenmaßnahmen einzuleiten,
- das eigene Arbeitsverhalten wieder in den Griff zu bekommen,
- die Kontrolle über ihre Arbeitsweise zurückzugewinnen,
- offen zu bleiben bzw. wieder offen zu werden für Dinge außerhalb des eigenen Berufes.

Dies ist keine leichte Aufgabe, vor allem deshalb, weil das Anfangsstadium der Arbeitssucht nicht leicht zu erkennen und das längerfristige persönliche Gefährdungsrisiko nur schwer abzuschätzen ist. Die ersten Schritte in die Abhängigkeit sind ja zumeist relativ harmlos: Man arbeitet in einer bestimmten Lebenssituation plötzlich übermäßig viel und kann hierfür auch noch plausible Gründe anführen. Und selbst wenn man am Beispiel von Kollegen miterlebt, wohin ein solches Verhalten führen kann, hält man sich selbst nicht für gefährdet, glaubt, dass man jederzeit aussteigen könne, und gerät so unmerklich immer tiefer in die Abhängigkeit.

Ebenso wie niemand mit Sicherheit von sich sagen kann, ob ihn der regelmäßige Genuss von Alkohol irgendwann zum Alkoholiker werden lässt, gibt es auch für die Arbeitssucht bisher keine absolut sichere Prognose. Sicher ist nur: Arbeitssucht ist eine Krankheit mit verheerenden Folgen für den Betroffenen selbst und für diejenigen, die mit ihm zusammenleben.

Der erste unverzichtbare Schritt auf dem Weg aus der Arbeitssucht und die erste Präventionsmaßnahme gegen eine potenzielle Suchtgefährdung müssen deshalb darin bestehen, dass man sich diesen Tatbestand klar und deutlich vor Augen führt.

Für das weitere Vorgehen gibt es kein Patentrezept. Es gibt keinen für alle geeigneten Weg, keinen Trick und keine Zauberformel, mit der sich die eigene Arbeitssucht besiegen ließe. Welcher Weg im Einzelfall zum Erfolg führt, hängt unter anderem ab

- vom Stadium der Sucht,
- von den äußeren Lebensumständen und Arbeitsbedingungen,
- von der jeweiligen Persönlichkeit.

Der Ausstieg braucht Zeit, Beharrlichkeit, Geduld und den festen Willen, sich selbst und die eigene Haltung zu Beruf und Arbeit zu verändern. Nicht nur dem Betroffenen selbst, sondern auch seinen Angehörigen, seinen Kollegen und Mitarbeitern wird in dieser Zeit ein hohes Maß an Geduld und Langmut abverlangt.

Eine solche Aufgabe lässt sich meistens nur schwer neben dem Alltagsgeschäft in Angriff nehmen. Wer nicht warten will, bis ihn eine Krankheit zum Überdenken seiner bisherigen Arbeitsgewohnheiten zwingt, sollte versuchen, sich an einem Wochenende oder im nächsten Urlaub die Zeit zu nehmen, über konkrete Veränderungsmaßnahmen nachzudenken.

Dieses Nachdenken sollte sich nicht auf die gegenwärtige Lebenssituation beschränken, sondern auch die eigene Vergangenheit und Zukunft einschließen. Dabei kann es hilfreich sein, wenn der Lebenspartner oder ein guter Freund an den Überlegungen teilnimmt. Das eigene Arbeitsverhalten mit seinen Auswirkungen und Konsequenzen auch einmal aus dem Blickwinkel anderer zu sehen vermittelt oft überraschende Einsichten. Zunächst einmal sollte es um folgende Punkte gehen:

- **Sich selbst in seinem Verhältnis zu seiner Arbeit kennen lernen.** Man sollte sich Fragen stellen wie: »Was sind meine Aufgaben im Beruf und im Privatleben? Wie ist es zu der gegenwärtigen Workaholic-Situation gekommen? Gibt es einen konkreten Anlass? Was/wer raubt mir meine Zeit, bringt mich immer wieder dazu, mehr Aufgaben zu übernehmen und länger zu arbeiten als meine Kollegen? Gibt es bereits Anzeichen für ein Abhängigsein von der Droge »Arbeit« (abnehmende Freizeitaktivitäten und

Interessen, ständig länger werdende tägliche Arbeitszeiten, Arbeit auch zu Hause am Feierabend, am Wochenende oder im Urlaub, sich häufende Ehrenämter, neben- und außerberufliche Aktivitäten, freiwillige Übernahme dringlich zu erledigender Aufträge etc.)? Gibt es bereits Anzeichen für gesundheitliche Folgen meines übermäßigen Arbeitens? Machen sich schon erste Begleitsüchte (Alkohol, Tabletten etc.) bemerkbar? Gibt es im beruflichen Umfeld außer mir noch weitere Workaholics?«

- **Sich seine eigenen Einstellungen, Reaktionen und Verhaltensweisen bewusst machen.**

Hier bringen uns Fragen weiter wie:»Was bringt mich immer wieder dazu, mehr und länger zu arbeiten? Was hindert mich eigentlich daran, weniger zu arbeiten? Wo liegen die Ursachen für mein übermäßiges Arbeiten (in mir selbst, in äußeren Umständen)? Was hat für mich beruflich und privat Priorität, was ist mir vor allem wichtig? Bin ich mit meiner gegenwärtigen Situation eigentlich zufrieden? Was habe ich durch mein übermäßiges Arbeiten bereits verloren (Partner, Freunde, Interessen, Hobby, Freizeit, Lebensfreude)? Was habe ich damit gewonnen bzw. erreicht? Was ist mir das eine und das andere wert?«

- **Sich klar werden über frühere Lebensziele, über das, was bisher davon realisiert wurde, und über Ziele, die man künftig noch erreichen will.**

Fragen, die man sich in diesem Zusammenhang stellen sollte, sind:»Entspricht mein jetziges Leben meinen früheren Vorstellungen? Was möchte ich in den kommenden Jahren noch erreichen (für mich ganz persönlich, in meinem Beruf, in Bezug auf meine Familie)? Wie wird mein Leben in den kommenden Jahren verlaufen, wenn ich so weitermache wie bisher? Bin ich wirklich bereit, die langfristigen Kosten meiner derzeitigen Lebensweise zu tragen? Was kann ich tun, um aus der gegenwärtigen Situation wieder herauszukommen? Wer kann mir dabei helfen, mich dabei unterstützen?«

Hat man die eigene Gefährdung erst einmal erkannt, sollte der nächste Schritt nicht länger aufgeschoben werden. Dabei ergibt sich zunächst einmal eine grundsätzliche Schwierigkeit: Im Unterschied

zu den anderen Süchten, bei denen der Abhängige in der Entzugs-
phase »trockengelegt« werden kann, ist bei der Arbeitssucht für die
meisten Menschen ein Totalausstieg nicht realisierbar. Sie müssen
für ihren Lebensunterhalt ja weiterhin arbeiten. Das macht den
Ausstieg oft so schwierig und langwierig. Daraus die Konsequenz
zu ziehen, es habe keinen Sinn, den Kampf gegen die Arbeitssucht
überhaupt erst zu beginnen, wäre allerdings der falsche Weg.

Für die meisten Workaholics geht es ja nicht um die Entscheidung: »Totalausstieg ja oder nein?«, sondern um die Frage: »Wie
viel und wie lange will ich künftig arbeiten, und wie schütze ich
mich vor Rückfällen in mein altes Arbeitsverhalten?« Eine realistische Zielvorgabe wäre der Entschluss, von jetzt ab

- an jedem Arbeitstag ein angemessenes Arbeitspensum zu erledigen, sich aber nicht mehr vorzunehmen, als man wirklich erledigen kann, und dabei solchen Aufgaben Priorität einräumen,
  deren Erledigung wirklich wichtig oder dringlich ist,
- die zur eigenen Erholung notwendigen regelmäßigen Pausen im
  Arbeitsablauf unbedingt einzuhalten,
- den Arbeitstag zu einer bestimmten Zeit zu beenden, selbst
  wenn noch nicht sämtliche geplanten Arbeiten erledigt sind,
- konsequent »nein« zu sagen, wenn einem andere mehr Arbeit
  aufbürden wollen, als man in der vorgegebenen Zeit bewältigen
  kann,
- Aufgaben, die auch von anderen übernommen werden können,
  konsequent zu delegieren,
- während der allgemeinen Arbeitszeit konzentriert zu arbeiten,
  die Freizeit aber von Arbeit und vom Nachdenken über Unerle-
  digtes frei zu halten und
- nicht mehr heimlich zu arbeiten.

Die folgenden acht Regeln können eine erste Orientierungshilfe für
den Weg zu diesem Ziel sein (vgl. Orthaus u.a. 1993). Sie sind keine
Handlungsanweisung, sondern lediglich als Anregung für die persönliche Umorientierung gedacht.

Sich aus der Arbeitssucht zu lösen, bedeutet vor allem, sich frei
zu machen von tatsächlichen oder vermeintlichen Fremdbestimmt-

heiten, zurückzufinden zu einem selbst bestimmten, aktiven und befriedigenden Lebensstil. Wichtiger als die eine oder andere Einzelmaßnahme ist, dass man das Ganze im Auge behält, den Kampf auf möglichst vielen Ebenen führt und sich nicht auf einen einzelnen Lebensbereich beschränkt. Nur so kann man sich gegen Rückfälle einigermaßen schützen. Die eigene Arbeit wieder in den Griff zu bekommen bedeutet ja nicht weniger, als sich selbst wieder in den Griff zu bekommen. So sinnvoll jede Einzelmaßnahme ist, dem eigentlichen Ziel wird man mit ihr nur dann näher kommen, wenn sie dazu beiträgt, die eigene Lebenssituation zu begreifen und zu sich selbst zu finden.

Acht Regeln für den Weg aus der Arbeitssucht

1. **Setzen Sie sich neue Ziele.**
Nachdem Sie herausgefunden haben, was Sie in Ihrem Leben künftig noch verwirklichen möchten, sollten Sie Ihre Prioritäten neu formulieren, Unwesentliches über Bord werfen und Raum schaffen für das, was Ihnen wirklich wichtig und wesentlich ist. Nehmen Sie sich an jedem Morgen vor Arbeitsbeginn zehn Minuten, in denen Sie darüber nachdenken, ob Ihr Tagesplan diesen Zielen entspricht.

2. **Fangen Sie in Teilbereichen an.**
Schaffen Sie sich im Alltag erste Freiräume, die frei sind von Leistungsdruck und Terminen: Schalten Sie zum Beispiel am Wochenende Ihren Anrufbeantworter ein und hören Sie diesen erst am Montagmorgen ab. Versuchen Sie, im Urlaub einige Tage ohne Armbanduhr zu leben. Suchen Sie sich ein von Leistungsanforderungen freies Hobby. Nehmen Sie sich Zeit für Entspannung, Muße und Spaß. Gewöhnen Sie sich an regelmäßige Schlaf- und Wachzeiten, an gesunde Ernährung und ein regelmäßiges Fitnessprogramm.

3. **Lassen Sie sich von anderen helfen.**
Sie werden selbst sehr bald merken, wie schwer es ist, allein von der Droge Arbeit wegzukommen. Lassen Sie sich von ihrem Lebenspartner, von einem guten Freund, von Kollegen, zu denen Sie Vertrauen haben, dabei helfen. Ideal wäre es, wenn es Ihnen gelänge, an Ihrem Arbeitsplatz einen »Coach« zu finden, der rechtzeitig eingreift, wenn Rückfälle drohen. Scheuen Sie sich auch nicht davor, die professionelle Hilfe eines Psychotherapeuten in Anspruch zu nehmen, wenn Sie merken, dass Sie allein nicht zurechtkommen. Schauen Sie sich in Ihrem Arbeitsumfeld nach potenziellen »Mitstreitern« um. Versuchen Sie, eine gemeinsame Selbsthilfegruppe ins Leben zu rufen.

4. **Werfen Sie überflüssige Tätigkeiten über Bord.**
Konzentrieren Sie sich auf Ihren ganz persönlichen Aufgabenbereich. Geben Sie alle Nebentätigkeiten, Ehrenämter usw. auf und lehnen Sie diesbezügliche Angebote konsequent ab. Hören Sie auf, sich selbst zu überfordern. Achten Sie auf die Warnsignale Ihres Organismus. Setzen Sie sich klare Ziele. Sie werden selbst merken, dass Sie diese Ziele ohne Delegieren überflüssiger Tätigkeiten nur mit endlosen Überstunden verwirklichen können. Delegieren Sie also so viel und so konsequent wie möglich.

5. Hüten Sie sich vor übertriebenem Perfektionismus.
Sie können mit jeder Aufgabe unendlich viel Zeit verbringen, dennoch wird es etwas geben, was man noch besser machen könnte. Versuchen Sie, Ihre hohen Ansprüche an der Realität zu orientieren, wägen Sie Aufwand und Ertrag sorgfältig gegeneinander ab und setzen Sie Ihrem Hang zum Perfektionismus klare Grenzen. Vereinbaren Sie mit Ihren Mitarbeitern und Kollegen ein Frühwarnsystem, damit Ihre Neigung künftig rechtzeitig gebremst werden kann.

6. Planen Sie Ihren Tagesablauf.
Halten Sie sich bei der Planung Ihrer Arbeitstage strikt an die Regeln zur Rationalisierung des persönlichen Arbeitsverhalten (s. S. 181f.). Schreiben Sie in Ihren Tagesplan nur die Dinge, die Sie unbedingt erledigen müssen, und erledigen Sie diese dann auch termingerecht. Nutzen Sie Ihre Kräfte optimal. Halten Sie Ihre Pausen grundsätzlich frei von Arbeit und beruflichen Belangen.

7. Nehmen Sie sich wieder Zeit für Dinge, die Ihnen Spaß machen.
Es ist durchaus möglich, dass Sie in den ersten Wochen häufiger das Gefühl haben, in ein schwarzes Loch gefallen zu sein: Das Telefon klingelt nicht mehr so häufig, Sie sind plötzlich für längere Zeit völlig allein in Ihrem Büro, Aufgaben werden erledigt, ohne dass Sie über den aktuellen Stand genau informiert sind etc. Um in solchen Momenten vor Rückfällen geschützt zu sein, sollten Sie sich für Ihre Freizeit Tätigkeiten suchen, auf die Sie sich schon während der Arbeitsstunden freuen können, die aber keinesfalls wieder in Arbeit ausarten dürfen. Gehen Sie ins Theater, in ein Restaurant, machen Sie einen Stadtbummel oder Spaziergang, lesen Sie die Bücher, mit denen Sie sich schon immer beschäftigen wollten. Probieren Sie aus, wie viele angenehme Arten, die Zeit zu verbringen, es außer Arbeit sonst noch gibt. Genießen Sie Ihr Leben jetzt.

8. Pflegen Sie den Kontakt zu Ihren Mitmenschen.
Gehen Sie auf Ihre Mitmenschen zu, versuchen Sie, verloren gegangene Kontakte wieder aufleben zu lassen und neue zu knüpfen. Scheuen Sie sich nicht, den ersten Schritt zu tun. Versuchen Sie, sich anderen Menschen gegenüber zu öffnen, mit anderen über das, was Sie beschäftigt, zu sprechen. Lernen Sie anderen zuzuhören, gemeinsam etwas zu unternehmen, sich von anderen anregen zu lassen. Auch wenn Sie sich dies im Moment nicht vorstellen können, spielen Sie einmal ausgelassen mit Ihren Kindern oder toben Sie sich mit Freunden auf einem Sportplatz aus.

Fachliche und soziale Kompetenz

Viele, die über die hohe Stressbelastung in ihrem beruflichen Alltag klagen und sich dabei eher in der Opferrolle sehen, haben sich nie ernsthaft mit der Frage auseinander gesetzt, ob nicht ihr Stresserleben seine Ursache auch darin haben könnte, dass sie im Verlauf ihrer Karriere Positionen erreicht haben, für die sie nicht oder nur unzureichend ausgebildet, auf deren weit gefächerte Anforderungen sie nicht in angemessener Weise vorbereitet sind – eine Situation, die im Verlaufe eines Berufslebens umso wahrscheinlicher auftreten wird, je schneller sich die Rahmenbedingungen beruflichen Handelns verändern. Sie klagen über Zeitdruck, Terminnot, über mangelnde Einsatzbereitschaft ihrer Mitarbeiter und organisatorische Zwänge, und übersehen dabei, dass, wie Lazarus und Folkman in ihrem »transaktionalen Erklärungsmodell« (1984) überzeugend dargestellt haben (s. S. 30f.), psychisches Stresserleben eben nicht nur von außen an uns herangetragen wird, sondern immer auch in unserem Kopf entsteht: Wir erleben psychischen Stress, wenn wir uns Situationen gegenübersehen, deren erfolgreiche Bewältigung für uns persönlich hohe Bedeutsamkeit hat, von denen wir aber gleichzeitig wissen oder fürchten, dass unsere Kompetenzen und Fähigkeiten nicht ausreichen könnten, sie erfolgreich zu bewältigen: Die Befürchtung, den an uns herangetragenen Erwartungen nicht gerecht werden zu können, dem Konkurrenzdruck vor allem jüngerer Kollegen nicht mehr gewachsen zu sein, die Angst, die eigenen Unsicherheiten könnten von anderen bemerkt und eventuell sogar gegen uns verwendet werden sowie die Furcht vor Ansehens- und Kontrollverlust können, wenn die ihnen zu Grunde liegenden Ursachen nicht aufgedeckt und behoben werden, zu extrem starken psychischen Stressoren werden.

Zu einem umfassenden Stressmanagement im beruflichen Bereich, gehört deshalb ganz zentral die Aufgabe:

- sich immer wieder nüchtern und realistisch die Anforderungen, die mit der jetzt erreichten beruflichen Position verbunden sind, zu verdeutlichen;

- diesen Anforderungen eine ehrliche, ungeschönte Bilanz der eigenen Fähigkeiten, Kompetenzen, Ressourcen, Potenziale sowie der persönlich wichtigen Ziele und Zukunftserwartungen gegenüberzustellen;
- dann im zweiten Schritt konsequent und beharrlich daran zu arbeiten, eventuell vorhandene Wissenslücken, Kompetenzmängel, persönliche Schwächen und Defizite oder auch zu hohe, nicht erfüllbare Ansprüche an sich selbst zu korrigieren.

Lernen – eine Aufgabe für das ganze Leben

Wir leben in einer Zeit, in der einmal erworbene Kenntnisse und Kompetenzen in immer kürzeren Zeiträumen hinfällig werden. Die Bereitschaft zu lebenslangem Lernen ist deshalb langfristig der einzige wirksame Schutz vor allmählichem Kompetenzverlust, zunehmender Überforderung und vorzeitigem Verschleiß der körperlichen und psychischen Kräfte. Dies gilt nicht nur in Bezug auf die Fachkenntnisse, sondern vor allem auch in dem für Führungskräfte besonders bedeutsamen, aber häufig vernachlässigten Bereich von Führung und Zusammenarbeit.

Viele Menschen müssen erst starke innere Vorbehalte überwinden, bevor sie sich darauf einlassen können, ihre Art des Umgangs mit anderen Menschen in Frage zu stellen. Die eigenen Fachkenntnisse aufzufrischen bzw. neue zu erwerben erzeugt dagegen vergleichsweise wenig inneren Widerstand. Daher empfiehlt es sich, in diesem Bereich Erfahrungen mit den Auswirkungen eines selbst bestimmten Umgangs mit der eigenen Person zu sammeln.

Fachliche Kompetenzen

Für das Persönlichkeitsmanagement im beruflich-fachlichen Bereich sind neben der Bereitschaft zu lebenslangem Lernen vor allem Zeit und Beharrlichkeit erforderlich. In den meisten Fällen müssen die notwendigen Freiräume erst einmal gefunden und dann gegen

Störungen verteidigt werden. Seminare zum Zeitmanagement und zur persönlichen Arbeitsorganisation helfen, die entsprechenden Techniken zu erlernen und bei der eigenen Arbeit Gewinn bringend anzuwenden. Sie sollten deshalb von Anfang an als unterstützende Maßnahmen eingeplant werden.

Das Ziel sollte es sein, sich in seiner Terminplanung regelmäßig einen gewissen Zeitraum freizuhalten, den man ausschließlich darauf verwendet, sich fachlich auf dem Laufenden zu halten. Dazu gehört, dass man seinen Wissens- und Kenntnisstand auf seine Aktualität überprüft und sich kontinuierlich über Neuerungen und Trends informiert, die für den eigenen Beruf oder das weitere berufliche Umfeld relevant sind bzw. interessant werden könnten.

- Je früher man in seinem Berufsleben damit beginnt, desto weniger Mühe wird man damit haben und desto geringer wird der jeweilige Nachholbedarf sein.
- Je regelmäßiger man seine fachlichen Kenntnisse auffrischt, desto geringer wird der Zeitaufwand.

Führungskräfte, die aktiv und selbst bestimmt mit ihrem Wissen und ihren Fachkenntnissen auf dem jeweiligen aktuellen Stand sein und bleiben wollen, sollten es sich zur Gewohnheit machen, alle ihnen verfügbaren Möglichkeiten auch tatsächlich auszuschöpfen. Dabei kommt es vor allem darauf an, dass man sich seine Neugier und seine Wissbegier erhält und sich nicht scheut, von anderen zu lernen. Konkret bedeutet dies:

- Auf andere Menschen zugehen; keine Scheu haben, Fragen zu stellen; zugeben können, dass man etwas nicht weiß; zuhören können; andere dazu ermuntern, ihr Wissen weiterzugeben, aber auch selbst eigene Kenntnisse nicht als Instrument persönlichen Machterhalts einsetzen.
- Bei Fachgesprächen mit Mitarbeitern und Kollegen nicht die eigene Kompetenz herausstellen, sondern diese Unterredungen als Chance nutzen, neue Kenntnisse auf Zeit sparende Weise zu erwerben und Anregungen zu bekommen, die die eigene Arbeit erleichtern und Fehler vermeiden helfen.

- Keine Angst haben vor Mitarbeitern, die jünger sind als man selbst und exzellente aktuelle Fachkenntnisse mitbringen, die innovative Ideen haben und auf eine Weise kreativ sind, die einem selbst Schwierigkeiten bereitet.

- Schluss machen mit einem Denken in Sparten und Zuständigkeiten; auch einmal diejenigen Abteilungen des Unternehmens, aufsuchen, mit denen man nicht unmittelbar zu tun hat, und sich über deren Aufgaben, Ziele und Problemstellungen und Lösungsvorschläge informieren; vorhandene Vernetzungen näher kennen lernen; prüfen, ob sich bereits von anderen entwickelte Ideen und Problemlösungen auf den eigenen Bereich übertragen lassen.

- Alle Möglichkeiten nutzen, die sich zu einer fach- und ressortübergreifenden Zusammenarbeit bieten – in Projektteams mitarbeiten und selbst die Initiative ergreifen, dass solche Arbeitsformen im eigenen Unternehmen einen festen Platz bekommen.

- Offen bleiben für »die Welt draußen«, für wichtige Veränderungen im weiteren sozialen Umfeld, für die Fülle an Anregungen, die sich hier täglich bietet.

Soziale Kompetenzen

Soziale Kompetenz im beruflichen Alltag heißt,

- sich auf unterschiedliche Menschen einstellen zu können,
- kollegial mit anderen zusammenzuarbeiten,
- andere verantwortungsbewusst zu führen, zu motivieren und in ihrer individuellen Entwicklung zu fördern,
- zum offenen und fairen Dialog und zur aktiven Konfliktbewältigung bereit zu sein.

In der Regel werden diese Fähigkeiten im Rahmen der schulischen und beruflichen Ausbildung kaum vermittelt. Belohnt und gefördert wird vielmehr immer noch die so genannte »Einzelkämpfermentalität«. Erst wenn man eine bestimmte Führungsposition erreicht hat und Führungsverantwortung übernehmen soll, stellt man plötzlich fest, dass die bisher erfolgreiche Haltung nicht taugt, um Mitarbeiter effizient zu führen und gleichzeitig ein Arbeitsklima zu schaffen, das jeden Einzelnen motiviert, engagiert an der jeweiligen Zielerreichung mitzuarbeiten.

Um trotz einer solchen Ausgangsposition als Führungskraft erfolgreich sein zu können, sollte man sich zunächst die eigenen Grundhaltungen bewusst machen und ihre Bedeutsamkeit für die eigenen Verhaltens- und Reaktionsweisen anerkennen. Erst danach sollten Überlegungen folgen, wie sich eventuell vorhandene Schwächen mildern bzw. verändern lassen.

Die Stärkung vorhandener und der Erwerb neuer sozialer Kompetenzen ist ein Prozess, der sich nur im aktuellen Handeln vollziehen kann, dabei aber immer auch die Reflexion über die Wirkung, die dieses Handeln nicht nur auf die eigene Person und die eigene berufliche Kompetenz, sondern auch auf die hiervon unmittelbar Betroffenen hat, mit einschließen sollte.

Soziale Kompetenzen lassen sich nicht von heute auf morgen erwerben. Seminare und Trainings können zwar dazu beitragen, die Sensibilität für die Konsequenzen unterschiedlicher Verhaltensweisen zu erhöhen und Anregungen und Hilfestellungen für Einstellungs- und Verhaltensänderungen zu geben. Gelebt und erprobt werden müssen sie im beruflichen Alltag. Das Erlernen von Führungskompetenz ist im Wesentlichen ein »Learning by doing«, sein zentraler Lernort ist der eigene Arbeitsplatz.

Dennoch kann es sinnvoll sein, neue Verhaltensweisen im Umgang mit anderen Menschen zunächst außerberuflich in Situationen, bei denen Erfolg oder Misserfolg für einen selbst relativ unwichtig ist, auszuprobieren und in ihrer Wirkung zu erproben, beispielsweise beim Einkaufen, bei einem Restaurantbesuch, bei der Unterhaltung mit einem Mitreisenden im Zug. An solche Situationen geht man meist mit größerer Offenheit und innerer Gelassenheit heran als an eine verfahrene Familiensituation oder ein Gespräch mit einem schwierigen Mitarbeiter. Man wird deshalb hier weniger Schwierigkeiten haben, sich in einer anderen als der gewohnten Weise zu verhalten. Je mehr positive Erfahrungen man auf diese Art macht, desto leichter wird es einem fallen, das Gelernte auf die persönlich wirklich wichtigen Bereiche zu übertragen.

Auch hier sollte man sich ausreichend Zeit für kleine Schritte nehmen, um nicht bereits vorhandenen Belastungen weitere hinzuzufügen. Wichtig für den Erfolg ist vor allem, dass man Realist bleibt, der weiß, dass er sich nur im Rahmen der in seiner Persönlichkeit angelegten Möglichkeiten verändern kann. Diese sollte man allerdings voll ausschöpfen. Ziel ist nicht der perfekt funktionierende »Führungsroboter«, sondern eine Führungspersönlichkeit, die möglichst viel dazu beiträgt,

- dass weder sie selbst noch diejenigen, die mit ihr zusammenarbeiten, unter vermeidbaren beruflichen Belastungen leiden, und
- dass unvermeidbare Belastungen für alle Beteiligten möglichst wenig längerfristige negative Folgewirkungen mit sich bringen.

Teamorientierte Führung auf der Basis vertrauensvoller Zusammenarbeit lässt sich nicht im Alleingang verwirklichen. Eine wichtige Voraussetzung, Mitarbeiter und Kollegen als Verbündete zu gewinnen, ist, dass ihnen ebenfalls entsprechende Freiräume gesichert werden.

Auf diese Weise wird ein Fundament gegenseitiger Unterstützung geschaffen, auf dem sich zielorientierte, kollegiale Zusammenarbeit schrittweise weiterentwickeln lässt. Ein vertrauensvolles, emotional nicht belastendes Verhältnis zwischen Kollegen und Vorgesetzten, das frei ist von sozialen Spannungen und nicht gelösten Dauerkonflikten, lässt selbst hohe Arbeitsanforderungen zur motivierenden Herausforderung werden. Menschen, die in solch einem Klima arbeiten, fühlen sich anerkannt, entwickeln Selbstbewusstsein, Selbstvertrauen, Eigeninitiative und ein Gefühl der Verantwortung, das nicht nur auf die Erledigung der eigenen Aufgaben beschränkt ist. Die meisten sind dann sogar bereit, Anstrengungen auf sich zu nehmen, die über das übliche Maß hinausgehen.

Kompetent geführte Mitarbeiter tragen also entscheidend dazu bei, dass die Führungskraft die ihr abverlangten Führungsaufgaben effektiv bewältigt und damit seltener in Gesundheit, Wohlbefinden und Arbeitszufriedenheit beeinträchtigende Belastungs- oder Überforderungssituationen gerät.

Empfehlungen zur stressfreien Führung

Das Vorgehen im Einzelfall hängt stark von der im jeweiligen Unternehmen vorhandenen Ausgangssituation ab, sodass hier nur einige allgemeine Anregungen gegeben werden können:

- Orientieren Sie sich an den in Ihrem Unternehmen geltenden Leitlinien für Führung und Zusammenarbeit und treffen Sie mit Ihren Mitarbeitern konkrete Vereinbarungen, wie sie diese schrittweise realisieren wollen und wie sie bei Regelverletzungen vorgehen wollen.
- Informieren Sie Ihre Mitarbeiter über Ihre persönlichen Wert- und Zielvorstellungen, Ihre Ansprüche, Erwartungen, Absichten etc.
- Ermuntern Sie Ihre Mitarbeiter und Kollegen, Unzufriedenheit und Kritik, die sie an Ihnen und Ihrem Verhalten haben, auch zu äußern.
- Schaffen Sie für sich und Ihre Mitarbeiter ein »Frühwarnsystem«, das sicherstellt, dass Rückfälle in alte Denk- und Verhaltensgewohnheiten möglichst umgehend bemerkt werden.
- Scheuen Sie sich nicht, sich bei der Bewältigung Ihrer Führungsaufgaben von anderen, helfen zu lassen. Haben Sie den Mut, Kollegen oder Freunde, die mit der Materie vertraut sind, um Rat zu fragen. Gerade in der Anfangsphase können Sie sich durch eine gute Supervision manche Irrtümer, Misserfolge und Frustrationen ersparen.
- Versuchen Sie, aus Ihren Fehlern zu lernen. Aber achten Sie auch darauf, dass Sie nicht fremdbestimmt eine Rolle spielen, die Ihrer Persönlichkeit nicht entsprechen würde. Bleiben Sie glaubwürdig.
- Menschen können sich nur innerhalb gewisser Grenzen verändern. Auch mit den Möglichkeiten des Persönlichkeitsmanagements wird sich nicht erreichen lassen, dass jede Führungskraft sämtliche Anforderungen 100%ig erfüllt. Soziale Kompetenzen, die Sie selbst nicht haben, sind eventuell bei Ihren Mitarbeitern vorhanden. Nutzen Sie dies. Versuchen Sie, nach und nach ein sozial kompetentes Team zusammenzustellen.
- Seien Sie sich bei allem, was Sie tun, Ihrer Vorbildfunktion bewusst. Wichtiger, als immer alles richtig zu machen, ist es, dass Ihre Mitarbeiter Sie als personale Autorität akzeptieren. Dazu gehört, dass Sie glaubwürdig und verlässlich sind, aufgeschlossen und weltoffen, dass Sie eigene Fehler und Schwächen nicht kaschieren, sondern zugeben, Ihre Gefühle offen zeigen können, dass man Ihnen abnimmt, dass Sie die Persönlichkeit des anderen respektieren, seine Leistungen anerkennen und bereit sind, andere im Rahmen Ihrer Möglichkeiten zu fördern.

Soziale Unterstützung

Wenn es darum geht, beispielsweise ein neues Produkt zu entwickeln und im Markt zu platzieren, ist es für jedermann selbstverständlich, dass sich das nicht im Alleingang, sondern nur in Zusammenarbeit mit anderen erfolgreich umsetzen lässt. Im Bereich des Persönlichkeitsmanagements sieht dies aber meistens anders aus: Die Führung der eigenen Person wird weithin als eine ausschließlich persönlich zu bewältigende und bewältigbare Aufgabe angesehen. Die Bedeutung, die Sozialkontakte und soziale Unterstützung für ein erfolgreiches Umgehen mit Belastungen und damit auch für Gesundheit, Wohlbefinden, Stressresistenz, Lebenszufriedenheit und Leistungsfähigkeit haben, wird entweder nicht gesehen oder doch zumindest unterschätzt. Viele Menschen verzichten bei ihrem Bemühen um eine Lösung ihrer persönlichen Probleme leichtfertig auf wertvolle Hilfe, weil sie nicht wissen, welche Bedeutung diese hat und wie sie sie einsetzen könnten. Sie geraten nach und nach in kaum noch ertragbare seelische Belastungssituationen, weil sie ganz selbstverständlich davon ausgehen, mit persönlichen Problemen und Schwierigkeiten müsse man allein fertig werden – ein Irrtum, der unnötig viel Kraft kostet.

Der Mensch als »animal sociale« kann ohne soziale Kontakte, ohne die Hilfe und Unterstützung anderer nicht überleben. Die Bedürfnisse nach Zugehörigkeit, Nähe, Geborgenheit und gegenseitigem Vertrauen sind zentraler Bestandteil der menschlichen Natur. Das Leben und Handeln in Gruppen, deren Mitglieder sich gegenseitig vertrauten und unterstützten, hat den Menschen in Jahrmillionen geprägt. Nicht nur das biologische Überleben, auch Fortschritt und kulturelle Entwicklung wären ohne sozialen Zusammenhalt nicht möglich gewesen. Offenbar bestimmt das Eingebundensein in ein soziales Netzwerk auch noch heute das menschliche Verhalten und Wohlbefinden, und zwar nicht nur, wie allgemein akzeptiert, in der frühen Kindheit, sondern in allen Phasen des Lebens, und in besonderem Maße in Krisensituationen. Gerade dann kann das Vertrauen auf die Existenz und Hilfsbereitschaft eines sozialen Netzwerkes die eigene Handlungsbereitschaft und das eigene Selbstvertrauen wirkungsvoll stützen und mobilisieren.

Wer sich sozial eingebettet weiß, für den ist die Gefahr, in Belastungssituationen zu erkranken, relativ gering. Dies konnte durch eine Vielzahl empirischer Studien eindeutig belegt werden: Personen, die nach eigener Aussage, *nicht* über ausreichende befriedigende soziale Beziehungen verfügen – und das sind in der BRD mehr als sechs Millionen! –, fühlen sich überdurchschnittlich häufig unglücklich, depressiv und einsam. Gleichzeitig sinkt bei ihnen die Aktivität der so genannten Killerzellen, die das Immunsystem zur Abwehr von Infektionen einsetzt. Jede Schwächung des Immunsystems bedeutet aber gleichzeitig ein erhöhtes Erkrankungsrisiko.

Wirksame soziale Unterstützung und befriedigende Sozialkontakte sind also ein wirkungsvoller Puffer gegenüber den belastenden und schädigenden Einflüssen von Stress und Überforderung. Dies gilt vor allem auch im Bereich des Arbeitslebens. So haben verschiedene Untersuchungen gezeigt, dass wirkungsvolle soziale Unterstützungssysteme am Arbeitsplatz nicht nur die Arbeitszufriedenheit, die Leistungsbereitschaft und die Leistungsfähigkeit erhöhen, sondern auch zuverlässig vor Burn-out und berufsbedingter psychophysischer Erkrankung schützen (Aronson u.a. 1983).

Neuere Untersuchungen haben interessante Details über die Zusammenhänge zwischen Stresserleben im Beruf und den unterschiedlichen Formen sozialer Unterstützung aufzeigen können (Udris 1987). Unterschieden wurden vier Typen von Arbeitskollegen bzw. Arbeitsbeziehungen:

1. **Soziale Freunde:** Kollegen, die man sowohl in der Arbeit als auch in der Freizeit als Freunde bezeichnet und zu denen ein häufiger bzw. regelmäßiger Kontakt besteht.
2. **Freunde in der Arbeit:** Kollegen, zu denen man außerhalb der Arbeit keinen weiteren Kontakt unterhält.
3. **Arbeitskollegen:** Kollegen, mit denen man formal kooperiert, ohne dass emotionale Bindungen bestehen.
4. **Konfliktbeziehungen:** Arbeitskollegen, die man nicht mag.

Es hat sich nun gezeigt, dass die Anzahl und die Qualität der Beziehungen in unterschiedlichem Maße zum Erleben von beruflichem Stress beitragen: Personen, die an ihrem Arbeitsplatz mit Freunden (1 und 2) zusammenarbeiten, erleben aktuell wenig Stress, fühlen sich aktuell beruflich wenig überlastet und überfordert. Stress, der über einen längeren Zeitraum anhält, wird dagegen vor allem durch wechselseitige Unterstützung zwischen Kollegen, deren Verhältnis emotional neutral ist (3), wirksam reduziert.

Das Unterstützungssystem »Familie« scheint demgegenüber nicht nur weniger geeignet, beruflichen Stress aufzufangen, es ist auch außerordentlich störanfällig gegenüber Beeinträchtigungen durch berufliche Überforderung und verliert bei länger anhaltender Belastung schnell seine unterstützende Funktion.

Die ideale Kombination, um die schädigenden Wirkungen von beruflichem Stress möglichst gering zu halten, wäre demzufolge,

- dass man unter seinen Kollegen zumindest einen Freund hat,
- dass das Verhältnis zu den übrigen Kollegen emotional möglichst unbelastet ist und
- dass man darauf achtet, dass die familiären Beziehungen unter dem eigenen beruflichen Ärger und Stress möglichst nicht mit leiden müssen.

Soziale Unterstützung – ein wirksamer Stressschutz

Wer im täglichen Umgang mit anderen Menschen soziale Unterstützung annimmt und gibt, bleibt gegenüber den schädigenden Folgen von Stress weitgehend immun.

Der emotionale Halt, den man gerade in Krisensituationen hier findet, aktiviert die eigenen psychischen Reserven und hilft so bei der Bewältigung emotionaler Probleme. Die konkreten Hilfen und Informationen, die andere zur Verfügung stellen, erleichtern und effektivieren das eigene Coping-Verhalten in Stresssituationen. Im Grunde kann also niemand darauf verzichten, Menschen zu kennen, auf die man sich in guten und in schlechten Zeiten verlassen und stützen kann, denen man jederzeit seine Gefühle ohne Angst vor Missbilligung mitteilen kann. Allerdings müssen hierfür gewisse Voraussetzungen erfüllt sein. Soziale Kontakte allein genügen nicht. Entscheidend ist auch nicht die Quantität, sondern ausschließlich die Qualität der zwischenmenschlichen Beziehungen. Die wirksamste Unterstützung bieten regelmäßige Kontakte zu einigen wenigen Menschen, denen man bedingungslos vertrauen kann, die auf Dauer verlässlich sind, die die eigene Fürsorge erwidern.

Bei diesem Prozess wechselseitigen Gebens und Nehmens sind vor allem die folgenden sechs Aspekte von entscheidender Bedeutung (Aronson u.a. 1983):

1. **Zuhören:** Hier kommt es vor allem darauf an, Menschen zu finden, die zuhören können, ohne immer gleich eigene Ratschläge anzubieten oder Urteile abzugeben, bei denen man sich seinen Ärger oder seine Ängste erst einmal von der Seele reden, Dampf ablassen kann, mit denen man Kummer und Enttäuschung über Misserfolge ebenso teilen kann wie die Freude über Erfolge, bei denen man keine Scheu haben muss, seine Gefühle zu zeigen.
2. **Sachliche Anerkennung:** Das Gefühl, für seine Arbeit und Leistung bei anderen Anerkennung zu finden, trägt entscheidend zu Zufriedenheit und Wohlbefinden bei. Positiv wirksame fachliche Anerkennung kann allerdings nur von Personen kommen, die das betreffende Arbeitsgebiet genau kennen und den Schwierigkeitsgrad der jeweiligen Aufgaben einschätzen können, bei denen man sicher sein kann, dass ihre Rückmeldungen ehrlich und aufrichtig sind. Dagegen sind Familienangehörige oder berufsfremde Freunde, da ihnen in den meisten Fällen die fachliche Kompetenz fehlt, nicht die ideale Person für sachliche Anerkennung.

3. **Sachliche Herausforderung:** Stresserleben und Ausbrennen sind nicht in jedem Fall die Folge chronischer Überforderung. Unterforderung infolge fehlender Herausforderungen kann auf Dauer in gleicher Weise belasten und krank machen. Der Gedankenaustausch mit vertrauenswürdigen Kollegen, die zum Weiterdenken herausfordern, die einen ermutigen, das persönliche Engagement zu verstärken, eigene Fähigkeiten und Interessen auszubauen und gezielt zu nutzen, vorhandene Kreativitätspotenziale nicht ungenutzt zu lassen, ist die wichtigste Quelle sachlicher Herausforderung.

4. **Emotionale Unterstützung:** Im Leben eines jeden Menschen wird es Situationen geben, in denen er wenigstens einen Menschen in seinem näheren Umfeld benötigt, der ihn bedingungslos unterstützt. Emotionale Unterstützung erfordert keine Fachkenntnisse, sondern Zuneigung, Vertrauen, Akzeptanz und Loyalität. Für die meisten Menschen sind Familienangehörige und enge Freunde die wichtigste Ressource emotionaler Unterstützung, selbst bei beruflichen Problemen, Konflikten und Schwierigkeiten.

5. **Emotionale Herausforderung:** Einen anderen Menschen emotional herauszufordern heißt, ihm dabei behilflich zu sein, dass er aus Situationen, die ihm selbst völlig ausweglos erscheinen, wieder herausfindet, indem man ihm beispielsweise hilft, seine starke emotionale Betroffenheit zu überwinden und das fragliche Problem rational und aus einer gewissen Distanz heraus zu betrachten.

6. **Gemeinsame soziale Realität:** Gerade in Zeiten, in denen man das Gefühl hat, dass einem die Kontrolle über das eigene Leben zu entgleiten droht, kann der vertrauensvolle Kontakt zu Menschen, die in der gleichen sozialen Realität leben wie man selbst, mit denen man in wichtigen Punkten einer Meinung ist und von denen man weiß, dass sie die Situation ähnlich beurteilen wie man selbst, eine wertvolle Hilfe sein. Von ihnen kann man am ehesten praktikable Vorschläge erwarten, um aus einer solchen Situation wieder herauszufinden.

Wer in seinem näheren Lebensumfeld Menschen hat, die ihm gegenüber diese Funktionen wahrnehmen, ist gegen Ausbrennen und andere negative Folgen von Stress in seinem Berufs- und Privatleben gut geschützt. Allerdings ist es höchst unwahrscheinlich, dass eine einzige Person, etwa der Ehepartner, alle diese Funktionen wahrnehmen kann. Dazu ist so gut wie niemand in der Lage. Man sollte dies auch von niemandem erwarten.

Wichtig ist, dass man, möglichst schon bevor man in schwierige Situationen, in Überforderung und Stress gerät, sicher sein kann, dass man im Notfall auf sämtliche Formen sozialer Unterstützung zählen kann.

Der sicherste Weg zu effektiver sozialer Unterstützung bei der Bewältigung von Stress und Stressfolgen im beruflichen Alltag ist, dass man selbst damit beginnt, das eigene Misstrauen, die eigene Scheu und Vorbehalte zu überwinden, offen auf Mitarbeiter und Kollegen zuzugehen und ihnen Anerkennung, Ermutigung, sachliche Kritik, Anregung und Herausforderung anzubieten. Wer selbst den ersten Schritt tut und offen auf seine Kollegen zugeht, wird dabei zweierlei positive Erfahrungen machen:

- Er selbst fühlt sich gut, weil er die Kraft gefunden hat, innere Widerstände und Vorbehalte zu überwinden.
- Zumindest auf einige der Kollegen wird sein eigenes Verhalten ansteckend wirken. Das Image des Einzelkämpfers wird damit nach und nach bei immer mehr Kollegen seine Attraktivität verlieren.

Ein lebensfähiges System gegenseitig hilfreicher Sozialbeziehungen zwischen Kollegen und Mitarbeiten aufzubauen, das nicht nur unter den normalen Alltagsbedingungen, sondern vor allem auch in Krisenfällen zuverlässige soziale Unterstützung bietet, erfordert zwar einen langen Atem. Es ist aber eines der effizientesten Mittel, um Ausbrennen zu vermeiden und negative Stressfolgen zu bremsen und zu mildern.

Selbst bestimmte Lebensplanung

So hilfreich die bisher vorgeschlagenen Maßnahmen zur Bewältigung aktuellen Stresserlebens und Stärkung der eigenen Widerstandskräfte auch sind, allgemeine Ratschläge und Techniken des Stressmanagements allein reichen nicht aus, wenn es darum geht, für sich selbst Antworten zu finden auf die Frage nach dem Sinn des eigenen Lebens, nach der individuellen Lebensperspektive. Das eigene Selbst zu finden, um sich dann innerhalb der gegebenen Rahmenbedingungen aktiv »verwirklichen« zu können, ist nur individuell durch Kontemplation und Selbstreflexion der eigenen Möglichkeiten, Chancen und Grenzen sowie Sensibilität gegenüber den eigenen inneren Überzeugungen, Hoffnungen, Wünschen, Bedürfnissen und Befürchtungen erreichbar. Die Fragen

- Wer bin ich?
- Wo komme ich her?
- Wo stehe ich?
- Was erwarte ich von meinem Leben?
- Was ist mir wirklich wichtig?
- Wie möchte ich am Ende meines Lebens gelebt haben bzw. gewesen sein?

sind Grundfragen des Menschseins, auf die wohl jeder im Verlauf seines Persönlichkeitsmanagements irgendwann einmal stoßen wird. Den einen Weg der Sinnsuche und die eine für alle Menschen gleichermaßen befriedigende Antwort auf diese Fragen kann es nicht geben. Die für sich persönlich zutreffende Antwort zu finden ist eine Aufgabe, die einem niemand abnehmen kann. Das eigene Leben, die eigene Entwicklung gehören zu den wenigen Dingen, für die sich die Verantwortung nicht delegieren lässt.

- Den eigenen Standort zu finden,
- sich selbst mit seinen Grenzen aber auch seinen Chancen und Entwicklungsmöglichkeiten zu erkennen und zu akzeptieren,

- sich von Illusionen, unnötigen Zwängen, rational nicht begründbaren Überzeugungen und überhöhten eigenen Zielsetzungen frei zu machen,
- anzuerkennen, dass es im Leben stets Rahmenbedingungen geben wird, die sich der eigenen Beeinflussung entziehen,
- gleichzeitig aber auch den Willen und die Kraft zu entwickeln, sich in seiner weiteren Entwicklung nicht passiv von anderen bzw. von äußeren Umständen bestimmen zu lassen, sondern die Verantwortung für sich selbst bewusst zu übernehmen,
- Anforderungen nicht primär als Überforderung, sondern zunächst einmal als positive Herausforderung erleben zu können, für die es sich zu engagieren lohnt,
- dahin zu kommen, mit sich selbst, seinen Mitmenschen und seiner Umwelt möglichst im Einklang zu leben und wieder Freude an den alltäglichen Dingen des Lebens zu empfinden,

dies alles erfordert Offenheit, Gelassenheit und ein gewisses Maß an Distanz im Umgang mit sich selbst sowie die Bereitschaft, einen ehrlichen Dialog mit sich selbst zu führen, sich selbst und sein Leben in den persönlich relevanten Bezügen aus einer ganzheitlichen Sichtweise zu betrachten und zu überdenken.

Man sollte die Beschäftigung mit den persönlichen Lebensperspektiven deshalb nicht zu einem Pflichtpunkt seines persönlichen Managementkonzeptes machen, sondern sich ihr dann stellen, wenn die Sinnfrage von selbst auftaucht. Dabei geht es nicht um gequälte Selbstbeobachtung und Egomanie, sondern darum, aus einer anstrengungslosen inneren Haltung und einer positiven Einstellung zu sich selbst heraus wieder offen zu werden für die Chancen der in jedem Abschnitt des Lebens vorhandenen Entwicklungs- und Veränderungsmöglichkeiten der eigenen Persönlichkeit.

Im Grunde ist dies eine Aufgabe, die niemals vollständig abgeschlossen werden kann. Bereits das Sich-auf-den-Weg-Begeben ist Teil des Zieles: Das komplizierte Zusammenspiel in unserem Organismus, das dann letztendlich zu dem Gesundheit und Wohlbefinden beeinträchtigenden Stresserleben führt, lässt sich nicht auf Knopfdruck umpolen. Die jetzigen Sichtweisen und Verhaltensweisen haben sich über Jahre hinweg entwickeln und festigen können.

Deshalb sollte man nicht ungeduldig werden, wenn man immer wieder erfährt, dass auch die Veränderungen Zeit benötigen, um sich allmählich entwickeln zu können.

Der Erfolg wird ganz wesentlich davon abhängen, dass es gelingt, von Anfang an eine möglichst positive Grundeinstellung zu sich selbst und den eigenen Lebensmöglichkeiten zu finden. Neben Gelassenheit sich selbst gegenüber ist das positive Denken der wichtigste Schlüssel für einen erfolgreichen Umgang mit der eigenen Person.

Das Weinglas, das für den Pessimisten »schon halb leer« ist, ist für den positiv Denkenden »noch halb voll«. Dieser Unterschied der Sichtweise lässt sich auch auf den eigenen Alltag, die eigene Lebenseinstellung übertragen.

Der Weg zu einem selbst bestimmten Leben

Hierzu einige praktische Empfehlungen für die Zeit der »Umorientierung«:

- Verschieben Sie Dinge, die Ihnen wichtig sind, nicht länger auf eine spätere Zukunft. Versuchen Sie stattdessen, jeden Tag etwas von dem zu realisieren, was für Sie ganz persönlich zu einem sinnerfüllten Leben gehört.
- Beginnen Sie von jetzt an jeden Tag mit etwas, das Ihnen selbst Freude macht. Hören Sie zum Beispiel beim Frühstück oder im Auto auf dem Weg zur Arbeit Ihre Lieblingsmusik.
- Verwöhnen Sie sich auch einmal selbst beispielsweise mit einem guten Essen, einem Kleidungsstück von Ihrem Lieblingsdesigner oder einfach mit einem freien Tag, an dem Sie nur Dinge tun, die Ihr ganz persönliches Wohlbefinden stärken.
- Unternehmen Sie immer wieder etwas, das Sie sich schon lange gewünscht haben – auch wenn es für Ihre Mitmenschen vielleicht verrückt klingen mag.
- Freuen Sie so oft als möglich an den kleinen Dingen Ihres ganz persönlichen Alltags. Nehmen Sie kleine positive Meldungen mindestens genauso wichtig wie die großen negativen Schlagzeilen.
- Entwickeln Sie Ihren Sinn für Humor und versuchen Sie, auch sich selbst nicht allzu ernst zu nehmen.
- Versuchen Sie, in negativen Erfahrungen auch etwas Positives zu sehen. Denken Sie dabei an das Bild von dem Weinglas.
- Versuchen Sie Rückschläge und Misserfolge künftig mit größerer Gelassenheit hinzunehmen. Sie gehören zum Leben dazu und sind auch eine Chance, mehr über sich selbst zu erfahren, zu lernen und sich weiterzuentwickeln.
- Beunruhigen Sie sich nicht schon im Voraus über mögliche Stresssituationen. Machen Sie es sich stattdessen zur Gewohnheit, jedem bedrohlichen Ereignis positive Ereignisse und lohnende Ziele gegenüberzustellen.
- Nehmen Sie sich am Ende eines jeden Tages genügend Zeit, um das, was Sie erlebt, gedacht, erreicht etc. haben, noch einmal zu überblicken. Grübeln Sie nicht über Ihre Misserfolge, sondern freuen Sie sich an jedem Erfolg. Prägen Sie sich ihn gut ein.
- Machen Sie es sich zur Regel, erst dann über ein negatives Ereignis nachzudenken, wenn Sie ihm mindestens ein positives gegenübergestellt haben.

Jede intensive Beschäftigung mit dem eigenen Leben, mit der eigenen Vergangenheit, der persönlichen Zukunft und der momentanen Situation wird irgendwann in die Frage nach dem Sinn des Lebens münden. Wenn wir uns selbst entdecken, unseren Ängsten, aber auch unseren Hoffnungen begegnen, wenn wir bereit sind, nicht nur die eigenen Stärken, sondern auch die eigenen Schwächen anzunehmen, öffnen sich uns zugleich Wege, zu neuen Möglichkeiten der Selbstverwirklichung zu kommen und,»in einer neuen Weise sehend«, unser Leben zu leben. Wenn wir bereit sind zu akzeptieren, dass jeder Mensch nur ein begrenztes Leben hat, dass man Pläne, Hoffnungen und Wünsche nicht dauernd aufschieben kann, weil es ein»Zuspät« gibt, und dass es immer Aufgaben geben wird, die als unerledigt an die nachkommende Generation weitergegeben werden müssen, kann der Resignation etwas entgegengesetzt werden:

- Wir werden dann Gründe zum Handeln und Ziele finden, für die es sich lohnt zu leben.
- Wir werden den Mut finden, uns zu engagieren und sogar gegen den Strom zu schwimmen.
- Wir werden der Gegenwart nicht länger entfremdet gegenüberstehen, sondern sinnvoll an ihr Anteil haben (Linneweh 1991).

Wer sich einmal auf diesen Weg begeben hat, wird dabei mit Sicherheit nicht nur Anstrengung und eventuell sogar Frust erleben, sondern vor allem Sinnhaftigkeit, Freude, Selbsterfüllung, Ansporn, Zufriedenheit und vielleicht sogar Augenblicke des Glücks. Seine emotionale Befindlichkeit auf diesem Weg ähnelt eher der des Sisyphus, von dem der französische Dichter Albert Camus einmal geschrieben hat, dass wir ihn uns als einen glücklichen Menschen vorstellen müssten.

Kapitel 8
Ausklang: Zwölf Thesen zur Stresskompetenz

1. **Es gibt kein Leben ohne Stress.**
   Stress im Sinne von immer wieder neuen Herausforderungen, die es zu bewältigen galt, um das Überleben zu sichern, prägte nicht nur die menschliche Entwicklung von ihren Anfängen bis heute. Ohne ihn hätte es weder einen biologischen noch einen sozial-kulturellen Fortschritt gegeben. In den modernen Industriegesellschaften ist der allgemeine Stresspegel allerdings unvergleichlich höher als jemals zuvor in der Geschichte der Menschheit. Damit ist auch das mit dem Stressgeschehen immer verbundene gesundheitliche Gefährdungspotenzial heute deutlich größer als in früheren Zeiten. Stresserkrankungen – vor allem eine Folge der ständig steigenden beruflichen Anforderungen – gehören heute zu den häufigsten Krankheiten. Sie verursachen mittlerweile in allen Industrienationen immense volkswirtschaftliche Kosten.

2. **Stress kann körperliche und seelische Krankheiten verursachen.**
   Stress hat immer dann negative Folgen für Gesundheit und Wohlbefinden, wenn die genetisch angelegte physiologische Stressreaktion als Antwort auf eine tatsächliche oder vermutete Bedrohung oder Herausforderung nicht oder nicht vollständig ablaufen kann. Wenn die zur Stressbewältigung bereitgestellten Energien nicht ausgenutzt werden oder wenn die anschließende Erholungsphase nicht ausreicht, verbrauchte Ressourcen rechtzeitig wieder zu regenerieren, destabilisiert sich nach und nach das für unsere Gesundheit unverzichtbare psychophysische Gleichgewicht. Die damit einhergehenden gesundheitlichen Beeinträchtigungen betreffen auf längere Sicht immer die ganze Person, das körperliche ebenso wie das psychische Wohlbefin-

den und das intellektuelle Leistungsvermögen. Stressgeschehen, das über einen längeren Zeitraum hinweg andauert, führt häufig dazu, dass sich zusätzlich gesundheitsschädigende Verhaltens- und Lebensgewohnheiten einschleichen.

3. **Stress entsteht immer auch in unseren Köpfen.**
Stresserleben kann sowohl durch objektiv vorhandene Bedrohungen als auch durch subjektive Interpretationen ausgelöst werden. Der Stress, unter dem wir heute vor allem leiden, entsteht nicht in erster Linie durch objektive Merkmale einer bestimmten Situation, sondern in unserem Kopf. Es ist das Ergebnis unserer persönlichen Bewertungen, Gedanken, Empfindungen und Überlegungen. Wir erleben Stress, weil wir wissen oder vermuten, dass unsere persönlichen Einwirkungs- und Kontrollmöglichkeiten, unsere persönlichen Kompetenzen und Handlungsalternativen nicht ausreichen, die bedrohliche Situation erfolgreich zu bewältigen. Die eigene Persönlichkeitsstruktur ist damit einer der zentralen Risikofaktoren innerhalb des Stressgeschehens. Für die Intensität des Stresserlebens spielt es keine Rolle, ob diese Selbsteinschätzung der Realität entspricht oder nicht.

4. **Wir sind dem Stress in unserem Alltagsleben nicht hilflos ausgeliefert.**
Ob wir die Anforderungen unseres Alltagslebens als krank machende Belastung oder als bewältigbare Herausforderung erleben, hängt somit ganz wesentlich von uns selbst ab, von unseren körperlichen und psychischen Ressourcen und der Art und Weise, wie wir mit diesen umgehen, von unseren Fähigkeiten, uns aktiv mit den Rahmenbedingungen unseres Lebens auseinander zu setzen, von unseren Einstellungen und von der Stärke des sozialen Netzwerkes, auf das wir uns in Notsituationen stützen können. Ein selbst bestimmtes, aktives Stressmanagement, das den negativen Auswirkungen anhaltender hoher Anforderungen rechzeitig entgegenwirkt, ist die beste Möglichkeit, sich wirksam vor den schädigenden Einflüssen von Stress zu schützen. Es eröffnet uns eine reelle Chance, trotz Stress ein sinnerfülltes Leben in Gesundheit und Wohlbefinden zu führen. Voraussetzung ist die Bereitschaft, künftig selbst die Verantwortung für das eigene

Leben, die eigene Gesundheit, das eigene Wohlbefinden zu übernehmen. Wer künftig weniger unter Stress leiden will, muss sich zunächst einmal fragen, ob seine bisherigen Strategien im Umgang mit Stress wirklich zieldienlich und nicht vielleicht sogar kontraproduktiv waren.

5. **Agieren statt reagieren – das Grundprinzip jeden erfolgreichen Stressmanagements.**
Stressmanagement ist ein zentraler Bereich des individuellen Persönlichkeitsmanagements, bei dem es darum geht, das persönliche Wohlbefinden innerhalb der eigenen Biographie zum Projekt zu machen. Stressmanagement bedeutet, nicht länger Raubbau zu treiben bzw. treiben zu lassen mit den eigenen physischen, geistig-emotionalen und sozialen Ressourcen, sondern diese gezielt zu nutzen zur Bewältigung der an uns gestellten Herausforderungen. Stressmanagement heißt auch, für notwendig erkannte Umorientierungen in der eigenen Lebensweise rechtzeitig und zielstrebig in die Realität umsetzen. Dies kann kein Job auf Zeit sein, sondern ein Prozess, der lebenslanges Lernen und lebenslange Veränderungsbereitschaft und damit immer auch ein hohes Maß an Gelassenheit sich selbst gegenüber erfordert.

6. **Gegenstand eines selbst bestimmten Stressmanagements sollte immer die ganze Person sein.**
Die Führung der eigenen Person und damit auch der Bereich des Stressmanagements gehört zu den wenigen Dingen in unserem Leben, die sich nicht delegieren lassen. Daher kann es auch kein für alle Menschen und alle Lebenssituationen in gleicher Weise taugliches Patentrezept für erfolgreiches Stressmanagement geben. Dennoch lassen sich einige allgemeine Hinweise geben, an denen man sich bei der Erarbeitung seines persönlichen Managementprogramms orientieren sollte: Wichtig ist vor allem, dass man darauf achtet, sämtliche Bereiche seines Lebens (Beruf, Familie, Freizeit) und sämtliche Aspekte der eigenen Person (körperliche Widerstandskraft, geistig-emotionale Ressourcen, Verhaltensgewohnheiten und soziale Bindungen) in die geplanten Veränderungsmaßnahmen mit einzubeziehen.

7. Wer körperlich gesund ist, bietet dem Alltagsstress weniger Angriffsflächen.

Gesundheit und Fitness sind Grundvoraussetzungen, um die unvermeidbaren Belastungen des Alltagslebens erfolgreich bewältigen zu können. Wer körperlich gesund und fit ist, bietet dem Alltagsstress weniger Angriffsflächen, wird sich nach Phasen der Anstrengung schneller holen, in Zeiten intensiver Anforderungen weniger schnell ermüden etc. Körperliche Gesundheit und Fitness sind allerdings keine Ware, die man käuflich erwerben kann. Wer sich seine Leistungsfähigkeit auf Dauer erhalten will, muss selbst etwas dafür tun. Der hierfür notwendige Zeit- und Kraftaufwand ist in der Regel wesentlich geringer, als wir meinen, und zahlt sich mehrfach aus. Wer konsequent alle Möglichkeiten zu körperlicher Bewegung nutzt, die sich ihm im Alltag bieten, und zusätzlich ein regelmäßiges Bewegungstraining durchführt, regelmäßig Sport treibt, erhöht nicht nur seine individuelle Belastbarkeit und die Widerstandskraft seines Organismus. Er wird sehr bald auch erleben, wie sein Selbstwertgefühl und seine positive Einstellung dem Leben gegenüber zunehmen. Voraussetzung für Letzteres ist allerdings, dass man eine Sportart findet, die einem Spaß macht und nicht als Qual erlebt wird. Gesundheit und Wohlbefinden hängen außerdem eng mit unseren Ernährungsgewohnheiten zusammen. Gerade Menschen, die wissen, dass sie in ihrem Alltag hohe berufliche Anforderungen erfüllen müssen, sollten deshalb auch darauf achten, dass ihre täglichen Mahlzeiten nicht zu einer zusätzlichen Belastung werden. Alkohol, Nikotin und Koffein sollten vor allem Genussmittel sein, die man bewusst und in entspannter Atmosphäre genießt, und keine Mittel zur Überwindung oder Kaschierung von Leistungs- oder Stimmungstiefs. In Maßen konsumiert, sind Alkohol und Süßigkeiten sogar ein wirksamer Schutzfaktor gegenüber den gefürchteten Herz-Kreislauf-Erkrankungen. Psychopharmaka sollten grundsätzlich nur auf ärztlichen Rat hin eingenommen werden.

8. **Gerade in Zeiten hoher Anforderungen benötigen Körper und Psyche regelmäßig Gelegenheit zu Entspannung und Erholung.**
Wer sich über längere Zeit hinweg körperlich, geistig oder emotional verausgabt, bei dem finden Stressoren aller Art einen guten Nährboden. Es steigt nicht nur das persönliche Krankheitsrisiko, auch die Lebensfreude, die Lebenszufriedenheit, das Interesse an Umwelt und Mitmenschen können auf Dauer verloren gehen. Regelmäßige Pausen im Arbeitsalltag, ausgleichende Freizeitaktivitäten, regelmäßiger ausreichender Schlaf und ein bewusst auf Erholung ausgerichteter Urlaub sollten deshalb von Anfang an zu festen Bestandteilen des persönlichen Stressmanagements werden. Arbeitspausen, Freizeit und Urlaub sollten konsequent als stressfreie Zeitzonen genutzt werden, in denen einerseits verbrauchte körperliche und psychische Kräfte wieder regenerieren können, und andererseits den oft sehr einseitigen Anforderungen des beruflichen Alltags ganz bewusst herausfordernde, anregende und entspannende Aktivitäten entgegengesetzt werden. Um zu verhindern, dass die für das persönliche Wohlbefinden notwendige Distanz zu Aufgaben, Mitmenschen und letztendlich auch zu sich selbst in der Hektik des Alltagslebens verloren geht, sollte man den Mut finden, sich immer wieder einmal für eine Zeit den Anforderungen aus Beruf, Familie und Freizeit bewusst zu entziehen und mit sich allein zu sein. Entspannungsverfahren wie das autogene Training oder die progressive Muskelentspannung sind leicht erlernbare wirksame Methoden, um in Phasen großer Anspannung körperlich und seelisch wieder zur Ruhe zu kommen, die innere Gelassenheit wieder zu finden bzw. einem drohenden Aufschaukeln des psychischen Erregungsniveaus vorzubeugen. Wer sich dauerhaft vor innerer Unruhe, Übererregung, Verspannungen, Nervosität, Gereiztheit, Konzentrationsstörungen etc. schützen will, sollte deshalb unbedingt eines dieser Verfahren erlernen.

9. **Wer für seine beruflichen Aufgaben die notwendige Kompetenz und personale Autorität mitbringt, ermöglicht nicht nur sich selbst, sondern auch seinen Mitarbeitern und Kollegen ein relativ stressfreies Arbeiten.** Stress am Arbeitsplatz entsteht häufig dann, wenn Vorgesetzte sich Anforderungen gegenübersehen, auf die sie inhaltlich und sozial nicht oder nur ungenügend vorbereitet sind, wenn sie erleben, dass ihre bisherigen Kompetenzen, Verhaltensweisen und Arbeitsgewohnheiten nicht ausreichen, um Mitarbeiter verantwortungsvoll und motivierend zu führen. Arbeitssüchtige Vorgesetzte, Perfektionisten, die im Grunde nur der eigenen Leistungsfähigkeit trauen, Führungskräfte, die sich selbst und ihr Aufgabenfeld nur schwer organisieren können, Chefs, die selbst ausgebrannt sind, oder überzeugte »Einzelkämpfer« stehen immer in der Gefahr, dass der berufliche Alltag nicht nur für sie selbst, sondern auch für ihre Mitarbeiter zu einer starken permanenten Stressquelle wird. Im Rahmen des persönlichen Stressmanagements sollte gerade diesem Aspekt hohe Priorität eingeräumt werden. Dazu gehört die Bereitschaft, sich nüchtern und realistisch die Anforderungen, die mit der jetzt erreichten beruflichen Position verbunden sind, zu verdeutlichen, und diesen eine ehrliche, ungeschönte Bilanz der eigenen Fähigkeiten, Kompetenzen, Ressourcen, Potenziale sowie der persönlich wichtigen Ziele und Zukunftserwartungen gegenüberzustellen. Im zweiten Schritt geht es dann darum, konsequent und beharrlich daran zu arbeiten, eventuell vorhandene Wissenslücken, Kompetenzmängel, persönliche Schwächen und Defizite oder auch zu hohe, nicht erfüllbare Ansprüche an sich selbst zu korrigieren. Auch Führungskräfte sollten keine Scheu haben, sämtliche Möglichkeiten einer kontinuierlichen persönlichen Weiterbildung (Seminare zur Arbeitsorganisation, regelmäßiges Studium der entsprechenden Fachliteratur, Trainings zu kollegialer, teamorientierter Führung, persönliches Coaching, Gedankenaustausch mit Kollegen etc.) auszuschöpfen, um fachlich und sozial optimal auf die gestellten Anforderungen vorbereitet zu sein und sich so rechtzeitig und effektiv vor einer eventuell drohenden Überforderung zu schützen.

10. **Wer sicher sein kann, dass er sich in allen Lebenslagen auf die Unterstützung anderer verlassen kann, wird weniger Schwierigkeiten haben, mit Krisensituationen und Problemen fertig zu werden.**

   Die Überzeugung, es sei ein Zeichen persönlicher Stärke, mit Problemen und Krisen selbst fertig zu werden, erweist sich meistens als folgenschwerer Irrtum. Der Mensch ist von seiner Natur her ein soziales Lebewesen, das zum Überleben auf menschliche Nähe und Unterstützung angewiesen ist. Dies gilt in besonderem Maße für den Bereich der Stressbewältigung: Wer im täglichen Umgang mit anderen Menschen soziale Unterstützung annimmt und gibt, bleibt gegenüber den schädigenden Folgen von Stress weitgehend immun. Es wird ihm auch leichter gelingen, Krisen in seinem beruflichen oder privaten Alltag zu bewältigen oder drohende Überforderungen erfolgreich abzuwenden. Wichtig ist, dass man, möglichst schon bevor man in schwierige Situationen, in Überforderung und Stress gerät, sicher sein kann, im Notfall zumindest einen Menschen zu haben, dem man unbedingt vertrauen kann, von dem man sicher ist, dass er immer ehrlich seine Meinung sagen wird. Der sicherste Weg zu effektiver sozialer Unterstützung bei der Bewältigung von Stress und Stressfolgen ist, dass man selbst damit beginnt, das eigene Misstrauen, die eigene Scheu zu überwinden, offen und vorbehaltlos auf Familienangehörige, Freunde, Mitarbeiter und Kollegen zuzugehen und ihnen Anerkennung, Ermutigung, sachliche Kritik, Anregung und Herausforderung anzubieten.

11. **Eine positiv-optimistische Grundeinstellung ist eines der wirksamsten Vorbeugungsmittel gegen Stress.**

   Nahezu alle Situationen unseres Alltags lassen sich sowohl positiv als auch negativ betrachten und beurteilen. Viele Menschen leiden vor allem deshalb so stark unter den vielfältigen Anforderungen ihres beruflichen und privaten Lebens, weil sie sich im Laufe der Jahre eine resignativ-negative Grundstimmung zu Eigen gemacht haben. Sie sind zu Pessimisten geworden, die bei allen Ereignissen zunächst immer nur die Gefahren, die Chance des persönlichen Scheiterns etc. sehen und sich damit oft völlig unbegründet über mögliche Stresssituationen beunruhigen.

Wenn wir uns ernsthaft dazu überwinden, schwierige Situationen auch einmal bewusst von ihrer positiven Seite zu sehen, bedrohlichen Ereignissen lohnende Ziele gegenüberzustellen, unser Misstrauen gegenüber der Loyalität anderer Menschen zumindest bis zum Beweis des Gegenteils zurückzustellen, werden wir erfahren, dass ein großer Teil der Anforderungen unseres Alltagslebens seine Bedrohlichkeit und damit seine negative Stresswirkung verliert. Eine positiv-optimistische Grundeinstellung zu sich selbst und den eigenen Lebensmöglichkeiten ist die Voraussetzung dafür, auch unabwendbare Anforderungen wieder als motivierende und bewältigbare Herausforderung erleben zu können und nicht nur als Überforderung. Sie ist damit eine der wichtigsten Voraussetzungen für ein erfolgreiches Stressmanagement.

12. **Gelassenheit sich selbst und anderen gegenüber erhöht die persönliche Stresstoleranz.**
    Gelassenheit gegenüber sich selbst setzt voraus, dass man irgendwann einmal Bilanz zieht über das, was man bisher in seinem Leben erreicht hat, und sich darauf einlässt, aus dieser »Kosten-Nutzen-Analyse« Konsequenzen für sein weiteres Leben zu ziehen. Dazu gehört z.B. die Bereitschaft, nicht länger unrealisierbaren Vorstellungen, Wünschen und Ansprüchen nachzujagen oder unerfüllten Hoffnungen nachzutrauern, sondern sich selbst mit seinen Stärken und Schwächen zu akzeptieren, Pläne nicht auf eine ferne Zukunft zu verschieben, sondern ganz bewusst im Hier und Jetzt zu leben, sich von unnötigen Fremdbestimmtheiten frei zu machen und die Verantwortung für sein Leben zu übernehmen. Wenn man sich selbst klar geworden ist über das, was einem wirklich wichtig ist, welche ganz persönlichen Neigungen, Interessen und Bedürfnisse zu einem sinnerfüllten Leben gehören, wird der Weg frei für neue sinnhafte und befriedigende Aktivitäten. Neue Prioritäten werden an die Stelle der alten treten. Man wird erkennen, dass viele Dinge es im Grunde nicht wert waren, dass man sie bisher für so wichtig genommen hat, sich von ihnen in seinem Wohlbefinden so stark beeinträchtigen ließ. Mit der Gelassenheit sich selbst gegenüber wird auch die Gelassenheit gegenüber anderen

Menschen, die Toleranz gegenüber anderen Lebensstilen, anderen Arbeitsweisen, anderen Lebensentwürfen zunehmen. Die Gelegenheiten, sich über sich selbst oder andere zu ärgern, enttäuscht oder resigniert zu sein, werden weniger werden. Wir werden damit sowohl im beruflichen wie auch im privaten Alltag deutlich seltener Situationen begegnen, die unser Erregungsniveau hochschaukeln, uns innerlich nicht zur Ruhe kommen lassen und uns auf Dauer krank machen können. Stattdessen werden wir immer häufiger Momente des Glücks, der Lebensfreude und Lebenszufriedenheit erleben.

Literaturverzeichnis

Allmer, H.: Erholung und Gesundheit. Grundlagen, Ergebnisse und Maßnahmen. Göttingen 1996.

Antonovsky, A.: Unraveling the mystery of health, How people manage stress and stay well. San Francisco 1987.

Aronson, E./Pines, A.M./Kafry, D.: Ausgebrannt, Vom Überdruss zur Selbstentfaltung. Stuttgart 1983.

Bartmann, U.: Laufen und Joggen. Stuttgart 1991.

Bastian, T.: Eigensinn hält gesund. In: Psychologie Heute, 5/2000, S. 20–25.

Bundeszentrale für gesundheitliche Aufklärung (Hrsg.): II. Internationale Konferenz »Gesundheitsförderung in der Arbeitswelt«. Köln 1991.

Burisch, M.: Das Burn-out Syndrom – Theorie der inneren Erschöpfung. Heidelberg 1989.

Csikszentmihalyi, M.: Flow, Die sieben Elemente des Glücks. In: Psychologie Heute, 1/1992, S. 20–29.

Ernst, H.: Herz und Stress. In: Arbeit: Die seelischen Kosten. Hrsg.: Redaktion Psychologie Heute. Weinheim 1988, S. 95–108.

Ernst, H.: Das Stressparadox. In: Psychologie Heute, 6/2000, S. 20–27, 2000a.

Ernst, H.: Gesundheit = Sinn + Eigensinn. In: Psychologie Heute, 5/2000, S. 3, 2000b.

Freudenberger, H.J.: Staff Burn-out. In: Journal of Social Issues, 30/1974, S. 159–165.

Friczewski, F.: Sozialökologie des Herzinfarkts. Wissenschaftszentrum Berlin 1988.

Friedman, W./Rosenman, R.H.: Der A-Typ und der B-Typ. Reinbek 1975.

Geschuhn, A.: Wenn man nichts mehr auf die Reihe kriegt. In: Süddeutsche Zeitung, 4.7.1995, S. 11.

Greif, S./Bamberg, E./Semmer, N. (Hrsg.): Psychischer Stress am Arbeitsplatz. Göttingen 1991.

Hacker, W./Reinhold, S./Darm, A./Hübner, I./Wollenberger, E.: Beanspruchungsscreening bei Humandienstleistungen. Frankfurt/M. 1997.

Hennig, H.-J.: Immer locker bleiben! 70 Wohlfühl-Übungen für Büro, Seminar und Schule. Weinheim und Basel 2001.

Huber, A.: Stressmanagement. In: Psychologie Heute, 10/1995, S. 20–25.

Hüther, G.: Biologie der Angst. Wie aus Stress Gefühle entstehen. Göttingen 1998.

Jacobsen, E.: Progressive Relaxation. Chicago 1938.

Jerusalem, M.: Persönliche Ressourcen. Vulnerabilität und Stresserleben. Göttingen 1990.

Katz, P./Schmidt, A.R.: Wenn der Alltag zum Problem wird. Belastende Alltagsprobleme und Bewältigungsmöglichkeiten. Stuttgart 1991.

Kristahn, H.J./Linneweh, K.: Das Unternehmen als Persönlichkeit. Chancen durch CI. Berlin o. J.

Laws, J./Treixler, M.: Fitness – ein Baustein zum persönlichen Wohlbefinden und zum beruflichen Erfolg. In: Hofmann, L.M./Linneweh, K./Streich, R. K. (Hrsg.): Erfolgsfaktor Persönlichkeit. Managementerfolg durch Persönlichkeitsentwicklung. München 1997, S. 39–49.

Lazarus, R.S./Folkman, S.: Stress, appraisal and coping. New York 1984.

Lazarus, R.S.: Psychophysical stress and the coping process. New York 1996.

Leymann, H.: Ätiologie und Häufigkeit von Mobbing am Arbeitsplatz, eine Übersicht über die bisherige Forschung. In: Zeitschrift für Personalforschung 2/1993, S. 271–284.

Lindemann, H.: Überleben im Stress. München 1973.

Linneweh, K.: Stress und Stressbewältigung. Der erfolgreiche Umgang mit sich selbst. Stuttgart o.J.

Linneweh, K.: Bevor es mich zerreißt – Strategien für erfolgreiches Selbstmanagement. Düsseldorf 1991.

Linneweh, K.. Führen kann nur, wer sich selbst führen kann – Führungskräfte im Spannungsfeld zwischen Arbeit, Freizeit und Familie. Vortrag anlässlich des Personalforums 1994 der Süddeutschen Zeitung, 1994.

Marstedt, G./Last, R./Wahl, W.B./Müller, R.: Gesundheit und Lebensqualität. Angestelltenkammer, Bremen 1993.

Maslach, C.: Burned-Out. In: Human Behavior, Vol. 9/1976.

Mees, U.: Psychologie des Ärgers. Göttingen 1993.

Mentzel, G.: Über die Arbeitssucht. In: Zeitschrift für Psychosomatische Medizin und Psychoanalyse 25/2, 1979.

Mohr, G.: Arbeit und Gesundheit. In: Schwarzer, R. (Hrsg.): Gesundheitspsychologie. Göttingen 1990, S. 229–244.

Nerdinger, F.W.: Bedingungen und Folgen von Burn-out bei Schalterangestellten einer Sparkasse. In: Zeitschrift für Arbeitswissenschaft 1992/2, S. 77–84.

Orthaus, J./Knaak, A./Sanders, K.: Schöner schuften. Wege aus der Arbeitssucht. Köln 1993.

Otte, R.: Gesundheit im Betrieb – Leistung durch Wohlbefinden. Frankfurter Allgemeine Zeitung, Verlagsbereich Wirtschaftsbücher, Frankfurt/M. 1994.

Poppelreuter, S.: Arbeitssucht. Weinheim 1997.

Posen, D.: Stress management for Patient and Physician. In: Cand. Journal of Continuing Medical Education, April 1995.

Ragland, D.R./Brand, R.J.: Type A Behavior and Mortality from Coronary Disease. In: The New England Journal of Medicine, Vol. 318/2, 1988.

Richter, P./Hacker, W.: Belastung und Beanspruchung – Stress, Ermüdung und Burnout im Arbeitsleben. Heidelberg 1998.

Rosch, P.: Die Kunst des Müßiggangs. In: Psychologie Heute, 10/1995, S. 29–31.

Rühle, H.: Zeitmanagement. In: Hofmann, L.M./Linneweh, K./Streich, R.K. (Hrsg.): Erfolgsfaktor Persönlichkeit. Managementerfolg durch Persönlichkeitsentwicklung. München 1997, S. 172–191.

Schönpflug, W.: Beanspruchung und Belastung bei der Arbeit – Konzepte und Theorien. In: Kleinbeck, U./Rutefranz, J. (Hrsg.): Arbeitspsychologie. Enzyklopädie der Psychologie, Bd. 1. Göttingen 1987, S. 130–184.

Schultz, J.H.: Das Autogene Training. Stuttgart 1982.

Schwarzer, R.: Stress, Angst und Hilflosigkeit. Die Bedeutung von Kognitionen und Emotionen bei der Regulierung von Belastungssituationen. Stuttgart 1981.

Schwarzer, R./Leppin, A.: Soziale Unterstützung und Wohlbefinden. In: Abele, A./Becker, P. (Hrsg.): Wohlbefinden. Weinheim 1991, S. 175–190. Selye, H.: Stress beherrscht unser Leben. Düsseldorf 1957.

Stankiewitz, K.: Chefessen mit bösen Folgen. In: Süddeutsche Zeitung, 4.7.1995, S. 11.

Stollreiter, M./Völgyfy, J./Jencius, T.: Stress-Management. Das WAAGE-Programm® für mehr Erfolg mit weniger Stress. Weinheim und Basel 2000.

Udris, I.: Soziale Unterstützung, Stress in der Arbeit und Gesundheit. In: Keupp, H./Röhrle, B. (Hrsg.): Soziale Netzwerke. Frankfurt 1987, S. 123–138.

Wojtakowski, E.: Ernährung und Führungsverantwortung. In: Hofmann, L.M./Linneweh, K./Streich, R.K. (Hrsg.): Erfolgsfaktor Persönlichkeit. Managementerfolg durch Persönlichkeitsentwicklung. München 1997, S. 50–64.

Bildnachweis

S. 9: Ernst Hürlimann/Baaske Cartoons
S. 63, 205: Martin Guhl/Baaske Cartoons
S. 109: Michael Ammann/Baaske Cartoons
S. 187: Jan Tomaschoff/Baaske Cartoons

»Management und Karriere«

Karl Berkel · Dorette Lochner

Führung: Ziele vereinbaren und Coachen

Vom Mit-Arbeiter zum Mit-Unternehmer

BELTZ
QUALIFIKATION

Karl Berkel/Dorette Lochner
Führung: Ziele vereinbaren und Coachen
Vom Mit-Arbeiter zum
Mit-Unternehmer
Beltz Qualifikation. 2001.
191 Seiten. Pappband.
ISBN 3-407-36021-5

Management by Objectives
und Coaching werden mehr
und mehr zum festen Bestandteil und Handwerkszeug der
Mitarbeiterführung und Personalentwicklung.
Jede Organisation lebt heute
davon, dass die Mitarbeiter sich
als Mitglieder verstehen, die
unternehmerisch handeln und
unternehmensbezogen den-
ken. Die Mitarbeiter sollen sich
als Partner verstehen. Gerade in
Zeiten turbulenter Umbrüche
und beschleunigter Veränderungen werden Führende als
Coach dieser Aufgabe eher
gerecht: Sie stellen sicher, dass
alle sich auf den gemeinsamen
Auftrag verpflichten – statt sie
dazu zu zwingen. Sie überzeugen von fruchtbaren, weil wert-
steigernden Zielen – statt diese
vorzugeben. Sie investieren
in Lernprozesse – statt nur das
Ergebnis abzuwarten. Mit
einem Wort: Sie führen klug!
Karl Berkel und Dorette Lochner haben in diesem Buch die
Grundlagen dafür zusammengestellt.

Ladenpreis: www.beltz.de

F0056

Beltz Verlag · Postfach 10 01 54 · 69441 Weinheim · www.beltz.de

»Management und Karriere«

Jos Kessels
Die Macht der Argumente
Die sokratische Methode
der Gesprächsführung in der
Unternehmenspraxis.
Übersetzung aus dem Nieder-
ländischen.
Beltz Qualifikation. 2001.
254 Seiten. Pappband.
ISBN 3-407-36022-3

Dialoge führen, Argumente ab-
wägen, Sichtweisen prüfen.
Jos Kessels beschreibt, wie sich
die klassische sokratische Methode auf aktuelle Fragestellungen in Unternehmen und
Organisationen anwenden lässt.
Personen in verschiedensten
Funktionen und Berufen werden häufig mit komplexen Fragen konfrontiert wie: Wie viel
Flexibilität können wir von unseren Mitarbeitern erwarten?
Wann ist eine Umstrukturie-
rung wünschenswert? Inwieweit
sind wir für die Folgen unseres
Handelns verantwortlich? Solche Fragen zu besprechen ist
nicht einfach. Sokrates verwendete eine Reihe von Techniken,
die zu einer gründlichen Analyse fundamentaler Fragen, zu einer systematischen Prüfung
grundsätzlicher Positionen
und zu einer tief greifenden
Untersuchung von Vorstellungen führten. Genau dies ist auch
heute gefragt.

Ladenpreis: www.beltz.de

Beltz Verlag · Postfach 10 01 54 · 69441 Weinheim · www.beltz.de

F0057